제2회
한국어교육능력 검정시험
Korean Language Teaching Proficiency Test

제2회
한국어교육능력 검정시험

2th

Korean Language
Teaching Proficiency Test

서경숙

서경숙
서울대학교 언어교육원 한국어센터 대우전임강사
한국어교육능력검정시험 기출문제(1~5회), 도서출판 박이정

제2회
한국어교육능력 검정시험
Korean Language Teaching Proficiency Test

초판 발행 2008년 12월 11일
3쇄 발행 2011년 9월 7일

편저자 서경숙
펴낸이 박찬익
편 집 이기남

펴낸곳 도서출판 **박이정**
주소 서울시 동대문구 용두동 129-162
전화 02)922-1192~3
전송 02)928-4683
홈페이지 www.pjbook.com
이메일 pijbook@naver.com
온라인 국민 729-21-0137-159
등록 1991년 3월 12일 제1-1182호
ISBN 978-89-6292-020-8 (13710)

* 책값은 뒤표지에 있습니다.

Dedicated to Illymoomoo & her sons

Preface

There are essentially four classifications of work in the world: (1) work we want to do, (2) work we do not want to do, (3) work we have to do, and (4) work we do not know how to do. I sometimes imagine an arc of spectral colors; although a rainbow is composed of a variety of easily identifiable colors, upon closer evaluation there is not a clear line showing where one color ends and the next begins. Similarly, any work we find ourselves doing over the course of our lives is most likely some combination of two or more of the aforementioned classes. This piece of work, for example, is the result of both wanting to write this book and feeling like I needed to write it, though probably closer to the latter.

When you reflect on your own life, which type most accurately describes the kind of work you are doing? If you are not currently employed or are unsatisfied, then what kind of work would you like to do?

2008. 12.

Suh KyoungSook

차례

제2회 한국어교육능력검정시험

제 1 교시

한국어학_ 17

일반언어학 및 응용언어학_ 70

제 2 교시

외국어로서의 한국어교육론_ 81

한국 문화_ 172

부록

1. 시험준비를 위한 참고도서_ 192
2. 면접 준비와 면접 기출 문제_ 193

한국어교육능력검정시험 안내

한국어교육능력검정시험은 국어기본법 제19조 및 동법 시행령 제14조에 의거하여 실시되는 시험으로, 외국어로서의 한국어 교육의 질을 높이기 위하여 매년 1회 이상 실시된다. 교사 양성과정 120시간을 이수한 사람은 응시 자격이 주어지고, 이 시험에 합격하게 되면 소정의 심사 과정(국어기본법 시행령 제13조에 의거)을 거쳐 국가 자격인 한국어 교원 3급을 취득할 수 있다.

1. 한국어교원 자격 취득에 필요한 영역별 필수이수학점 및 이수시간
(제13조 제1항 관련)

번호	영역	과목 예시	대학의 영역별 필수이수학점		대학원의 영역별 필수이수학점	한국어교원 양성 과정 필수이수시간
			주전공 또는 복수전공	부전공		
1	한국어학	국어학개론 한국어음운론 한국어문법론 한국어어휘론 한국어의미론 한국어화용론 한국사 한국어어문규범 등	6학점	3학점	3~4학점	30시간
2	일반언어학 및 응용언어학	응용언어학 언어학개론 대조언어학 사회언어학 심리언어학 외국어습득론 등	6학점	3학점		12시간
3	외국어로서의 한국어 교육론	한국어교육개론 한국어교육과정론 한국어평가론 언어교수이론 한국어표현교육법(말하기, 쓰기) 한국어이해교육법(듣기, 읽기) 한국어발음교육론 한국어문법교육론 한국어어휘교육론 한국어교재론 한국문화교육론 한국어한자교육론 한국어교육정책론 한국어번역론 등	24학점	9학점	9~10학점	46시간
4	한국 문화	한국민속학 한국의 현대문화 한국의 전통문화 한국문학개론 전통문화현장실습 한국현대문화비평 현대한국사회 한국문학의 이해 등	6학점	3학점	2~3학점	12시간
5	한국어 교육 실습	강의 참관 모의 수업 강의 실습 등	3학점	3학점	2~3학점	20시간
	합계		45학점	21학점	18학점	120시간

2. 시험 개요

▶ 개요

한국어교육능력검정시험은 국어기본법 제19조에 근거하여 재외동포나 외국인을 대상으로 국어를 가르치고자 하는 자에게 자격을 부여하기 위하여 문화체육관광부장관이 실시함

▶ 소관부처명

문화체육관광부(국어민족문화과), 국립국어원(한국어교육진흥과)

▶ 취득방법

재외동포나 외국인을 대상으로 국어를 가르치고자 하는 자에게 한국어교원 연수과정을 먼저 이수하고, 동시험에 합격하면 소정의 심사과정을 거쳐 한국어교원자격3급을 부여함

▶ 응시자격

응시자격은 제한이 없음(단, 한국어교원자격3급을 취득하고자 하는 자는 먼저 한국어교원양성과정을 이수한 후 동 시험에 합격하여야 함)

▶ 시험과목 및 배점

시험구분	교시	시험영역	시험시간
제1차 시험	1	① 한국어학 ② 일반언어학 및 응용언어학	100분
	2	③ 외국어로서의 한국어교육론 ④ 한국문화	150분
제2차 시험	–	면접시험(전문지식의 응용능력, 한국어능력, 교사의 적성 및 교직관, 인성 및 소양)	–

※ 면접시험으로 최종 합격/불합격 여부 결정

3. 평가 영역 및 내용

한국어학	한국어학개론, 한국어 음성·음운론, 한국어 어휘·형태론, 한국어 통사론, 한국어 의미론, 한국어 화용론, 한국어사, 한국어 규범 (8개 영역)
일반언어학 및 응용언어학	언어학개론, 대조언어학, 심리언어학, 사회언어학, 외국어습득론 (5개 영역)
외국어로서의 한국어교육론	한국어교육학개론, 한국어발음교육론, 한국어문법교육론, 한국어어휘교육론, 한국어말하기교육론, 한국어듣기교육론, 한국어읽기교육론, 한국어쓰기교육론, 한국문화교육론, 한국어교육이론, 한국어교육과정론, 한국어교재론, 한국어평가론, 한국어교육공학 (14개 영역)
한국문화	일상 문화, 예술 문화, 한국 문학, 한국 역사 (4개 영역)

2011년도 한국어교육능력검정시험

1. 시험시행 일정

구 분	원서접수기간	시험장소	시험시행지역	시험일자	합격자발표
6회 필기	2011.08.22~2011.08.31	응시원서 접수시 수험자가 시험장 직접 선택	서울, 대구, 광주	2011.10.02	2011.11.02 ~2012.01.01
6회 면접	2011.08.22~2011.08.31	시험 5일전 공고	서 울	2011.11.19 ~2011.11.20	2011.12.14 ~2012.02.13

※ 면접시험 시험일시, 시험장소 등은 **시험시행 5일전까지** 국가자격시험(www.Q-net.or.kr) **한국어교육능력검정시험 홈페이지에 공고**하오니 확인하시기 바랍니다.

2. 시험영역 및 시험방법

구 분	시 험 영 역		시 험 방 법
필기 시험	□ 한국어학 □ 외국어로서의 한국어교육론	□ 일반언어학 및 응용언어학 □ 한국문화	필 기 (4지 선택형)
면접 시험	□ 구술시험		면 접

3. 시험시간

(1) 필기시험

시험 시행일	교시	입실시간	시험시간	시험 영역 및 배점		문항수
				영 역	배 점	
10.3(일)	1교시	09:30	10:00~11:40 (100분)	□ 한국어학	90점	60
				□ 일반언어학 및 응용언어학	30점	20
	휴 식 시 간					
	2교시	12:00	12:30~15:00 (150분)	□ 외국어로서의 한국어교육론	150점	93 (주관식 1 문항포함)
				□ 한국문화	30점	20

(2) 면접시험

시험시행일	시험 시간	평가 영역	비 고
추후 공지	1인당 10분 내외	■ 전문지식의 응용능력 ■ 한국어능력 ■ 교사의 적성 및 교직관 ■ 인성 및 소양	시험인원에 따라 시험일수 조정

4. 응시자격 및 결격사유

   (1) 응시자격 : 제한 없음
   ※ 단, 한국어교원3급 자격을 취득하고자 하는 경우에는 한국어교원양성과정을 이수하고 동 시험에 합격하여야 함.

   (2) 결격사유 : 없음

5. 합격자 결정

   ○ 필기시험의 합격기준은 각 영역별 배점의 40%이상 득점하고, 전영역 총점(300점)의 60%인 180점 이상 득점한 자를 합격자로 결정.
   ○ 면접시험의 합격기준은 면접위원별 점수의 합계를 100점 만점으로 환산하여 60점이상 득점한 자를 합격자로 결정.

6. 응시원서 접수

   ○ 접수기간 : 8. 22(월) ~ 8. 31(수)
   (필기시험과 면접시험 동시 접수)

   (1) **접수방법** :「국가자격시험(www.Q-net.or.kr)한국어교육능력검정시험 홈페이지」에서 인터넷 접수만 가능
      ○ 원서 접수시 사진은 최근 3개월 내에 촬영한 탈모 상반신 사진만을 인정하며 규격(3.5cm×4.5cm)을 그림파일(JPG)로 업로드
      ※ 단, 인터넷 활용 미숙자의 내방접수를 위해 원서접수 도우미 서비스 제공

   (2) **수수료납부**
      ○ 응시수수료(필기 및 면접시험) : 50,000원
      ○ 납부방법 : 전자결제(신용카드, 계좌이체, 가상계좌) 이용
      ※ 결제수수료는 공단이 부담

   (3) **수수료 환불**
      ○ 원서접수기간 내 취소자는 100% 환불하고, 필기시험 시행 10일전까지 취소자는 50% 환불
      ※ 단, 수수료 환불신청은 인터넷으로만 가능

   (4) **수험표 교부**
      ○ 수험사항 입력 및 수수료 결제가 완료되면 수험표를 출력하여 시험당일 지참
      ○ 수험표는 시험 당일까지 재출력 가능
      ○ 필기시험 수험표를 당회 시험에 한하여 면접 시험 시까지 사용

   (5) **원서접수 완료(결제완료) 후 접수내용 변경 방법**
      ○ 원서 접수 기간 내 취소 후 원서 재접수는 가능하나, 원서접수기간 종료 후에는 취소 및 변경 불가

(6) 시험시행기관

기 관 명		주 소	전 화 번 호
필기시험	서울지역본부	서울 마포구 표석길 14(공덕동 370-4)	02-3274-9611~5
	대구지역본부	대구 달서구 갈산동 971-5	053-580-2322~6
	광주지역본부	광주 북구 첨단2길 54(대촌동 958-18)	062-970-1762~4
면접시험	공단본부(전문자격2팀)	서울 마포구 표석길 14(공덕동 370-4)	02-3271-9174

7. 합격자 발표 및 합격확인서 발급

○ 발표방법
- 국가자격시험(www.Q-net.or.kr) 한국어교육능력검정시험 홈페이지 : 60일간
- ARS(060-700-2009) : 4일간(유료)

○ 최종합격자 합격확인서 발급
- 신청기관 : 한국산업인력공단
- 신청방법 : 인터넷신청 및 발급(국가자격시험(www.Q-net.or.kr) 한국어교육능력검정시험 홈페이지)

8. 한국어교원자격증(3급) 자격증 발급(심사) 신청

○ 발급기관 : 문화체육관광부 국립국어원(www.korean.go.kr)
○ 발급신청서류
- 한국어교원 자격증 교부신청서 1부
- 한국어교원 양성과정 수료증 사본, 이수증명서 원본 각 1부
- 한국어교육능력검정시험 합격확인서 1부
- ※ 문화체육관광부(국립국어원 : www.korean.go.kr)에서 한국어교원자격 심사과정을 거쳐 자격증(한국어교원3급) 발급

9. 시험자 유의사항

(1) 필기시험 유의사항

① 수험자는 원서접수마감일까지 시험장 위치 및 교통편을 확인하여야 하며(단, 시험실 출입은 할 수 없음), 시험당일 9:30까지 신분증(주민등록증, 유효기간 내 여권, 운전면허증, 공무원증만 허용), 수험표, 컴퓨터용 사인펜, 흑색 또는 청색 필기구를 소지하고 해당 시험실의 지정된 좌석에 착석하여야 합니다.
    ※ 교실별 수험자 좌석배치도는 9:10에 부착
② 객관식 문제의 답안카드는 반드시 컴퓨터용 흑색 사인펜으로 작성하여야 하며, 기타 필기구를 사용하여 발생하는 불이익은 전적으로 수험자의 귀책사유가 됩니다.
③ 객관식 문제의 답안카드 수정을 위하여 수정테이프, 수정액 등을 사용할 수 없으며, 이를 위반하여 사용하였을 경우 전산자동 판독결과에 의하며 이에 따른 불이익은 전적으로 수험자 책임입니다.

④ 주관식 문제의 답안지는 흑색 또는 청색필기구로 작성하되, 동일한 필기구만을 사용하여야 합니다.(사인펜, 칼라 펜, 연필 사용 불가)
⑤ 주관식문제의 답안 수정은 수정할 부분을 두 줄로 긋고(횟수 상관없음) 다시 작성하면 되고, 수정테이프, 수정액 등을 사용할 수 없으며, 이를 위반하여 사용하였을 경우 이에 따른 불이익은 전적으로 수험자 책임입니다.
⑥ 수험자는 매 교시 시험시간과 수험자 입실시간(1교시 : 9시 30분 / 2교시 : 12시 00분)을 반드시 확인하여 시험응시에 착오 없으시기 바랍니다.
⑦ 1교시 시작 전 20분부터는 화장실 출입이 불가하며, 시험시작 후 중도퇴실은 불가하고, 마지막 교시(필기시험 2교시)에만 시험시간 1/2경과 후부터 중도퇴실이 가능하므로 시험응시에 착오 없으시기 바랍니다.
  ※ 단, 불가피한 사유로 중도 퇴실하여야 할 경우에는 「시험포기각서」 제출 후 퇴실 가능
⑧ 본인이 원서접수 시 선택한 지역(장소)이 아닌 다른 지역(장소)이나 지정된 시험실 좌석 이외에는 응시할 수 없으며, 제1교시 시험에 응시하지 않을 경우 제2교시 시험에도 응시할 수 없습니다.
⑨ 시험 종료 후 감독위원의 답안카드(지) 제출지시에 불응한 채 계속 답안카드(지)를 작성하는 경우 당해시험은 무효처리하고, 부정행위자로 간주될 수 있으니 유의하시기 바랍니다.
⑩ 부정행위를 하거나 답안카드에 기재된 수험자 주의사항 및 답안카드 작성요령에 따르지 않아 무효가 되지 않도록 주의하시기 바랍니다.
⑪ 「국가자격시험(www.Q-net.or.kr) 한국어교육능력검정시험 홈페이지」에 답안 카드 양식 견본을 등재할 예정이오니 답안 작성에 착오 없으시기 바랍니다.
⑫ 시험장 내에는 별도의 식당이 없으며 수험자는 중식을 해결하신 후 수험자 입실시간에 맞춰 반드시 입실하여야 합니다.

(2) 면접시험 유의사항
  ① 면접시험의 시험일시, 시험장소는 시험 시행일 5일전까지 국가자격시험(www.Q-net.or.kr) 한국어교육능력검정시험 홈페이지에 공고하오니 시험응시에 착오 없으시기 바랍니다

(3) 공통 유의사항
  ① 수험원서 또는 제출서류 등의 허위작성·위조·기재 오기·누락 및 연락불능의 경우에 발생하는 불이익은 전적으로 수험자 책임입니다.
  ② 시험 당일 시험장 내에는 주차공간이 협소하므로 대중교통을 이용하여 주시고, 교통 혼잡이 예상되므로 미리 입실할 수 있도록 하시기 바랍니다.
  ③ 시험실에는 벽시계가 구비되지 않을 수 있으므로, 각자 손목시계 등을 준비하시기 바랍니다. (핸드폰 시계 이용 불가)
  ④ 응시자는 시험 감독관의 지시에 따라야 하며, 부정한 행위를 한 응시자 및 면제서류 등을 위·변조하거나 허위기재한 접수자에 대하여는 당해 시험을 정지 또는 무효로 하고, 고발 조치될 수 있음을 유의하시기 바랍니다.
  ⑤ 시험이 시작되면 휴대폰 등 통신장비와 전산기기는 일절 휴대할 수 없으며 만약 시험 중 휴대폰 등 통신장비 및 전산기기를 휴대하고 있다가 적발될 경우 실제 사용 여부와 관계없이 부정 행위자로 처리될 수 있음을 유의하시기 바랍니다.

제1교시

한국어학
일반언어학 및 응용언어학

한국어학

01

한국어와 계통적으로 가장 가까운 언어는?

① 싱할라 어
② 야쿠트 어
③ 핀란드 어
④ 타갈로그 어

길잡이 01

계통론은 언어 간의 친족관계로 언어를 분류하고, 유형론은 형태적으로 언어를 분류한다. 한국어는 계통적으로 볼 때 알타이어족에 속한다. 싱할리 어는 인도-유럽어족에 속하고 타갈로그 어는 계통적으로 드라비다어족에 속하여 한국어와 직접적인 관련이 없다. 핀란드 어는 우랄어족에 속하는 언어이다. 야쿠트 어는 러시아 연방의 야쿠티야 공화국(시베리아 북동부)에서 사용되는 튀르크 제어에 속하는 언어로 알타이어족에 속한다. 그렇기 때문에 우리와 가장 가까운 언어는 야쿠트 어가 된다.

해설 ③ 야쿠트 어는 알타이어족에 속하는 언어로, 한국어와 계통적으로 가장 가깝다.

〔정답 ②〕

〔참고문헌〕 김방한(1992), 이익섭(2002)

02

한국어 방언의 6대 분류명에 해당하는 것은?

① 강원 방언
② 제주 방언
③ 충청 방언
④ 황해 방언

길잡이 02

방언은 한 언어의 하위 언어를 말하며, 지역에 따라 다른 방언이 사용된다. 1920년대 후반부터 일본인 학자 오구라 신뻬이(小倉進平)가 식민지 시대의 관권을 배경으로 전국적인 방언 조사를 실시하여 상당한 성과를 올렸다. 전통적으로 한국어는 6대 방언으로 하위 분류된다. 함경도 방언(동북 방언), 평안도 방언(서북 방언), 중부 방언, 전라도 방언(서남 방언), 경상도 방언(동남 방언), 제주도 방언의 여섯 방언으로 나뉜다. 이 여섯 개의 방언을 대방언권이라고 하는데, 대방언권은 다시 그보다 더 작은 방언권인 중방언권과 소방언권으로 나누어진다. 대방언권 언어를 음운, 어휘, 문법 등의 차이를 검토하여 중방언권이나 소방언권으로 나눈다.

해설 6대 방언은 함경도방언(동북 방언), 평안도 방언(서북 방언), 중부 방언, 전라도 방언(서남 방언), 경상도 방언(동남 방언), 제주도 방언이 있다.

〔정답 ②〕

〔참고문헌〕 이익섭(1984), 이익섭(1994)

03

국어의 특질을 설명한 것으로 옳지 않은 것은?

① 한국어는 첨가어이다.
② 친족 호칭어가 세분화되었다.
③ 한국어는 단음절 수가 가장 많다.
④ 한국어는 수식어가 피수식어 앞에 위치한다.

길잡이 03

한국어의 일반적인 특징에 대해 언급하면 다음과 같다.

1. 음운론적 특징
   (1) 두음법칙이 있다.
   (2) 모음조화 현상이 존재한다.
   (3) 음절 끝의 자음(받침)은 파열하지 않는다.
   (4) 어두 및 음절말에 자음군을 허용하지 않는다.
   (5) 평음, 격음, 경음의 체계를 이루는 삼지적 상관속을 가지고 있다.
   (6) 모음이 21개로 다른 언어에 비해 많은 편이다.
   (7) 말의 길이와 억양이 뜻을 분화하기도 한다.
       (눈(眼)은 짧고 눈(雪) : 은 길다)

2. 형태·어휘적 특징
   (1) 조사, 어미, 접사와 같은 허사가 발달한 언어이다.
   (2) 어휘는 2, 3, 4음절이 많다.
   (3) 어휘는 한자어가 60~70%정도 차지한다.
   (4) 일본어, 영어계 외래어가 많다.
   (5) 고유어는 감각어와 상징어가 발달하였다.

3. 통사적인 특징
   (1) 어순은 SOV이다.
   (2) 수식어는 피수식어 앞에 온다.
   (4) 대우법(높임법, 경어법)이 상당히 발달되어 있다.

(5) 근간 성분의 생략과 이동이 자유롭다.
(6) 주어 중출 현상, 목적어 중출 현상이 있다.
(<u>시장이 옷이</u> 싸다(주어 중출), 어머니께서 <u>사과를 두 개를</u> 주셨다.(목적어 중출))

해설 ③ 한국어는 2, 3, 4음절이 가장 많다.

〔정답 ③〕

〔참고문헌〕 이익섭(2002), 이익섭·이상억·채완(1997), 이익섭·채완(1999)

04

다음 단어의 발음 중 음소와 문자의 수가 일치하는 것은?

① 꿈   ② 닭
③ 예   ④ 잠

길잡이 04

음소란 더 이상 작게 나눌 수 없는 최소의 음운론상의 단위로, 음소의 차이는 말의 뜻의 차이를 가져온다. 하나 이상의 음소가 모여 음절이 된다.

문자는 한글, 로마자, 키릴 문자, 가나 등을 말하며, 의사소통을 위한 시각 기호 체계이다. 문자는 한자와 같은 단어 문자, 일본어와 같은 음절 문자, 한국어와 같은 음소 문자가 있다.

해설 ①은 음소의 수는 3개, 문자의 수는 4개이다.
②는 음소의 수는 3개, 문자의 수는 4개이다.
③은 음소의 수는 2개, 문자의 수는 3개이다.
④는 음소의 수는 3개, 문자의 수도 3개이다.

〔정답 ④〕

〔참고문헌〕 이익섭(1992), 이익섭(2002)

05

밑줄 친 음절의 발음에 나타나는 음운변동의 원인이 같은 것끼리 모은 것은?

> ㉠ 밥상
> ㉡ 설득 작업
> ㉢ 신발을 신다
> ㉣ 자동차와 같은 탈것
> ㉤ 경제 발전
> ㉥ 십리도 못 가서 발병 난다
> ㉦ 출석 인원

① ㉠, ㉡, ㉢
② ㉡, ㉢, ㉣
③ ㉡, ㉤, ㉦
④ ㉤, ㉥, ㉦

길잡이 05 경음화의 조건

1. 받침소리 7개(ㄱ, ㄷ, ㅂ, ㄴ, ㄹ, ㅁ, ㅇ) 중 'ㄱ, ㄷ, ㅂ' 뒤에서 경음화가 일어난다. 이것은 'ㄱ, ㄷ, ㅂ' 뒤에서 평음을 연이어 발음할 수 없기 때문에 일어나는 자동적인 음운현상이다.

   책방[책빵], 짚신[집씬], 떡과[떡꽈]

2. 동사나 형용사의 어간 끝소리가 'ㄴ, ㅁ'과 같은 비음(鼻音)일 때는 그 뒤에서 어미의 첫소리가 경음화 된다.

   안고[안꼬], 담다가[담따가], 젊지[점찌]

3. 관형형어미 '-(으)ㄹ' 뒤에서 경음화가 일어난다.

   올 사람[올싸람], 먹을 것[머글껏], 빨대[빨때]

4. 한자어에서는 받침 'ㄹ' 뒤의 'ㄷ, ㅅ, ㅈ'이 경음화 된다.

   발달[발딸], 출석[출썩], 칠십[칠씹], 칠장[칠짱]

해설 ㉠ '밥상'은 폐쇄음 뒤의 경음화, ㉡ '설득'은 한자음 'ㄹ'뒤의 경음화, ㉢ '신다'는 ㄴ어간 뒤의 경음화, ㉣ '탈것'은 관형사 어미 'ㄹ'뒤에 경음화, ㉤ '발전'은 한자음 'ㄹ'뒤의 경음화, ㉥ '발병'은 '병(病)'이 'ㅅ' 전치성 명사이기 때문에 경음화가 일어난 것이다. ㉦ '출석'은 한자음 'ㄹ'뒤의 경음화이다. 그러므로 ㉡, ㉤, ㉦은 경음화의 원인이 한자음 'ㄹ'뒤의 경음화로 모두 같다.

[정답 ③]

[참고문헌] 배주채(1996), 배주채(2003), 신지영(2000), 이호영(1996)

06

다음과 같은 음운 규칙이 적용되는 예만 모은 것은?

$$ㄴ → ㄹ / ㄹ\_\_$$

① 실눈, 칼날, 훈련
② 실눈, 칼날, 온라인
③ 달나라, 음운론, 핥는
④ 달나라, 물난리, 앓는

길잡이 06

'ㄴ → ㄹ / ㄹ__'은 'ㄹ' 뒤에서 'ㄴ'이 'ㄹ'로 바뀐다는 뜻이다. 이것은 유음화라고 하는데, 예를 들면, '실눈[실룬], 팔년[팔련], 칼날[칼랄], 달나래[달라라], 물난리[물랄리], 줄넘기[줄럼끼], 할는지[할른지], 닳는[달른], 뚫는[뚤른], 핥네[할레], 앓는[알른], 앓내[알라], 앓네[알레]' 등이 있다.

해설 'ㄹ' 뒤에서 'ㄴ'이 나타나는 것으로만 묶인 것은 ④이며, 'ㄴ'은 모두 '[달라라], [물랄리], [알른]'처럼 'ㄹ'로 바뀐다.

〔정답 ④〕

〔참고문헌〕 배주채(1996), 배주채(2003), 신지영(2000), 이호영(1996)

07

현대 한국어의 발음에서 나타날 수 없는 음절이 들어 있는 것은?

① 괄, 끅, 픽
② 럅, 뽀, 폅
③ 젼, 겅, 힘
④ 곰, 찬, 픈

길잡이 07

괄 – 괄목, 괄시, 괄호, 괄대, 괄다(불기운이 세다)
끅 – 끅연, 끅차, 끅(=고작), 끅경(몹시 놀람)
픽 – 그래픽, 올림픽, 토픽, 픽 쓰러지다
럅 – 간략, 정략, 침략, 전략, 중략, 노략질
뽀 – 뽀족하다, 뽀루지, 뽀족감, 뽀로통하다
폅 – 주름을 폅니다.
픈 – 배고픈 사람, 슬픈 눈, 아픈 아이들
힘 – 피부가 힘

해설 'ㅈ, ㅉ, ㅊ'의 경우 'ㅑ, ㅕ, ㅛ, ㅠ, ㅒ, ㅖ'와 결합할 때, 'ㅈ, ㅉ, ㅊ'이 단모음과 결합할 때와의 발음 차이가 없으므로 'ㅈ, ㅉ, ㅊ'과 이중모음의 결합을 인정하지 않는다. 그러므로 ③의 '젼'은 존재하지 않는다.

〔정답 ③〕

〔참고문헌〕 민중활용옥편, 배주채(2003), 표준국어대사전

08

다음 동사들에 어미 '-음'이 붙은 명사형과 접미사 '-음'이 붙은 파생명사가 발음이 서로 다른 것은?

① 살다 ② 졸다
③ 죽다 ④ 깨닫다

길잡이 08

명사형 접미사(파생명사)는 '-(으)ㅁ'은 어간에 받침이 있으면 '-음'을, 받침이 없거나 받침이 'ㄹ'이면 'ㅁ'을 붙인다. 예를 들어, '먹다 → 먹음, 가다 → 감, 만들다 → 만듦' 등이 있다.

명사형 어미와 명사형 접미사(파생명사)의 구별은 쉽지 않다. 양자를 구분할 때는 문맥 속에 '-은 것'으로 치환하여 보면 된다. 즉 명사형 접사가 결합한 표현에는 명사이므로 '-은 것'으로 치환하면 어색한 문장이 되지만, 명사형 어미가 결합한 표현에는 '-은 것'으로 치환하면 자연스러운 문장이 된다.

예 (1) 벌들의 잉잉거림까지 아름다운 봄이다.
(2) 벌들의 잉잉거리는 것까지 아름다운 봄이다.

예문에는 '잉잉거림'을 '잉잉거리는 것'으로 대체가능하므로, (1)의 문장은 명사형 어미가 붙어서 된 문장으로 볼 수 있다.

해설 보기들의 명사형 어미와 파생 명사를 보이면 다음과 같다.
① '삶-삶', ② '졸음-졺', ③ '죽음-죽음', ④ '깨달음-깨달음'이다.

[정답 ②]

[참고문헌] 이익섭(2000), 이익섭·채완(1999)

09

다음은 {솥}이라는 명사에 여러 가지 조사가 결합된 형태의 발음들이다. 이들에 대한 설명으로 옳은 것은?

[소츨], [소치], [소테],
[손만], [손또], [소츠로]

① 이들은 모두 표준발음이다.
② 여기에 참여한 조사는 모두 모음으로 시작한다.
③ [손만]은 구개음화 현상이 적용되어 나타난 발음이다.
④ 여기에 나타난 솥의 이형태는 [솣], [솥], [솓], [손]이다.

길잡이 09

한 형태소가 주위 환경에 따라 음상을 달리하는 경우가 있는데, 이때 달리진 하나하나의 형태소의 여러 모양을 '이형태'라고 한다. 즉 '값'은 뒤에 오는 조사 '-만, -도, -이'에 따라 '[감만], [갑또], [갑시]'로 소리가 난다. 이때 '감, 갑, 값'이 모두 '값'의 이형태가 된다.

해설 ① [소테], [소틀], [소트로]로 읽어야 표준발음이다.
② [손만], [손또]에서는 자음으로 시작하는 조사 '만, 도'가 참여하였다.
③ [손만]은 비음동화 현상이 적용되어 나타난 발음이다.

[정답 ④]

[참고문헌] 배주채(1996), 배주채(2003)

10

다음 중 옳지 <u>않은</u> 것은?

① '여덟하고'를 발음할 때 격음화(유기음화)가 일어나지 않는다.
② '읽는다'에서는 'ㄹ'이 탈락하는 현상과 비음화 현상이 일어난다.
③ '넓다, 밝다, 얇다' 등에서 받침 'ㄹ'과 'ㅂ'을 모두 발음하는 경우도 있다.
④ '흙이'를 [흘기]로 발음하거나 [흐기]로 발음하거나 여기에 붙은 조사의 형태는 똑같다.

길잡이 10

자음군단순화는 종성에 자음이 하나만 올 수 있다는 음절구조제약으로 발생한다. 자음이 두 개 연결된 자음군이 종성에 놓이게 되면 둘 중 하나만 남고 나머지 하나는 탈락하거나 뒤 음절의 초성 자음과 축약된다. 이때 자음이 탈락하는 현상을 자음군단순화(子音群單純化)라 한다. '여덟'의 경우는 조사와 결합할 때 자음군단순화가 먼저 적용되어 '여덟도'의 경우 [여덜도]로, '여덟하고'의 경우 [여덜하고]로 발음된다.

해설 ① '여덟하고'는 [여덜파고]로 격음화가 일어나지 않고 [여덜하고]로 발음한다. '여덟하고'는 "〈표준 발음법〉 제10항 겹받침 'ㄳ', 'ㄵ', 'ㄼ, ㄽ, ㄾ', 'ㅄ'은 어말 또는 자음 앞에서 각각 [ㄱ, ㄴ, ㄹ, ㅂ]으로 발음한다."에 따라 '여덟'이 [여덜]로 발음되고, 그 뒤에 조사 '하고'가 이어 발음된다. 그런데 [여덜하고]와 같이 'ㄹ'과 'ㅎ'과의 결합에서는 'ㄹ'을 연음시키면서 'ㅎ'이 섞인 소리로 발음하게 된다.(관련 규정:

〈표준 발음법〉 제4장 받침의 발음, 제12항(해설 참고)) ② '읽는다'는 [잉는대로 발음되는데, 먼저 '익는다'로 'ㄹ'이 탈락되는 자음군단순화가 일어나고, 다음에 비음화가 적용되어 [잉는대로 발음된다. ③ 자음군용언의 경우 두 자음을 모두 발음하는 경우도 있다. 겹받침이 모음으로 시작된 조사나 어미, 접미사와 결합되는 경우에는 뒷자음을 뒤음절 첫소리로 옮겨 발음한다.

예 넋이[넉씨] 앉아[안자] 닭을[달글] 젊에[절머]
  곬이[골시] 핥아[할타] 읊어[을퍼] 값을[갑슬]

그런데, 만약 ③을 위와 같이 해석하지 않고, '받침에서 동시에 'ㄹ', 'ㅂ'의 두 소리를 모두 발음하는 경우도 있다'라고 해석한다면, 이것은 바르지 않은 진술로 정답이 된다. 한국어의 음절구조의 제약상 모음 없이 [넓], [밝], [얇] 등으로 자음을 연속해서 발음할 수 없다.
④는 '흙이'의 표준발음은 [흘기]이다. 그러나 본 문항에서는 표준발음과 비표준발음에 대해 묻는 것이 아니므로, 표준발음과 비표준발음의 구분은 무의미하다. 표준발음 '흙이'를 [흘기]로 발음하든, 비표준발음(사투리)인 [흐기]로 발음하든 격조사는 '이'로 동일하다.

〔정답 ③〕

〔참고문헌〕 배주채(1996), 배주채(2003), 이익섭(2000), 이호영(1996)

11

한국 한자음의 특징을 설명한 것 중 옳은 것은?

① 한자어에는 y(j)계 이중모음이 없다.
② 초성이 경음(된소리)인 한자음은 없다.
③ 종성으로는 'ㄱ, ㄴ, ㄹ, ㅁ, ㅂ, ㅇ'만 나타난다.
④ 초성이 유기음(거센소리)인 한자음은 '쾌'뿐이다.

길잡이 11

한국 한자음은 고유어 소리 체계와 꽤 다르다. 한자음에는 고유어에 매우 흔한 /ㅋ/ 소리가 거의 없다. 그래서 /ㅋ/을 포함하는 한자음은 '쾌' 음절 하나밖에 없다. 또한 '내과(內科), 불소(弗素), 활달(豁達), 격정(激情)'의 둘째 음절에서처럼 한자음이 환경에 따라 된소리로 실현될 수는 있지만, 낱낱의 한자음에서는 고유어에서와 달리 된소리가 체계적으로 존재하지 않고 드물게 끽(喫), 쌍(雙), 씨(氏) 등이 있을 뿐이다.

한자음은 /ㄷ/, /ㅅ/, /ㅈ/, /ㅊ/, /ㅋ/, /ㅌ/, /ㅍ/, /ㅎ/ 등을 마지막 음소, 즉 받침으로 취하지 않는다. 고유어에서라면 '믿다', '웃다', '멎다', '낯', '부엌', '밭', '뒤엎다', '좋다'에서처럼 이런 음소들이 한 음절의 종성으로도 가능하다. 또 고유어에는 '넓다', '굵다'에서처럼 겹받침이 존재하지만 한자음에는 존재하지 않는다. 그리고 고유어에서 볼 수 있는 /ㅂ/ 소리와 /w/ 소리의 역사적 음운 교체 현상(예컨대 '덥다' '춥다' 따위가 '더운, 더워서', '추운, 추워서' 등으로 활용하는 것)이 한자어에는 존재하지 않는다.

고유어는 여러 방언으로 분화돼 있고 그 방언에 따라 제 나름의 음운 체계를 지니고 있다. 그러나 한자음에는 방언이 존재하지 않는다. 한자음은 통일된 규범에 따라 오직 하나의 체계로 존재할 뿐 방언의 차이를 보이지 않는다. 일반적으로 한자음에 방언이 존재하지 않는다는 것은 지식인들의 보편적 규범어로 기능했기 때문으로 볼 수 있다. (물론 /ㅡ/ 소리와 /ㅓ/ 소리를 구별하지 않는 일부 영남 방언에서 금(金)과 검(檢)이 중화할 수는 있겠으나, 그것은 매우 예외적인 현상이다.)

해설 ① 'y'계 이중모음은 'ㅑ, ㅕ, ㅛ, ㅠ'인데, '견인(牽引), 경고(警告), 야외(野外), 여인(女人), 요리(料理), 우유(牛乳)' 등이 존재한다. ② '끽연(喫煙)'과 같은 된소리 한자음이 존재한다. ④ 유기음은 'ㅋ, ㅌ, ㅍ, ㅊ'인데, '쾌속(快速), 타도(打倒), 파열(破裂), 차(車)' 등의 초성에 유기음이 오는 한자음이 존재한다. 〔정답 ③〕

〔참고문헌〕 고종석(2006), 이익섭(2000)

12

㉠~㉣의 다른 활용형의 발음을 제시한 것으로 옳은 것은?

- 처음 ㉠뵙겠습니다.
- 고기를 숯불에 ㉡굽는다.
- ㉢여쭙고 싶은 게 있습니다만.
- 자세가 바르지 않으면 허리가 ㉣굽는다.

① ㉠ : [뵈어서], [뵈면], [뵈고], [뵈지]
② ㉡ : [구워서], [구으면], [굽찌만], [굽떠라]
③ ㉢ : [여쭤서], [여쭈면], [여쭙께], [여쭙는]
④ ㉣ : [구버서], [구브면], [구븐], [국꼬]

길잡이 12

'뵈다 – 뵙다', '여쭈다 – 여쭙다', '가지다 – 갖다', '머무르다 – 머물다'의 '뵙다, 여쭙다, 갖다, 머물다'는 모음 어미(-어서, 으면, 으러…)와 결합할 수 없고, 자음 어미(-고, -지만)와만 결합한다.

해설 ① '뵙다'는 자음어미와만 결합한다. '뵙고[뵙꼬/뷉꼬], 뵙지[뵙찌/뷉찌]'가 된다. ② '(고기를) 굽다'는 'ㅂ'불규칙 동사이므로, [구으면]이 아닌 [구우면]이 되어야 한다. ④ '(나무가) 굽다'는 규칙 동사이므로, '굽어서[구버서], 굽으면[구브면], 굽은[구븐]'이 되고 '굽고[굽꼬]'가 바르다.

〔정답 ③〕

〔참고문헌〕 표준국어대사전, 표준어규정, 한글맞춤법

13

다음은 이른바 서술격조사 '이다'의 활용형에 대한 설명이다. ( ) 안에 들어갈 활용형들을 바르게 나열한 것은?

- '이다'가 모음 뒤에 쓰일 때 종결어미 '-다'가 붙은 활용형은 (㉠) 또는 (㉡)이다.
- '이다'가 자음 뒤에 쓰일 때 종결어미 '-어'가 붙은 활용형은 (㉢)이다.
- '이다'가 모음 뒤에 쓰일 때 종결어미 '-어요'가 붙은 활용형은 (㉣) 또는 (㉤) 이다.

① ㉠ 다 ㉡ 라 ㉢ 야
  ㉣ 예요 ㉤ 에요
② ㉠ 이다 ㉡ 다 ㉢ 이야
  ㉣ 여요 ㉤ 예요
③ ㉠ 이라 ㉡ 라 ㉢ 이야
  ㉣ 예요 ㉤ 에요
④ ㉠ 이다 ㉡ 이라 ㉢ 야
  ㉣ 여요 ㉤ 예요

길잡이 13 ' - 이다'

표준어 규정 26항에 따라 '-이에요'와 '-이어요', '-예요'와 '-여요'는 복수 표준어로 인정된다. 체언 뒤의 '-이에요'와 '-이어요'는 받침이 없는 체언에 붙을 때(모음 뒤에 쓰일 때)는 '-예요', '-여요'로 줄어들기도 한다.

받침 있는 체언	받침 없는 체언
빵<u>이에요</u>.	사과<u>예요</u>.
빵<u>이어요</u>.	사과<u>여요</u>.

해설 '이다'가 모음 뒤에 쓰일 때(종결어미 '-다') : '㉠ 사과<u>이다</u>, ㉡ 사과<u>다</u>'
'이다'가 자음 뒤에 쓰일 때(종결어미 '-어') : '㉢ 빵<u>이야</u>'
'이다'가 모음 뒤에 쓰일 때(종결어미 '어요') : '㉣ 사과<u>여요</u>, ㉤ 사과<u>예요</u>'

〔정답 ②〕

〔참고문헌〕 표준어 규정, 한글맞춤법

14

한국어 분류사에 대한 설명으로 옳지 <u>않은</u> 것은?

① 분류사는 의존명사의 한 종류이다.
② 사물을 셀 때에는 '명사+수사+분류사' 유형이 가장 널리 사용된다.
③ '마리, 권, 송이' 등의 분류사는 세는 대상이 되는 명사의 의미 자질을 표시한다.
④ 되, 말, 잔 등의 분류사는 세는 대상이 되는 명사와 무관하게 일정한 양을 표시한다.

길잡이 14

한국어 분류사에 관련된 수 표현으로 '명사 – 수사 – 분류사' 구조(예 사과 세 개), '명사 – 수사' 구조(예 사과 셋), '수사 – 분류사 – 명사' 구조(예 세 개의 사과), 그리고 '수사 – 명사' 구조(예 세 사람)로 4가지로 나눌 수 있다. 그 중에서도 '명사 – 수사 – 분류사' 구성이 빈번하게 쓰인다.

대표적인 분류사를 보이면 다음과 같다.

권 : 책, 잡지, 공책
잔 : 커피, 주스
대 : 컴퓨터, 차, 냉장고, 텔레비전
개 : 사물(지우개, 사탕)
송이 : 꽃, 포도, 바나나

병 : 소주, 맥주
채 : 집
명, 분 : 사람
마리 : 동물(개, 고양이)

'홉', '되', '말'은 부피의 단위로 쓰였는데, '홉'은 곡식, 가루, 액체 따위의 부피를 잴 때 쓴다. 한 홉은 한 되의 10분의 1로 약 180ml에 해당한다. '되'는 곡식, 가루, 액체 따위를 담아 분량을 헤아리는 데 쓰는 그릇으로, 주로 사각형 모양의 나무로 되어 있다. '말'은 곡식, 액체, 가루 따위의 분량을 되는 데 쓰는 그릇으로, 열 되가 들어가게 나무나 쇠붙이를 이용하여 원기둥 모양으로 만든다.

되　　　　　　　말

해설 ④에서 '말, 되'는 내용물에 상관없이 그 양이 정해져 있지만, '잔'의 경우는 다르다. '소주 한 잔, 맥주 한 잔, 커피 한 잔'에서처럼 일정한 양이 정해져 있다고 볼 수 없다. 잔의 크기에 따라 그 양은 천차만별이다.

〔정답 ④〕

〔참고문헌〕 고영근·남기심(2000), 김영희(2006), 표준국어대사전.

15

한국어의 수사에 대한 설명으로 옳지 않은 것은?

① 수사는 고유어계와 한자어계로 분화되어 있다.
② 수사는 관형사 위치에 사용되면 그 형태가 달라진다.
③ 서수를 표시할 때에는 접미사 '-째'나 접두사 '제-'를 사용한다.
④ 수량이 확실하지 않을 때 하나 이상의 수를 뭉뚱그려 표시하는 수가 발달되어 있다.

길잡이 15

수사(數詞)는 셈씨라고도 하는데, 사물의 수량이나 순서를 가리키는 단어들의 묶음을 나타내는 품사이다. 수사는 형태가 고정되어 있어 활용하지 않고 관형어의 꾸밈을 받을 수도 없으며, 조사와 결합하여 여러 문장 성분으로 사용될 수 있다.(예 언니가 둘인데, 모두 예쁘다. : 서술격 조사 '-이다'와 결합, 예 셋이 와서 먹고 갔다. : 주격 조사 '-이'와 결합)

수사의 종류를 보이면 아래와 같다.

종류	특징	구분	계통	예
양수사	수량	정수	고유어계	하나, 둘, 셋 …… 열, 스물 ……
			한자어계	일, 이, 삼 …… 십, 이십 ……
		부정수	고유어계	한둘, 서넛, 예닐곱, 일여덟 ……
			한자어계	일이, 삼사, 육칠, 칠팔 ……
서수사	순서	정수	고유어계	첫째, 둘째, 셋째, 넷째 ……
			한자어계	제일, 제이, 제삼, 제사 ……
		부정수	고유어계	한두째, 서너째, 너댓째 ……
			한자어계	

고유어계 수사는 '하나, 둘, 셋, 넷, 다섯, 여섯…'이고, 한자어계는 '일, 이, 삼, 사, 오, 육…'이다. 고유어계보다는 한자어계가 생산성 높게 사용된다.

해설 ② 수사는 관형사 위치에 사용되면 그 형태가 항상 달라지는 것은 아니다. 고유계 수사인 '하나, 둘, 셋, 넷, 스물' 등의 일부는 그 형태가 달라지기도 한다. 그러나 '다섯, 여섯…,' 한계어계인 '일, 이, 삼, 사…' 등은 '다섯 개, 여섯 개…, 일 일, 이 일, 삼 일…'처럼 그 형태가 달라지지 않는다(만약 수관형사를 인정하는 입장에서 설명한다면, ②는 수사가 관형사의 위치에 사용되는 것이 아니라 수관형사가 그 자리를 대신하게 된다. 왜냐하면 수사는 형태가 고정되어 활용하지 않기 때문이다.).

조사가 붙을 수 있으면 수사이고, 붙을 수 없으면 수관형사이다. 수사는 체언으로, 체언은 조사와 함께 쓸 수 있는 성분이다. 또한 조사가 없더라도 문장에서 주요 기능(필수)을 하면 수사이다.

예 천의 얼굴을 가진 사나이.(수사)
동생이 다섯이다.(수사)
한 아이만 남았다.(수관형사)

[정답 ②]

[참고문헌] 고영근·남기심(2000)

16

다음 중 합성어에 해당하는 것은?

① 귀먹다
② 모양새
③ 밀리다
④ 중얼거리다

길잡이 16 합성어와 파생어

(1) 단일어와 복합어
  ① 단일어 : 하나의 형태소로 이루어진 낱말
    예 땅, 바다, 아버지
  ② 복합어 : 두 개 이상의 형태소로 이루어진 낱말
    예 국물, 오가다
(2) 합성어와 파생어
  ① 합성어 : 둘 이상의 어근이 결합한 낱말
    예 국물, 오가다, 밥그릇
  ② 파생어 : 하나의 어근에 접사(접두사, 접미사)가 결합한 낱말
    예 드높다, 넓이

해설 ① '귀+먹다'는 어근과 어근이 결합된 (통사적) 합성어이다. ② '모양+새'에서 '-새'는 일부 명사에 붙어 '모양, 상태, 정도'의 뜻을 더하는 접미사이다. 그러므로 '모양새'는 파생어이다. ③ '밀+리+다'에서 '-리-'는 피동 접미사이다. 그러므로 '밀리다'는 파생어이다. ④ '중얼+거리+다'에서 '-거리-'는 파생 접미사이다. 그러므로 '중얼거리다'는 파생어이다.

〔정답 ①〕

〔참고문헌〕 이익섭(2000)

17

다음 설명으로 옳은 것은?

① '엇비슷하다'와 '깨끗하다'의 형태소 수는 똑같다.
② 단어는 형태소와 같거나 형태소보다 작은 문법 단위이다.
③ 단어는 띄어쓰기의 단위와 같거나 띄어쓰기의 단위보다 크다.
④ 단어 내부에는 휴지(休止)를 둘 수 없고 다른 단어를 끼워 넣을 수도 없다.

길잡이 17 형태소, 단어, 어절

형태소는 의미를 가진 최소 단위로, 더 쪼개면 의미를 잃게 된다. 블룸필드는 단어를 최소의 자립형식으로 정의하기도 하였으나, 이 정의에 여러 문제점이 지적되어 단어의 정의에 잠재적 휴지(potential pause)개념이 도입되었다. 단어와 단어 사이에는 휴지(休止)를 둘 수 있으며 분리도 가능하나, 한 단어 내부에서는 휴지를 둘 수 없으며, 분리도 가능하지 않다. '작은아버지(숙부)'에 휴지를 두면 '숙부'의 뜻이 아닌 '(체구가)작은 아버지'가 되어 버린다. 어절은 한국어에서 발음의 기본이 된 단위이며, 하나의 강세 음절이 홀로 또는 앞뒤에 하나 이상의 무강세 음절을 거느리고 나타나는 단위다. 어절은 띄어쓰기 단위와 대체로 일치한다.

해설 ①'깨끗+하+다'는 형태소가 3개, '엇+비슷+하+다'는 형태소가 4개로 형태소 수가 하나 더 많다. ②단어는 형태소와 같거나 형태소보다 크다. ③단어는 띄어쓰기 단위(어절)와 같거나 띄어쓰기 단위보다 작다.

〔정답 ④〕

〔참고문헌〕 이익섭(2000)

18

다음 중 형태소에 대한 설명으로 옳은 것은?

① 실질 형태소는 모두 자립 형태소이다.
② 어휘 형태소는 모두 실질 형태소이다.
③ 의존 형태소는 모두 문법 형태소이다.
④ 의존 형태소는 모두 형식 형태소이다.

길잡이 18

형태소는 의미를 가지는 언어단위 중에서 가장 작은 언어단위이다. 그러므로 형태소는 더 쪼개면 전혀 의미가 없어지거나 또는 이전의 의미와 관련되는 의미가 없어지는 문법단위라 할 수 있다.

(1) 자립 형태소 : 다른 형태소의 도움이 없이도 홀로 쓰일 수 있는 형태소
(2) 의존 형태소 : 제 홀로 쓰일 수 없고 항상 다른 형태소와 함께 쓰이는 형태소
(3) 실질 형태소(=어휘 형태소) : 실질 의미를 가진 형태소(구체적 의미가 있음)
   예 자립형태소 전부, 용언의 어간
(4) 형식 형태소(=문법 형태소) : 문법적 의미를 가지거나 형식적 의미를 덧보태어 주는 형태소(구체적 의미가 없고 문법적 의미만 있음)
   예 어미, 접사

<u>철수</u> <u>가</u> <u>집</u> <u>에</u> <u>있</u> <u>었</u> <u>다</u>.
자립 의존 자립 의존 의존 의존 의존
실질 형식 실질 형식 실질 형식 형식

해설 ① 실질 형태소는 자립 형태소일 수도 있으며 의존 형태소일 수도 있다. ③ 의존 형태소는 문법 형태소일 수 있으며, 어휘 형태소일 수도 있다. ④ 의존 형태소는 형식 형태소일 수 있으며, 실질 형태소일 수도 있다.

〔정답 ②〕

〔참고문헌〕 고영근·남기심(2000), 이익섭(2000)

19

이형태에 대한 설명으로 옳은 것은?

① 한 형태소의 이형태들은 역사적 변화와 무관하다.
② 한 형태소의 이형태들은 그 의미가 다를 수 있다.
③ 한 형태소의 이형태들은 그 분포가 배타적(exclusive)이다.
④ 한 형태소의 이형태들은 음운론적 조건에 따라서만 교체된다.

길잡이 19 이형태, 형태소

이형태는 하나의 형태소가 환경에 따라 모습을 달리하는 것으로 '이/가', '와/과'와 같이 음운론적 조건에 따라 바뀌어 나타나는 것을 음운론적 이형태라고 한다. 그리고 '-거라/너라'와 같이 형태론적 조건에 따라 바뀌어 나타나는 것을 형태론적 이형태라고 한다.

해설 ① 한 형태소의 이형태는 역사적 변화와 관계가 된다. '-스럽-'과 '-답-'은 역사적으로 이형태 관계에 있다. ② 한 형태소의 이형태는 분포(상보적 분포, 배타적 분포)는 다르지만, 의미는 동일하다. 값{값, 갑, 감}은 값의 이형태로, 그 의미가 동일하다. ④ 한 형태소는 음운론적 조건, 형태론적 조건, 문법론적 조건에 의해 교체된다.

〔정답 ③〕

〔참고문헌〕 이익섭(2000)

20

합성어를 통사적 합성어와 비통사적 합성어로 구분한다고 할 때 다음 중 통사적 합성어는?

① 검붉다
② 겉늙다
③ 나룻배
④ 알뜰주부

길잡이 20

합성어는 의미상 어근의 결합 방식에 따라 대등 합성어, 종속 합성어, 융합 합성어로 나뉘며, 형태상 우리말의 통사적 구성 방식과 일치하느냐에 따라 통사적 합성어, 비통사적 합성어로 나뉜다.

(1) **통사적 합성어** : 합성어 중 구성 부분의 배열 방식이 한국어의 정상적인 단어 배열과 같은 합성어.
   예 손발, 작은집, 들어가다, 값싸다, 또다시, 구석구석, 마디마디

(2) **비통사적 합성어** : 합성어 중 구성 부분의 배열 방식이 한국어의 정상적인 단어 배열에 어긋나는 합성어. '늦더위'는 비통사적 합성어인데, 용언 어간 '늦-'이 관형사형 어미 없이 바로 명사 앞에 놓여 있다. 한국어에서 용언의 어간이 명사 앞에 직접 놓임으로서 문장을 구성하는 일은 없다.
   예 꺾쇠, 감발, 덮밥, 접칼, 검버섯, 여닫다, 우짖다, 뛰놀다, 오가다, 검붉다, 희멀겋다, 알뜰살뜰, 들락날락

합성어의 종류는 다음과 같이 정리할 수 있다.

합성 명사	통사적 합성명사	명사+명사	손톱, 벽돌집, 고무신, 앞치마
		관형사+명사	새언니, 이것, 저것, 첫사랑
		관형사형+명사	굳은살, 늙은이, 작은형, 큰집
	비통사적 합성명사	명사+ㅅ+명사	아랫마을, 콧물, 촛불, 치맛바람
		어간+명사	늦잠, 늦더위, 접칼, 누비옷, 검버섯
		부사+명사	부슬비, 산들바람, 척척박사
		부사+부사	잘못
합성 동사	통사적 합성동사	주어+동사	철들다, 힘들다, 재미나다, 겁나다
		목적어+동사	본받다, 힘쓰다, 맛보다, 다리놓다
		연결형+동사	돌아가다, 알아보다, 살펴보다
		부사어+동사	앞서다, 앞세우다, 마주서다, 가로지르다
	비통사적 합성동사	어간+어간	감싸다, 얽매다, 헐뜯다, 굶주리다, 오르내리다, 날뛰다, 여닫다, 붙잡다
합성 형용사	통사적 합성형용사	주어+형용사	낯설다, 재미있다, 발빠르다, 형편없다
		부사어+형용사	못나다, 잘나다, 손쉽다
	비통사적 합성형용사	연결형+어간	검디검다, 머나멀다, 쓰디쓰다
		어간+어간	검붉다, 검푸르다, 굳세다, 재빠르다
합성 부사	통사적 합성부사	명사+명사	밤낮
		부사+부사	죄다, 더욱더, 잘못, 곧잘, 이리저리
		관형사+명사	한바탕, 온종일, 어느덧
		부사+동사	가끔가다
		동사+동사	오다가다
		수사+수사	하나하나
		반복합성어	반짝반짝, 소곤소곤, 싱글벙글

해설 ①은 '검+붉다'로 어근과 어근이 결합한 비통사적 합성어이다. ②는 '겉+늙다'로 '겉(이) 늙다'의 통사구조와 유사하지만, 표준국어대사전에 '겉-'이 '(일부 명사나 동사나 형용사 앞에 붙어) 실속과는 달리 겉으로만 그러하다는 뜻을 더하는 접두사.'로 올라 있다. 그리고 '겉마르다, 겉꾸미다, 겉늙다, 겉여물다, 겉익다, 겉핥다'가 그 예로 사전에 제시되어 있다. 그렇기 때문에 '겉늙다'는 파생어이다. ③'나룻배'는 '명사+ㅅ+명사'의 사이시옷 구성으로 학자에 따라 통사적 합성어로도, 비통사적 합성어로도 볼 수 있으나, 일단 다수의 논의에 따르면 비통

사적 합성어이다. ④는 '알뜰(명사, 표준국어대사전에 명사로 올라 있음)+주부'로 파악하여 통사적 합성어로 볼 수 있으나 "알뜰 주부"는 단어가 아니라 구구성이다. 사전에 "알뜰 주부"는 단어로 등재되어 있지 않다(이익섭·채완(1999)에서는 '겉늙다'는 통사적 합성어로 보고, '알뜰주부'는 한 단어로 보면서, 비통사적 합성어로 보고 있다.)

> 알뜰「명사」
> ((흔히 일부 명사 앞에 쓰여)) 생활비를 아끼며 규모 있는 살림을 함.
> ¶ 알뜰 주부/알뜰 신혼여행/농민들이 자기가 기른 농산물을 소비자들에게 직접 파는 알뜰 시장이 열렸다.

- 표준국어 대사전에 따르면 〔정답 없음〕
- 이익섭·채완(1999)에 따르면 〔정답 ②〕

〔참고문헌〕 이익섭(2000), 임홍빈·장소원(1995)

21

다음 밑줄 친 말 중에서 불규칙 활용을 하는 용언이 아닌 것은?

① 줄을 <u>잇다</u>
② 빨래를 <u>걷다</u>
③ 눈물이 <u>흐르다</u>
④ 모양이 <u>동그랗다</u>

길잡이 21

규칙활용은 용언이 활용될 때, 어간과 어미의 기본 형태가 유지되며, 음운규칙으로 설명이 가능하다. 매개모음 '으'의 첨가, 'ㄹ' 탈락, 모음조화는 규칙 활용에 속한다. 반면 불규칙 활용은 보편적 음운규칙으로는 설명할 수 없는 형태로 변화하는 활용을 말하며, 어간과 어미의 기본형태가 유지되지 않는 활용이다. 불규칙 활용에는 어간이 바뀌는 것, 어미가 바뀌는 것, 어간과 어미가 같이 바뀌는 것이 있다.

① 어간이 바뀌는 불규칙 활용

종류	조건	예
'ㅅ'불규칙 용언	어간의 끝소리 'ㅅ'이 모음 앞에서 탈락 예 짓+어 → 지어	짓다, 젓다, 붓다(동) 낫다(형)
'ㅂ'불규칙 용언	어간의 끝소리 'ㅂ'이 모음 앞에서 '오/우'로 바뀜 예 돕+아 → 도와	줍다, 눕다, 깁다 (동) 괴롭다, 사납다, 무겁다(형)
'ㄷ'불규칙 용언	어간의 끝소리 'ㄷ'이 모음 앞에서 'ㄹ'로 바뀜 예 싣+어 → 실어	싣다, 붇다, 일컫다, 긷다 (동) ※ 형용사는 없음.
'르'불규칙 용언	어간의 끝소리 '르'가 탈락 하면서 'ㄹㄹ'이 덧생김 예 흐르+어 → 흘러	부르다, 타오르다, 오르다(동) 이르다, 그르다, 무르다(형)
'우'불규칙 용언	어간의 끝소리 '우'가 모음 앞에서 탈락 예 푸+어 → 퍼	푸다(동) ※ 형용사는 없음.

② 어미가 바뀌는 불규칙활용

종류	조건	예
'여' 불규칙용언	어미의 첫소리 '어'가 '-여'로 바뀜 예 하+어 → 하여	'하다'로 끝나는 동사와 형용사
'러' 불규칙용언	어미의 첫소리 '어'가 '-러'로 바뀜 예 이르+어 → 이르러	이르다(동) 푸르다, 누르다(형)
'거라' 불규칙용언	명령형 어미 '-어라'가 '-거라'로 바뀜 예 가+아라 → 가거라	가다, 돌아가다, 들어가다(동) ※ 형용사는 없음.
'너라' 불규칙용언	명령형 어미 '-어라'가 '-너라'로 바뀜 예 오+아라 → 오너라	오다, 나오다, 들어오다(동) ※ 형용사는 없음.

③ 어간과 어미가 같이 바뀌는 불규칙활용

종류	조건	예
'ㅎ' 불규칙용언	어간의 'ㅎ'이 탈락하면서 어미도 모습을 바꿈 예 파랗+이 → 파래	※ 동사는 없음. 누렇다, 빨갛다, 까맣다(형)

해설 ① '잇다'는 'ㅅ'불규칙 동사로 '이어, 이으니' 등으로 불규칙 활용을 보인다. ②은 '걷다 : 걷고, 걷으니, 걷어서, 걷으니까, 걷어요, 걷습니다'와 같이 규칙 활용을 한다. ③ '흐르다'는 'ㄹ' 불규칙으로 '흘러'로 불규칙 활용을 보인다. ④ '동그랗다'는 'ㅎ'불규칙 형용사로 '동그래서, 동그란' 등으로 불규칙 활용을 보인다. 〔정답 ②〕

〔참고문헌〕 고영근·남기심(2000), 배주채(2003)

22

다음 밑줄 친 말 중 관형사에 속한 것은?

① 갖은 고생
② 국제 사회
③ 새빨간 사과
④ 소문과 다른 솜씨

길잡이 22

관형사는 체언 앞에 놓여서 체언, 주로 명사를 꾸며 주는 단어로, 성상 관형사, 지시 관형사, 수 관형사로 나뉜다. 체언 중 수사와는 결합할 수 없고 조사와도 결합할 수 없으며, 형태가 변하지도 않는다.

관형사와 관형사의 꾸밈을 받는 체언 사이에는 다른 말이 들어갈 수도 있다. 관형사가 나란히 놓일 때는 관형사 모두가 뒤따르는 체언을 꾸며 준다. 관형사 가운데 고유어는 얼마 되지 않고 한자어로 된 것이 대부분이다. 고유명사(이순신, 백두산)나 상태성 명사(성실, 무한 등) 등은 관형사의 꾸밈을 받기 어렵다.

① 성상 관형사 : 체언의 모양, 상태, 성질을 나타내는 관형사.
    예 갖은 수단, 새 신발…
② 지시 관형사 : 지시적 성격을 띠고 있는 관형사.
    예 이, 그, 저, 이런, 저런, 그런, 딴…
③ 수 관형사 : 명사의 수량을 나타내는 관형사
    예 여러 나라, 모든 것, 온 마을 몇 명…

해설 ①은 관형사, ②는 어근(표준국어 대사전에서는 명사로, 연세한국어사전에서는 어근으로 올라 있다.), ③과 ④는 형용사로 관형사형 전성어미(-(으)ㄴ, -는, -(으)ㄹ, -던)가 결합되어 뒤의 명사를 수식하고 있다.

〔정답 ①〕

〔참고문헌〕 이익섭(2000), 임홍빈·장소원(1995)

23

한국어 용언에 대한 설명으로 옳은 것끼리 짝지은 것은?

㉠ '있다'는 동사이고, '없다'는 형용사이다.
㉡ 형용사는 '-어하다'가 붙어 동사로 바뀔 수 있다.
㉢ 한국어의 형용사는 영어의 상태 동사(static verbs)에 해당한다.
㉣ '크다, 밝다'처럼 형용사와 동사 용법을 모두 가지는 경우가 있다.

① ㉠-㉡   ② ㉠-㉢
③ ㉡-㉣   ④ ㉢-㉣

길잡이 23

한국어 형용사는 문장의 서술어의 역할과 전성어미를 통해 명사를 수식하는 역할도 한다. 우리말에서 형용사는 지시형용사와 성상형용사로 나눌 수 있는데, 이것이 같이 쓰일 때는 '지시형용사+성상형용사' 순으로 쓰인다. 형용사는 동사와 달리 '-ㄴ다'와 '-자'의 활용에서 제약을 받는다. 동사와 형용사는 품사 상으로 볼 때, 엄격히 구별되어 있지만 형용사가 동사와 같은 활용 양상을 보일 때가 있기 때문에 구분하는 것은 상당히 어려운 문제다. (1)의 '크-', (2)의 '밝-'은 모두 '-ㄴ다'의 결합이 가능하다. 이것은 동사의 활용 양상이므로, 이와 같은 예문에서는 '크다', '밝다'는 모두 동사이다.

(1) 아이들이 잘 큰다.
(2) 새벽이 밝는다.

해설 ㉠ '있다'는 형용사, 동사의 용법을 모두 가지고 있다. ㉡ '슬프다, 심심하다, 즐겁다'는 형용사, '슬퍼하다, 심심해하다, 즐거워하다'

는 동사가 된다. ⓒ 영어의 상태 동사(static verbs)는 한국어의 형용사 부류와 감정 동사 부류가 모두 포함되어 있기 때문에, 영어의 상태 동사와 한국어의 형용사가 일치한다고 볼 수 없다. ⓔ '방이 밝다, 키가 크다'일 때는 모두 형용사, '날이 밝는다, 나무들이 잘 큰다'에서는 동사이다.

〔정답 ③〕

〔참고문헌〕 이익섭(2000), 임홍빈·장소원(1995)

24

한국어의 부사에 대한 설명으로 옳지 않은 것은?

① 부사는 형태 변화를 하지 않는다.
② 한국어에는 소리나 모양을 본뜬 부사가 많다.
③ 부사는 수식 범위에 따라 성분 부사와 문장 부사로 나뉜다.
④ 부사는 문장이나 용언, 다른 부사를 꾸밀 뿐 다른 품사는 꾸미지 않는다.

길잡이 24

부사(어찌씨)는 관형사와 함께 수식언에 속하며, 용언이나 다른 말 앞에 놓여 그 말의 뜻을 제한해 주는 품사이다. 부사는 일반적으로 용언을 수식하나, 관형사를 수식하거나(저 집은 매우 새 집이다) 명사를 수식하기도 하며(반장은 바로 민수였다), 문장을 수식하는 경우도 있다(확실히 그것은 올바른 일이었다). 부사는 조사가 결합되거나 어미가 결합되어 활용하는 일이 없는 불변화사이나 경우에 따라서는 특수조사가 결합되기도 한다(잘못은 했는데…, 빨리만 가라.). 부사의 종류에는 성분부사와 문장부사(양태부사, 접속부사)가 있고, 성분부사는 다시 성상부사(시간부사, 처소부사, 상태부사, 정도부사, 의성부사, 의태부사), 지시부사, 부정부사로 나뉜다.

해설 ④ 명사구도 수식할 수 있다. '그는 매우 부자이다.'의 문장에서 명사인 '부자'를 수식하고 있다. '정말 새 옷이다.'에서는 부사가 관형사를 꾸미고, '겨우 다섯이다.'에서는 부사가 수사를 꾸미고 있다.

〔정답 ④〕

〔참고문헌〕 고영근·남기심(2000), 김정숙 외(2006ㄱ), 이익섭(2000)

25

한국의 감탄사에 대한 설명으로 옳은 것은?

① 감탄사는 문장 전체를 수식한다.
② 말을 머뭇거릴 때 쓰는 말은 감탄사가 아니다.
③ '예, 아니요' 같은 대답하는 말도 감탄사에 속한다.
④ 감탄사는 문장의 처음에 쓰일 뿐 문장 가운데나 끝에는 쓰일 수 없다.

길잡이 25

감탄사는 품사의 하나로, 뒤에 따르는 문장에 의존하지 않고 독립적이며 그 자체로 하나의 온전한 발화 단위가 된다. 감탄사는 말하는 이의 본능적인 놀람이나 느낌, 부름, 응답 따위를 나타내는 말이다. 형태 변화가 없는 불변화사이고 조사와 결합이 불가하며 놓이는 위치가 자유롭다. 그러나 대답을 나타낼 때는 문장의 처음에 온다. 학자에 따라서는 감탄사를 간투사, 담화표지 등으로 달리 부르기도 한다.

'정의 감탄사'는 놀람, 기쁨과 같은 화자의 감정을 단순히 드러내는 말이다. '호응 감탄사'는 청자를 염두에 두고 청자가 어떻게 행동하기를 요구하거나 같이 행동하기를 꾀거나 부를 때 나타내는 말이다.

정의 감탄사 : 하, 하하, 에, 엣, 아이고, 에구 …….
호응 감탄사 : 아따, 응, 그래, 어서, 여보, 여보게, 오냐, 예…….
말버릇 감탄사 : 머, 멀, 말이지, 말이야 …….
말더듬 감탄사 : 이, 에, 저, 음. 거시기 …….

해설 ① 감탄사는 독립언으로서 문장의 수식과는 무관하다.
② 말을 머뭇거리는 '어…, 저…' 따위도 감탄사의 범주에 들어간다.
④ 감탄사는 문장 가운데나 문장의 마지막에도 나타날 수 있다.
  예 아직도 소식이 없어요. 참…
  저는요… 음… 저는 말이죠.

〔정답 ③〕

〔참고문헌〕 김정숙 외(2006ㄱ), 이익섭(2000)

26

다음 제시문의 밑줄 친 부분 중 문장의 주성분이 <u>아닌</u> 것은?

①과제를 마치려고 ②바쁘게 굴더니 몸이 ③파김치가 ④되었다.

길잡이 26

문장 성분이란 문장 안에서 어휘의 역할로, 어휘(품사)가 문장을 구성하면서 일정한 문법적인 기능을 하는 각 부분을 말한다. 서술어에 따라 문장의 필수 성분들이 결정된다. 문장 성분은 주성분과 부속성분, 독립성분이 있다. 주성분은 문장을 이루는 데 골격이 되는 필수적인 성분으로, 주어, 목적어, 보어, 서술어가 여기에 속한다. 부속성분은 주로 주성분의 내용을 수식하는 성분으로 수의적이다. 관형어, 부사어가 여기에 속한다. 독립성분은 문장에서 다른 성분과 직접적인 관련이 없는 성분으로 독립어가 여기에 속한다.

그렇지만 부속 성분이더라도 필수 부사어일 경우 반드시 나타나야 한다. 그리고 관형사나 부사도 부속 성분이긴 하지만 반드시 나타나야 하는 경우도 있다.

주성분	1. 주어 : 문장의 주체가 되는 성분으로, 문장에서 '누가', '무엇이'에 해당하는 말 <u>고양이가</u> 생선을 잡는다. 2. 서술어 : 주어의 동작, 작용, 상태 등을 설명하는 성분으로, 문장에서 '어찌하다', '어떠하다', '무엇이다'에 해당하는 말 꽃이 <u>핀다</u>. 이것이 <u>장미다</u>. 3. 목적어 : 서술어의 동작이나 대상이 되는 성분으로, 문장에서 '무엇을'에 해당하는 말 영숙이가 <u>사과를</u> 먹는다. 4. 보어 : 불완전한 서술어를 보충해 주는 성분으로, 문장에서 '되다', '아니다' 앞에 오는 '누가', '무엇이'에 해당하는 말 민수가 <u>반장이</u> 되었다. (되다 앞에 오는 말) 그녀는 <u>외국인이</u> 아니다. (아니다 앞에 오는 말)
부속성분	5. 관형어 : 체언을 꾸며서 그 의미를 한정해 주는 성분으로, 문장에서 '어떠한', '무엇의'에 해당하는 말 <u>헌</u> 가방이 싫다. <u>누나의</u> 가방을 빌렸다. 6. 부사어 : 주로 용언이나 다른 부사어를 꾸미는 성분으로, 문장에서 '어떻게', '어찌' 에 해당하는 말 아기가 밥을 <u>잘</u> 먹는다.
독립성분	7. 독립어 : 다른 성분과 관계 없이 독립적으로 쓰이는 성분으로, 문장에서 부르는 말, 대답하는 말, 느낌의 말에 해당하는 말 <u>영수야</u>, 빨리 오너라. (부르는 말) <u>네</u>, 먹었어요. (대답하는 말)

해설 ① 목적어(과제를), ③ 보어(파김치), ④ 서술어(되었다)는 문장의 주성분이다.

[정답 ②]

[참고문헌] 고영근·남기심(2000), 김정숙 외(2006ㄱ)

27

다음 중 질문을 목적으로 하는 의문문이 아닌 것은?

① 그 영화 재미있니?
② 요즘 어떻게 지내세요?
③ 문 좀 닫아 주실 수 있을까요?
④ 너는 축구가 좋으니, 야구가 좋으니?

길잡이 27

언어의 예절에 있어 간접성을 기반으로 의사소통이 이루어진 경우가 많다. '비켜 주세요.'보다는 '실례합니다.'의 간접표현으로 전자와 같은 효력을 지닌다. 반면 간접 화행은 직접 화행의 경우에 사용되는 표현이나 어휘가 대부분 일치한다. '물 좀 주세요.' 대신에 '물 좀 주시겠습니까?'를 사용하는 것은 간접화행으로, 물을 갖다 달라는 명령 발화의 역할을 할 수 있다.

해설 ③은 의문문의 형식을 취하고 있지만, 명령의 효력을 지닌다.

[정답 ③]

[참고문헌] 이익섭·채완(1999), 이익섭(2000)

28

한국어의 주어에 대한 설명으로 옳지 않은 것은?

① 청자가 이미 알고 있는 주어는 생략할 수 있다.
② 느낌형용사의 주어는 평서문에서 화자 자신이다.
③ 격조사가 붙은 주어는 문두 위치를 벗어날 수 있다.
④ 일인칭 주어가 문장 안에서 되풀이될 때는 '자기'로 바꿀 수 있다.

길잡이 28

한국어의 주어는 명사나 명사 구실을 하는 말인 명사구, 명사절, 대명사, 수사의 뒤에 주격조사 '이/가'가 붙어서 표시된다. 만약 '은/는'이 붙으면 주격조사 '이/가'가 나타나지 않는다. '이/가' 이외에도 '께서, 에서'가 붙어서 주어를 표시하는데, '께서'는 주어의 높임을 나타내며, '에서'는 주어가 단체를 뜻하는 명사일 때 쓰인다. 상황에 따라서 주격 조사가 생략될 수 있으며(너 어제 뭐 했어?) 한 문장에 주어가 겹쳐 사용되는 이중주어문(서술절)이 있을 수 있다.(<u>토끼가 눈이</u> 빨갛다. <u>남대문이 옷이</u> 싸다.)

해설 ④ 3인칭이 주어일 때 '자기'로 바꾸어 쓸 수 있다.(한국어에서 재귀 대명사는 3인칭에서만 나타난다.)

예 오빠는 오빠 방도 정리 못하면서… → 오빠는 자기 방도 정리 못하면서…

나는 나를 잘 모른다. → ??나는 자기를 잘 모른다.

〔정답 ④〕

〔참고문헌〕 김정숙 외(2006ㄱ), 이익섭·채완(1999)

29

명사형 어미 '-음'을 선택하는 상위문 서술어가 될 수 있는 용언만으로 짝지은 것은?

① 결심하다, 쉽다
② 알다, 희망하다
③ 계획하다, 분명하다
④ 암시하다, 틀림없다

길잡이 29 '-음'과 '-기'와 잘 어울리는 상위문 동사

-음	-이
형용사 : 필요하다, 바람직하다, 중요하다, 마땅하다, 분명하다, 확실하다, 이상하다, 옳다, 어리석다…	형용사 : 적합하다, 적당하다, 알맞다, 쉽다, 어렵다, 좋다, 싫다, 괴롭다, 힘들다, 지루하다…
자동사 : 알려지다, 드러나다, 밝혀지다	타동사 : 좋아하다, 싫어하다, 두려워하다, 바라다, 희망하다, 빌다, 기다리다, 기대하다, 그치다, 시작하다, 약속하다, 결심하다, 약속하다, 제안하다…
타동사 : 보다, 발견하다, 듣다, 알다, 알리다, 밝히다, 깨닫다, 모르다, 기억하다, 짐작하다, 발표하다, 주장하다, 지적하다, 보고하다…	기타 : 일쑤이다, 십상이다, 예사이다, 마련이다

해설 ① 집을 짓기로 결심하다, 불고기는 만들기 쉽다.
② 우리 팀이 우승할 줄을 알았다, 우승했다고 들었다, 우승하기를 희망했다.
③ 새해부터 운동하기로 계획했다, 그가 범인임에 분명하다.
④ 그 기사는 그가 죽었음을 암시한다, 그가 범임임에 틀림없다.

〔정답 ④〕

〔참고문헌〕 김정숙 외(2006ㄱ), 이익섭(2000)

30

다음 밑줄 친 단어의 어미가 나타내는 의미 기능이 나머지와 **다른** 것은?

① 비가 <u>와서</u> 장독대를 덮었어요.
② 너무 <u>웃어서</u> 주름살이 생긴 걸까?
③ 종이배를 <u>접어서</u> 강물에 띄웁니다.
④ 부모님이 <u>외출하셔서</u> 집에 혼자 있어요.

길잡이 30

'-아/어서'는 계기적 순서를 나타내는 의미와 이유를 나타내는 의미를 모두 가진다. (1)은 순서의 의미를, (2)는 이유의 의미를 가진다.

(1) 아침에 <u>일어나서</u> 운동을 했다.
(2) <u>과음해서</u> 속이 쓰리다.

순서의 의미일 때는 (3), (4)와 같이 명령문이나 청유문과 결합이 자연스럽다.

(3) 아침에 일찍 일어나서 운동해라.
(4) 아침에 일찍 일어나서 운동합시다.

'-아/어서'가 이유의 의미일 때는 동사와 형용사 모두 결합할 수 있지만, 후행절에 (5), (6)과 같이 명령문이나 청유문이 올 수 없다.

(5) 비가 와서 택시 타라.(×)
(6) 비가 와서 택시 탑시다.(×)

해설 ①, ②, ④는 이유를 나타내는 어미이고, ③은 순서(계기/연속)를 나타내는 어미이다.

〔정답 ③〕

〔참고문헌〕 김정숙 외(2006ㄱ), 이익섭(2000)

31

다음 밑줄 친 부분의 문법 범주가 나머지와 **다른** 것은?

① 너, 저 소리가 들리<u>니</u>?
② 영화가 참 재미있<u>겠</u>다.
③ 점심에 김밥을 먹<u>었</u>다.
④ 성은이 망극하오<u>나</u>……

길잡이 31

접사에는 굴절 접사(inflectional affix)와 파생 접사(derivational affix)가 있다. 굴절 접사는 문법적인 관계를 드러내며 보통 어미(선어말 어미, 어말 어미 등)로 이해된다. 파생 접사는 어휘적인 의미를 더해주며 어기와의 위치에 따라 접두사와 접미사로 나누어진다. 파생 접사는 때로는 어휘의 품사를 바꿀 수 있지만, 굴절 접사는 어휘의 품사를 바꿀 수 없다.

파생접사	굴절접사
① 분포가 제한적임. 예 '-이'는 '높-, 깊-, 길-'과 결합 가능함 그러나 '낮-, 얕-, 짧-'과 결합 불가능	① 분포에 제한을 받지 않음 예 '-다'나 '과거 시제 -았/었-'은 모든 동사와 형용사와 결합가능
② 단어의 품사를 바꿈 예 높다(형용사) : 높- + 이 높이(명사)	② 단어의 품사를 바꾸지 못함 예 높다(형용사) : 높 + 았+다 높았다(형용사)

③ 어기에 결합될 때 파생접사가 굴절접사에 앞섬
먹+이+다
  -이- : 파생접사
  -다 : 굴절접사	

해설 ①의 '들리니?'의 '-리-'는 파생 접사로서 '들리-'는 어간이 된다. 그러나 ②, ③, ④는 모두 굴절 접사(선어말 어미)이다.

〔정답 ①〕

〔참고문헌〕 이익섭(2000), 허웅(1997)

32

청유문의 경어표현이 적절하지 <u>않은</u> 것은?

① (아버지가 친구에게) 그림 다음에 만나세.
② (동생이 언니에게) 언니, 나랑 영화 보러 가.
③ (학생이 교사에게) 선생님, 이쪽으로 앉으시지요.
④ (아들이 아버지에게) 아버지, 저랑 점심 먹읍시다.

길잡이 32

상대높임법은 일정한 종결 어미를 선택하여 청자(말 듣는 상대방)를 대우하는 문법 범주로, 격식체와 비격식체가 있다. 상대 높임법은 격식체와 비격식체로 구분된다.

격식체(格式體)	비격식체(非格式體)
공식적, 의례적, 직접적, 단정적, 객관적, 권위적인 높임법	비공식적, 일상적, 간접적, 주관적, 친근한 높임법
① 해라체(아주 낮춤→높이지 않음) 예 일을 해라 -다, -냐, -자, -(어/거)라, -이구	① 해 체 (두루 낮춤) 예 일을 해 -아/-어, -지, -이을 (해라체+하게체)
② 하게체(보통 낮춤→조금 높임) 예 일을 하게 -네, -게, -세, -이, -나	② 해요체 (두루 높임) 예 일을 해요 -아/어요, -지요, -이을까 (하오체+합쇼체)
③ 하오체(보통 높임→많이 높임) 예 일을 하오 -오, -읍시다, -이시	③ 하라체 글을 쓸 때의 상대높임법. 단 높임이나 낮춤의 의미가 전혀 없이 중화된 것임. 예 청춘의 피는 끓는다, 보라, 청춘의 얼굴을.
④ 합쇼체(아주 높임→가장 높임) 예 일을 하십시오 -습니다, -습니까, -이시지	

해설 ④ '-(으)ㅂ시다'는 '하오체'이므로, 아랫사람이 윗사람에게 쓰면 예의에 벗어난다. ④와 같은 경우에 윗사람에게 '-(으)시지요'나 '-(으)시겠습니까' 등과 같은 표현을 써도 된다.

〔정답 ④〕

〔참고문헌〕 고영근·남기심(2000), 김정숙 외(2006ㄱ)

33

연결어미의 기능을 옳게 말한 것으로만 짝지은 것은?

> 가. 첫눈이 오면 만납시다.(이유)
> 나. 바람이 불고 비가 온다.(나열)
> 다. 바람이 부는데 어디를 가니?(조건)
> 라. 영희가 파마를 하러 미장원에 간다.(목적)

① 가, 다 ② 가, 라
③ 나, 다 ④ 나, 라

길잡이 33 어미의 의미에 대해

의미범주		연결어미
나열		-고, -(으)며
시간	동시	-(으)면서, -(으)며, -자, -자마자
	순서	-고, -아서/-어서
	전환	-다가
대립·대조		-(으)나, -지만, -는데,/-(으)ㄴ데, -아도/-어도
이유·원인		-아서/-어서, -(으)니, -(으)니까, -(으)므로, -느라고
조건		-(으)면, -(으)려면, -아야/-어야
목적		-(으)러, -(으)려고, -도록, -게
인정		-아도/-어도, -(으)ㄹ지라도, -이더라
선택		-거나, -든지
방법·수단		-아서/-어서, -이
배경		-는데/(으)ㄴ데, -(으)니

해설 '-으면'은 조건, '-고'는 열거 혹은 나열, '-(으)ㄴ/는데'은 배경, '-으러'는 목적의 의미이다.

〔정답 ④〕

〔참고문헌〕 고영근·남기심(2000), 김정숙 외(2006ㄱ)

34

주체높임의 표현으로 옳은 것은?

① 하실 말씀이 계신 분은 말씀하세요.
② 선생님, 넥타이가 잘 어울리십니다.
③ 선생님께서는 교무실에 있으십니다.
④ 우리 아버지께서는 팔이 편찮으십니다.

길잡이 34

간접 높임이란 존대 대상의 신체의 일부, 소유물 따위가 주어로 쓰일 때 어간에 '-(으)시-'를 사용하여 높임을 표현하다. 존대 대상을 직접 높일 때는 '계시다'를 써야 하고, 소유물이나 그 사람과 관계되는 인물이 주어로 쓰일 때는 '있으시다'를 써야 한다. 높여야 할 사람이 직접 주어로 등장할 때는 '편찮으시다'를, 존대 대상의 신체 일부가 주어로 등장할 때는 '아프시다'를 써야 한다.

(1) 선생님은 댁에 계신다.
(2) 선생님은 따님이 계신다(×)/있으시다.(○)
(3) 선생님은 편찮으시다.
(4) 선생님은 팔이 편찮으시다(×)/아프시다.(○)

해설 ① '하실 말씀이 있으신 분은……'으로 고쳐야 한다.
③ '……교무실에 계십니다.'로 고쳐야 한다.
④ '아프다'는 부분, '편찮으시다'는 (존대 대상의 몸, 마음)전체를 나타내므로, '……팔이 아프십니다.'로 고쳐야 한다.

〔참고문헌〕 김정숙 외(2006ㄱ), 이익섭(2000)

〔정답 ②〕

35

격식체와 비격식체의 구분이 옳지 않은 것은?

① 자네 일요일에 뭐 하나? (비격식체)
② 제군들은 무적의 해군이다. (격식체)
③ 나는 일요일에 등산을 해요. (비격식체)
④ 오랜만이오. 어서 들어오시오. (격식체)

길잡이 35 상대높임법의 6등급

상대높임법은 일정한 종결어미를 선택하여 청자를 대우하는 문법 체계이다. 다음과 같이 6등급이 있다.

상대높임법		평서법	의문법	명령법	청유법	감탄법
격식체	합쇼체	하십니다	하십니까	하십시오	하십시다	-
	하오체	하시오, 하오	하시오?, 하오?	하시오, 하구려	합시다	하는구려
	하게체	하네, 함세	하는가?, 하나?	하게	하세	하는구먼
	해라체	한다	하냐?, 하니?	하거라, 하렴, 하려무나	하자	하는구나
비격식체	해요체	해요	해요?	하세요 하셔요	하세요 하셔요	하세요 하셔요
	해체(반말)	해, 하지	해?, 하지?	해, 하지	해, 하지	해, 하지

해설 ①의 '자네 일요일에 뭐 하나?'는 비격식체가 아니라 하게체에 해당하므로 격식체이다.
[정답 ①]

[참고문헌] 김정숙 외(2006ㄱ), 이익섭(2000)

36

다음 문장의 시간 표현에 대한 설명 중 옳지 <u>않은</u> 것은?

① 나는 내일 베이징에 <u>간다</u>. (미래)
② 갑순이가 갑돌이를 보고 <u>웃었다</u>. (과거)
③ 너 어제 산 노란 코트를 <u>입었구나</u>. (완료)
④ 언니가 지금쯤 제주도에 <u>도착했겠지</u>. (미래)

길잡이 36

'-겠-'은 미래시제를 나타내기도 하지만 말하는 사람의 의지나 가능성, 추측 따위를 나타낸다. (1)은 화자의 의지를 나타내고 (2)는 미래시제를 나타내지 않고 과거나 현재 사실에 대한 화자의 추측을 나타낸다.
(1) 이번 시험에는 꼭 일등을 하겠다.
(2) 일이 힘들어서 고생 많이 했겠군요.

해설 ④의 '-겠-'은 화자의 '추측'을 나타낸다.
[정답 ④]

[참고문헌] 김정숙 외(2006ㄱ), 이익섭(2000)

37

사동법에 대한 설명으로 옳은 것은?

① 형용사 서술어도 사동사가 될 수 있다.
② 접미사동법은 모든 동사에 적용될 수 있다.
③ 사동문은 언제나 대응되는 주동문을 갖는다.
④ 타동사에 사동접미사가 결합되면 자동사가 된다.

길잡이 37

사동이란 사람, 동물, 사물이 스스로 움직이거나 그 상태에 이르는 것이 아니라, 다른 사람을 시켜서 사람이나 동물, 사물에 움직임이 생기게 하거나 그 상태에 이르도록 하는 것을 말한다. 사동법은 접사에 의한 접미 사동법과 통사적 사동인 '-게 하다' 사동법이 있다. 사동 접사는 피동 접사와 달리 자동사, 타동사, 형용사에 붙을 수 있고, '이, 히, 리, 기 우, 구, 추' 등이 붙는다. 단 모든 주동문이 사동문으로 파생될 수 있는 것은 아니며, 모든 용언에 파생 접사가 붙을 수 있는 것은 아니다. 수여동사(주다, 받다, 드리다…), 수혜동사(얻다, 받다, 돕다…), 대칭동사(만나다, 닮다…), 경험동사(배우다, 느끼다. 바라다…), 어간 모음 'ㅣ'로 끝나는 동사(이기다, 던지다. 때리다…), '-하다'가 붙는 동사(공부하다, 일하다, 노래하다…) 등은 사동 접사가 결합되지 못한다.

해설 ① 형용사 '맑다'는 '녹차는 머리를 맑게 한다'와 같이 장형 사동의 형태를 취할 수 있다.(형용사는 접미 사동법에 의한 사동문 형성도 가능한데, 예를 들면 '높다'는 '담장을 높이다'로 단형 사동문이 될 수 있다.)
② 접미사동법은 모든 동사에 적용될 수 있는 것은 아니며, 일정한 동사 부류와 결합하고, 그 밖의 동사 부류와는 결합되지 못한다.
③ 모든 사동문에 대당되는 주동문이 존재하는 것은 아니다.
④ 타동사 '먹다'를 사동사로 만든 '먹이다'는 '아이에게 밥을 먹이다, 친구에게 술을 먹이다'와 같이 여전히 타동사이다.

〔정답 ①〕

〔참고문헌〕 김정숙 외(2006ㄱ), 이익섭(2000), 이익섭·채완(1999)

38

조사 '-으로'의 의미를 잘못 설명한 것은?

① 답안은 검은 펜으로 작성하세요. (도구)
② 최 진사가 칠복이를 사위로 삼았다. (신분)
③ 2번 출구로 나와서 제과점을 찾으세요. (목적지)
④ 후궁이 미모로 왕의 판단을 흐리게 했다. (수단)

길잡이 38 조사 '-으로'의 의미(표준국어대사전)

「조사」 (('ㄹ'을 제외한 받침 있는 체언 뒤에 붙어))
「1」 움직임의 방향을 나타내는 격 조사.
¶ 집으로 가는 길/미국으로 여행을 떠나다
「2」 움직임의 경로를 나타내는 격 조사.
¶ 홍콩으로 해서 미국을 들어갈 예정이다.
「3」 변화의 방향을 나타내는 격 조사.
¶ 자식을 훌륭한 사람으로 키우다
「4」 어떤 물건의 재료나 원료를 나타내는 격 조사.
¶ 콩으로 메주를 쑤다/흙으로 그릇을 만들다
「5」 어떤 일의 수단·도구를 나타내는 격 조사.
¶ 톱으로 나무를 베다/붓으로 글씨를 쓰다
「6」 어떤 일의 방법이나 방식을 나타내는 격 조사.
「7」 어떤 일의 원인이나 이유를 나타내는 격 조사. '말미암아', '인하여', '하여' 등이 뒤따를 때가 있다.
¶ 병으로 죽다/지각으로 벌을 받다
「8」 지위나 신분 또는 자격을 나타내는 격 조사.
¶ 회원으로 가입하다/회장으로 뽑히다
「9」 시간을 나타내는 격 조사.
¶ 조석으로 부모님께 문안드리다/모임 날짜를 이달 중순으로 정했다.

「10」 시간을 셈할 때 셈에 넣는 한계를 나타내는 격 조사.
¶ 자동차 면허 시험을 보는 것이 이번으로 일곱 번째가 됩니다.
「11」 특정한 동사와 같이 쓰여 대상을 나타내는 격 조사. '하여금을 뒤따르게 하여 시킴의 대상이 되게 하거나, '더불어'를 뒤따르게 하여 동반의 대상이 되게 한다.
¶ 동생으로 하여금 집안일을 보게 하였다.
「12」 ((주로 인지나 지각을 나타내는 말과 함께 쓰여))어떤 사물에 대하여 생각하는 바임을 나타내는 격조사.
¶ 조용한 레스토랑쯤으로 여겼는데 입구에서부터 요란한 밴드 소리가 귀청을 찢었다.≪윤후명, 별보다 멀리≫

해설 ③은 목적지가 아닌 움직임의 방향을 나타낸다.

〔정답 ③〕

〔참고문헌〕 김정숙 외(2006ㄱ), 이익섭(2000)

39

피동문으로만 묶인 것은?

가. 창밖에 남산이 보인다.
나. 언니가 나날이 예뻐진다.
다. 슬픈 영화가 나를 울려요.
라. 도자기가 인간문화재의 손으로 빚어진다.

① 가, 다   ② 가, 라
③ 나, 다   ④ 나, 라

길잡이 39

피동은 주어가 남이 행하는 행위나 동작에 의해 영향을 입는 것이다. 화자는 상황을 기술하는 데 행동하는 대상을 중심으로 기술할 것인가 아니면 그 행동을 당하는 대상을 중심으로 기술할 것인가에 따라 능동문 혹은 피동문을 선택하게 된다. 피동법은 접미피동법과 '-어지다' 피동법이 있다. 피동접사 '이, 히, 리, 기'는 모든 동사에 결합되는 것은 아니다. 수여동사(주다, 받다, 드리다…), 수혜동사(얻다, 받다, 돕다…), 대칭동사(만나다, 닮다…), 경험동사(배우다, 느끼다…), 어간 모음 'ㅣ'로 끝나는 동사(던지다. 이기다…), '-하다'가 붙는 동사(일하다, 노래하다, 공부하다…) 등은 피동접사가 결합되지 못한다.

해설 '가'는 피동 접사에 의한 피동문, '나'의 경우에는 형용사 '예쁘다'와 '-아/어지다'가 결합된 구성으로 사전에 동사로 올라 있으며 자동사문이다. '-아/어지다'가 붙었다고 해서 모두 피동사가 되는 것은 아니다. 형용사와 어울리는 경우에는 피동의 뜻을 나타내는 것이 아니라 동사화하여 단지 상태의 변화만 나타낸다. '다'는 사동문, '라'는

'-아/어지다' 피동문(빚다 + '-아/어지다 → 빚어지다)이다. 그러므로 피동문은 '가'와 '라'이다.

〔정답 ②〕

〔참고문헌〕 김정숙 외(2006ㄱ), 이익섭(2000)

40

'-의'에 의해 연결된 앞뒤 명사의 의미관계를 옳게 설명한 것으로만 이루어진 것은?

가. 향가의 연구(대상)
나. 추억의 노래(주체)
다. 언니의 친구(관계)
라. 제주도의 조랑말(소유)

① 가, 다
② 가, 라
③ 나, 다
④ 나, 라

길잡이 40 조사 '-의'의 의미(표준국어대사전)

「조사」 ((체언 뒤에 붙어))
「1」 앞 체언이 관형어 구실을 하게 하며, 뒤 체언이 나타내는 대상이 앞 체언에 소유되거나 소속됨을 나타내는 격 조사.
¶ 나의 옷/그의 가방/영이의 얼굴/우리의 학교
「2」 앞 체언이 관형어 구실을 하게 하며, 앞 체언이 뒤 체언이 나타내는 행동이나 작용의 주체임을 나타내는 격 조사.
¶ 우리의 각오/국민의 단결/너의 부탁/나라의 발전.
「3」 앞 체언이 관형어 구실을 하게 하며, 앞 체언이 뒤 체언이 나타내는 대상을 만들거나 이룬 형성자임을 나타내는 격 조사.
¶ 다윈의 진화론/나의 작품/거문고의 가락.
「4」 앞 체언이 관형어 구실을 하게 하며, 앞 체언이 뒤 체언의 과정이나 목표 따위의 대상임을 나타내는 격 조사.
¶ 승리의 길.
「5」 앞 체언이 관형어 구실을 하게 하며, 앞 체언이 뒤 체언이 나타내는 행동의 대상임을 나타내는 격 조사.
¶ 질서의 확립/자연의 관찰/인권의 존중/학문의 연구.
「6」 앞 체언이 관형어 구실을 하게 하며, 뒤 체언이 나타내는 사실이나 상태가 앞 체언에 관한 것임을 나타내는 말.
¶ 서울의 찬가/한국의 지도.
「7」 앞 체언이 관형어 구실을 하게 하며, 뒤 체언에 오는 인물의 행동이나 행위가 앞 체언이 나타내는 사건이나 사물을 대상으로 하고 있음을 나타내는 격 조사.
¶ 책의 저자/아파트의 주인/올림픽의 창시자.
「8」 앞 체언이 관형어 구실을 하게 하며, 뒤 체언이 지니고 있는 정보가 앞 체언의 속성 따위임을 나타내는 격 조사.
¶ 금의 무게/물의 온도/국토의 면적.
「9」 앞 체언이 관형어 구실을 하게 하며, 앞 체언이 나타내는 속성의 보유자임을 나타내는 격 조사.
¶ 꽃의 향기/예술의 아름다움.
「10」 앞 체언이 관형어 구실을 하게 하며, 뒤 체언이 앞 체언이 나타내는 어떤 동작을 주된 목적이나 기능으로 하는 것임을 나타내는 말.
¶ 축하의 잔치/가을은 독서의 계절이다.

「11」 앞 체언이 관형어 구실을 하게 하며, 앞 체언과 뒤 체언이 의미적으로 동격이거나 동일한 대상의 다른 면임을 나타내는 말.
¶ 100℃의 끓는 물/45kg의 몸무게/질투의 감정.
「12」 앞 체언이 관형어 구실을 하게 하며, 관계를 나타내는 뒤의 체언이 앞 체언과 사회적·친족적 관계에 있음을 나타내는 말.
¶ 나의 친구/선생님의 아들.
「13」 앞 체언이 관형어 구실을 하게 하며, 앞 체언이 뒤 체언이 나타내는 사물이 일어나거나 위치한 곳을 나타내는 격 조사.
¶ 몸의 병/시골의 인심/옷의 때/하늘의 별/제주의 말.
「14」 앞 체언이 관형어 구실을 하게 하며, 앞 체언이 뒤 체언이 나타내는 사물이 일어나거나 위치한 때를 나타내는 격 조사.
¶ 여름의 바다/고대의 문화/정오의 뉴스.
「15」 앞 체언이 관형어 구실을 하게 하며, 앞 체언이 뒤 체언의 수량을 한정함을 나타내는 격 조사.
¶ 10년의 세월/한 잔의 술/10여 명의 사람이 몰려오다.
「16」 앞 체언이 관형어 구실을 하게 하며, 전체와 부분의 관계를 나타내는 격 조사. ¶ 국민의 대다수/가진 돈의 얼마를 내놓다.
「17」 앞 체언이 관형어 구실을 하게 하며, 앞 체언이 뒤 체언이 나타내는 사물의 특성을 나타내는 격 조사. ¶ 불굴의 투쟁/불후의 명작.
「18」 앞 체언이 관형어 구실을 하게 하며, 앞 체언이 뒤 체언에 대하여 비유의 대상임을 나타내는 말. ¶ 철의 여인/무쇠의 주먹.
「19」 앞 체언이 관형어 구실을 하게 하며, 앞 체언이 뒤 체언의 재료임을 나타내는 말. ¶ 순금의 보석.
「20」 앞 체언이 관형어 구실을 하게 하며, 어떤 결과를 낳는 행동임을 나타내는 격 조사. ¶ 투쟁의 열매/건설의 역사.
「21」 앞 체언이 관형어 구실을 하게 하며, 앞 체언이 뒤에 연결되는 조사의 의미 특성을 가지고 뒤 체언을 꾸미는 기능을 가짐을 나타내는 격 조사.
¶ 구속에서의 탈출/저자와의 대화.
「22」 명사구 안에서 용언 또는 서술어의 의미상 주어 구실을 하는 격 조사.
¶ 나의 살던 고향/학생의 할 도리를 다하다.

해설 '가 : 향가의 연구'는 대상(5번 의미), '나 : 추억의 노래'는 사실이나 상태가 앞에 것에 관한 것(6번 의미), '다 : 언니의 친구'는 관계를 나타내고(12번 의미), '라 : 제주의 조랑말'는 사물이 일어나거나 위치한 곳(13번 의미)을 의미한다. '가'와 '다'가 올바르므로 답은 ①이다.

〔정답 ①〕

〔참고문헌〕 이익섭(2000), 표준국어대사전

41

제시문의 의미에 대한 설명으로 옳지 **않은** 것은?

> 동수는 밥을 먹지 않았다.

① 단순한 부정으로 해석될 수 있다.
② 일부러 안 먹었다는 의미로 해석될 수 있다.
③ 밥이 없어서 안 먹었다는 의미로 해석될 수 있다.
④ 밥이 아니라 죽을 먹었다는 의미로 해석될 수 있다.

길잡이 41

한국어의 부정법은 '안' 부정법, '못' 부정법, '말다' 부정법 등이 있다. '안' 부정법은 주어의 의지나 행위에 대한 부정을 나타낸다. '못' 부정법은 주어의 능력 부족 혹은 외부적 상황이나 이유에 의한 행위의 불가능을 나타낸다. '안' 부정문과 '못' 부정문은 평서문과 의문문일 때 가능하고 청유문이나 명령문일 때는 불가능하지만, '말다' 부정법은 말하는 사람의 의도나 의지에 의한 부정으로 명령문이나 청유문을 형성할 수 있다.

해설 '안' 혹은 '-지 않다'는 단순한 부정의 의미와 함께 의도적 부정 두 가지로 해석 가능하다. ③과 같이 해석되려면 '못' 부정문이 되어야 한다. 그러므로 '동수는 밥을 못 먹었다/먹지 못했다.'로 해야 ③과 같이 해석 가능하다.

〔정답 ③〕

〔참고문헌〕 김정숙 외(2006ㄱ), 이익섭(2000)

42

다음 중 단어의 의미 구성이 다른 것은?

① 담장
② 틈새
③ 가마솥
④ 콩나물

길잡이 42

동의어들 간에 경쟁하면서 공존하거나, 한 어휘소가 소멸되거나 의미 영역이 변하거나, 동의 경쟁하던 두 어휘소가 한 덩어리를 이루는 경우가 있다. 두 어휘소가 한 덩어리가 되는 것을 동의중복(tautology)이라고 하는데, 다음과 같은 두 가지 유형이 있다.

1. 동의관계에 있던 두 형태의 완전 결합형
    예 양친부모, 깡통, 드럼통, 유리글라스
2. 한자어의 선행요소를 고유어가 풀이하는 형
    예 역전앞, 철로길, 남강교다리, 돼지족발, 새신랑, 몸보신, 박수치다

해설 ① '담'과 '장'이 서로 동일한 의미를 내포, ② '틈'과 '새(사이)'가 동일한 의미 내포, ③ '가마'와 '솥'이 서로 동일한 의미 내포하고 있다.

〔정답 ④〕

〔참고문헌〕 임지룡(2003)

43

다음 표현 중 관용화의 정도가 가장 높은 것은?

① 바람맞다.
② 손을 씻다
③ 학을 떼다
④ 배가 아프다

길잡이 43

관용어는 두 개 이상의 단어로 이루어져 있으면서 그 단어들의 의미만으로는 전체의 의미를 알 수 없는, 특수한 의미를 나타내는 어구이다. 관용 표현은 관용 의미가 구성 요소들이 지니는 축자적 의미가 모여서 이루어진 것이 아니라, 각 구성 요소들의 축자 의미의 합과는 무관한 제3의 의미를 형성한다. 이러한 의미의 비합성성으로 인하여 관용구는 그 전체 구성이 하나의 의미 단위를 형성함으로써 하나의 어휘소 자격으로 어휘부에 등재된다.

관용 표현은 대체적으로 은유에 의해 고착화된 표현이므로 글자 그대로의 축자 의미에 대해서는 관용 의미를 확실하게 유추해 낼 수가 없다. 따라서 의미가 불투명하다고 할 수 있다. 그런데 의미의 투명성은 관용 표현마다 정도를 달리한다. 여기서 말하는 의미의 투명도란 축자 의미와 관용 의미 간의 예측 가능성 또는 유연성의 정도를 말한다.

관용표현은 과장성, 반어성, 완곡성의 의미 특질을 지닌다.
①과장성 : 관용 표현 중에는 과장성을 띠고 있는 것들이 많다. 상대방에게 자신의 감정이나 정보를 강조해서 전달하고 싶은 의도에서 실제 의미보다 확대 또는 축소하여 표현 효과를 극대화시키는 과장법을 많이 사용한다. 이러한 과장 표현 속에는 화자의 심리 상태가 잘 반영되어 있다. (예 배가 남산만하다/한강이 되다/간이 콩알만해지다/간에 기별도 안 간다/그림자도 보이지 않는다/눈썹도 까딱하지 않는다/손톱만큼도 없다/종이 한 장 차이/찔러도 피 한 방울 안 나온다)
②반어성 : 표출하고자 하는 내용이나 의도와는 정반대의 의미를 가진 단어들을 가지고 행동이나 상태를 표현하고자 하는 관용 구절에서 이러한 의미 특성이 나타난다. 따라서 축자 의미와는 부정과 긍정이라는 반의 관계에 있게 된다. 주로 조롱이나 냉소의 표현 효과를 내기 위해서 사용하며, 운율적 요소가 작용해야 전달 효과가 나타난다. (예 모양 좋~다/자~알 논다/잘 먹고 잘 살아라)

③ 완곡성 : 주로 직접적인 표현을 피하고 대신 간접적으로 완곡하게 표현할 때 쓰이는 관용 표현에 나타난다.(죽다 – 눈을 감다/밥숟가락 놓다/황천으로 가다)

해설 ① '바람맞다'는 '남에게 속거나 약속이 어그러지다'의 의미, 혹은 '중풍에 걸리다'의 의미이다. ② '손을 씻다'는 '관계를 청산하다'의 의미이고, ③은 '어려운 일이나 상황으로 진땀을 빼다'의 의미이다. ④는 '남이 잘되는 것을 기뻐해 주지는 않고 시기하고 질투하다'의 의미로 쓰인다. ③의 '학을 떼다'는 '학질 병을 고치다'의 의미로 '진땀을 빼다'의 의미와 가장 거리가 멀어, 의미적으로 불투명하여 관용화의 정도가 가장 높다.

〔정답 ③〕

〔참고문헌〕 임지룡(2003), 표준국어대사전

44

의미의 상하관계에 대한 설명으로 바른 것은?

① 상하관계는 의미장으로 실현된다.
② 상위어가 하위어보다 먼저 발달한다.
③ 상위어는 기본 층위의 범주를 나타낸다.
④ 상위어의 의미는 하위어의 의미를 함의한다.

길잡이 44

상하관계(hyponymy)는 어휘소의 의미에 대한 계층적 구조로서 한 쪽이 의미상 다른 쪽을 포섭하거나 다른 쪽에 포섭되는 관계를 말한다. 상하관계에 놓여 있는 두 어휘소에서 의미 범위가 넓고 보다 일반적인 쪽을 상위어라 하고 의미범위가 좁고 보다 특수한 쪽을 하위어라 한다. 곧 상위어의 모든 성분은 하위어에 포함됨을 뜻한다.

'X는 새이다'는 'Y는 동물이다'를 함의(entailment)하나 그 역은 성립하지 않는다. 즉 일방함의 관계가 성립한다. 하위어는 상위어를 함의하지만 역으로 상위어는 하위어를 함의하지는 않는다. 즉 보다 특수한 의미를 지니는 하위어가 보다 일반적이고 포괄적인 의미를 지니게 되는 상위어를 의미적으로 함의하는 것이다. 만약 그 역이 성립되면 쌍방 함의가 되면 이 경우는 동의어가 되는 것이다.

상하관계는 어휘장에서 어휘소 상호간의 의미관계를 기술하는 데 긴요하다. 어휘장은 의미적 하의관계로 표시될 수 있다. 보다 일반적이어서 포괄적인 어휘는 상위어라고 하며, 의미적으로 보다 특수한 어휘는 하위어라고 한다. 한 언어의 어휘를 총망라시켜 결국 하나의 장으로 통합시켰을 때, 이것은 그 언어 어휘 전체의 구조를 밝히는 셈이다.

사람들이 보편적으로 사물을 지각하고 개념화하는 층위를 '기본 층위'라고 한다. 심리적으로 가장 기본적인 층위가 분류구조 위계의 중간에 있다. 기본 층위는 상위 층위나 하위 층위에 비하여 기능적, 인지적, 언어적으로 우월성을 갖게 된다. 기본 층위에 해당하는 낱말은 발생 빈도가 가장 높으며, 짧고 구조적으로 단순하다.

예 상위 층위 : 식물　　동물
　　　기본 층위 : 나무　　새
　　　하위 층위 : 소나무　참새

기본 층위의 우월성은 근본적으로 범주의 '유연성'(motivation)에서 비롯된다. 곧 범주화는 어떤 유기체가 이 세상의 무한한 변형을 통제할 수 있는 부분들로 바꾸어 준다. 기본 층위의 범주들은 그 범주의 원소들이 공유하는 속성의 수를 최대화하며, 다른 범주의 원소에 대해 공유하는 속성의 수를 최소화한다.

해설 ① 의미장은 하나의 상위어 아래 의미상 밀접하게 연관된 낱말들의 집합을 말한다. ③ 보편적으로 사람들이 사물을 지각하고 개념화하는 층위를 '기본 층위'라고 하는데, 예를 들면, 동물(상위층위) - 개(기본층위) - 치와와(하위층위)이다. 상위어가 반드시 기본층위가 되는 것은 아니다.

〔정답 ①〕

〔참고문헌〕 노대규(1988), 박종갑(1996), 양태식(1992), 임지룡(2003)

45

다음 중 중의성을 지니지 <u>않은</u> 문장은?

① 영호는 구두를 신고 있었다.
② 나는 형과 철이를 찾아다녔다.
③ 학생이 다 출석한 것은 아니다.
④ 어머니는 아버지보다 나를 더 사랑하신다.

길잡이 45

중의성이란 단어나 구 또는 문장 등 하나의 언어표현이 둘 이상의 뜻을 가질 수 있는 것을 말한다. 문장의 중의성은 의미가 상의한 개념구조가 동일한 표현 구조이며, 이러한 구조의 문장을 중의문(重義文, ambiguous sentence)이라고 한다. 문장의 형식은 하나인데 그 문장이 담고 있는 의미는 여러 개가 된다는 말이다. 중의성은 다음과 같은 경우에 발생한다.

1. 단어의 중의성
   예 그녀는 손이 크다.
2. 문장의 구조 차이
   예 철수는 영수와 순이를 좋아한다.
3. 부정 표현
   예 나는 어제 공원에서 그녀를 만나지 않았다.
4. 상황에 따라
   예 그는 구두를 신고 있다.
5. 은유적 표현
   예 김 쌤은 호랑이다.
6. 수량의 범위에 따른 중의성
   예 포수 열 명이 토끼 한 마리를 잡았다.
7. 관형적 조사의 중의성
   예 이것은 나의 그림이다.

중의성을 해소하는 방법은 수식어를 피수식어 바로 앞에 옮겨 놓거나, 반점(,)을 사용하여 수식 범위를 한정하는 것이다.

해설 ① 진행(신발을 신는 행위의 진행)과 완료(신발을 다 신은 상태)의 의미를 가진다.
② 행위의 주체의 중의성(내가 형과 철이를 찾는지, 나와 형이 철이를 찾는지)

④ 어머니가 아버지보다 나를 더 사랑하시는지, 아니면 (아버지도 나를 사랑하시기는 하지만) 어머니가 나를 더 사랑하시는지 알 수 없다.

〔정답〕 ③

〔참고문헌〕 박종갑(1996), 양태식(1992), 임지룡(2003), 최창렬(1999)

46

대화 결속 장치로 볼 수 없는 것은?

① 대용　② 도치
③ 반복　④ 생략

길잡이 46

담화는 학자에 따라서 연구 목적과 대상, 관점에 따라 다양하게 정의될 수 있다. Harris(1952)는 담화를 연속된 말이나 글로 정의하였고, Widdowson(1979)은 담화를 결합된 문장의 사용이라 정의하였으며 Hoey(1983)는 그 자체로서 완전성을 가진 일련의 구어나 문어라고 정의하였다.

담화(discourse)란 구조 문법에서 분석의 가장 큰 단위로 삼은 문장의 범위를 벗어나 말이나 글로 나타내는 행위가 둘 이상의 문장으로 이루어진 연속체이다. 짧게는 한 문장에서 크게는 한 권의 책이나 대화의 경우에는 전체가 될 수도 있다. 아울러 담화는 텍스트의 개념과 비교되는데, 텍스트는 문어 지향적이며 응집성(cohesion)의 도구들에 의해 연결된 형태적인 요소의 총체로서 언어 행위를 고려한 것이고, 담화는 구어 지향적이고, 더욱 넓은 의사소통의 단위를 구성하는 의사소통 행위를 수행하는 발화의 총체로 언어 행위를 고려한 것이다.

즉 담화란 언어 그 자체와 언어가 사용되는 사회적, 시공간적 상황, 언어 수행에 참여하는 사람들의 상호 관계와 지식 등 언어 외적인 요인에 의해 결정된다는 것이다.

대화 결속 장치는 외형적 결속과 내재적 결속 장치로 나눈다. 외형적 결속 장치에는 문법적 결속 장치(접속어, 지시어, 대용어), 논리적 결속 장치(논증, 인과, 조건과 비교), 어휘적 결속 장치(주제어 반복, 핵심어 반복, 부사 사용, 어휘의 대치), 의미적 결속 장치(첨가 및 강조, 화제 바꿈, 요약 및 응집, 답변), 인용적 결속 장치가 있다. 내재적 결속에는 결속 장치의 생략이나 청자나 독자의 분석, 분석, 종합, 추론에 의해 밝혀지는 것이다.

해설 ① 대용은 문법적 결속 장치이며, ③ 반복은 어휘적 결속 장치이며, ④의 생략은 내재적 결속 장치로 생략된 말이 무엇인지 글이나 담화 속에서 찾을 수 있다.

〔정답 ②〕

〔참고문헌〕 구현정 외(2005), 이성범(2001), 최창렬(1999), George Yule(2001), Stephen C. Levinson(1993)

47

다음의 순이의 발화에 대한 철호의 직접적인 응대는?

| 순이 : 내 가방 좀 들어줘. |
| 철호 : _____ |

① 좋아
② 그럴게
③ 알았어
④ 당연하지

길잡이 47

지시화행은 명령, 요청, 부탁 등의 하위분류가 가능하다. 지시 화행은 화자가 청자에게 화자의 의도대로 행동해 줄 것을 요구하는 화행이다. 지시 화행이 지니는 요구는 구속적인 요구로, 대화 상대인 응대 화자에게 강요성 내지는 구속력을 지니기 때문에 응대 화자에게는 지시 화자가 요구한 내용을 수행할 의무가 주어진다. 발화에 대한 응대에는 인지적, 정서적, 행위적 관점의 응대가 있다. 그 중에서 지시 화행의 직접적인 것은 행위적 응대이다. 즉 지시 화행에 대한 행동의 수행 여부를 알리는 행위적 관점의 응대가 본질적이고 기본적인 응대가 되는 것이다. 그러나 인지적·정서적 관점에서의 응대는 행위적 관점의 기본 응대가 생략된 결과로 나타난 응대이다. '그럴게, 그렇게 할게, 응, 난 안 갈래…' 등은 행위적 응대, '알았어, 물론이지, 당연하지'등은 인지적 응대, '좋아'는 정서적 응대이다.

해설 발화에 대한 직접적인 응대는 행위적 응대이다. ①은 정서적 응대, ②는 행위적 응대, ③과 ④는 인지적 응대이다.

〔정답 ②〕

〔참고문헌〕 장경희(2002)

48

자신이 믿지 않고 있는 사실을 상대방에게 진술한다면, 진술의 적정조건 가운데 충족되지 **않은** 것은?

① 본질조건
② 성실조건
③ 예비조건
④ 명제내용조건

길잡이 48

서얼(1969)의 화행의 적정 조건(felicity condition)은 화행이 이루어지기 위한 조건으로, 명제내용조건, 예비조건, 성실조건, 본질조건(필수조건)의 네 가지가 있다.

(1) 명제내용조건(propositional content condition)는 화자가 발화함으로써 전달되는 내용에 대한 조건으로, 문장 내용과 문법적 제약의 관계를 드러낸다. 발화된 문장의 명제 내용은 화자의 미래 행위를 서술해야 한다. 즉 경고와 약속의 경우 발화 내용은 과거의 것이 아니라 미래 사건에 관한 것이어야 한다.

(2) 예비조건(preparatory condition)은 발화 행위자의 권위나 권리를 가지고 있는지의 여부이다. 발화수반 행위가 성공적으로 수행되기 위해서 필요한 것으로 화자가 전제하는 것이다. 청자가 화자의 미래 행위를 긍정적으로 생각해야 하며, 화자 또한 그렇게 믿어야 한다. 예를 들어 감사의 행위에 있어서 화자는 청자가 화자에게 반드시 유익한 일을 했다는 것을 알아야 한다.

(3) 성실조건(sincerity condition)은 발화행위와 관련하여 화자가 가지고 있는 심리적 태도와 의지와 관련이 있다. 즉 발화 행위가 성실하게 수행되는지의 여부이다. 예를 들어 약속의 경우 화자는 미래 행위를 꼭 실천하겠다는 성실한 의도를 가지고 있어야 한다.

(4) 본질조건(필수조건, essential condition)은 발화행위의 객관적인 효과에 대한 것이다. 예를 들어 약속의 경우 화자는 약속을 맺음으로써 자신의 행위를 수행할 것이라는 의무감을 가져야 한다. 약속은 화자로 하여금 무의무에서 의무로 화자의 상태를 변화시키는 것이다.

해설 성실성 조건은 어떤 생각이나 감정을 가지고서 발화를 할 경우에 발화자가 정말 그렇게 생각하거나 느껴야 하고, 스스로 그렇게 할 의사를 가지고 있어야 한다. 예를 들어 화자가 청자에게 술을 사줄 생각이 없으면서, "내가 내일 너한테 술 사 줄게."라고 하면 화자는 성실성 조건을 어기고 있다. 이와 같은 맥락으로 볼 때, '자신이 믿지 않으면서 상대에게 진술'하면 성실성 조건에 위배된다.

〔정답 ②〕

〔참고문헌〕 박용한(2003), 송경숙(2003)

49

상대방에 대한 심리적·사회적 거리감의 서열 등급이 순서대로 나열된 것은?

> 가. <u>김 군</u>, 이리 좀 와 봐.
> 나. <u>영석아</u>, 이리 좀 와 봐.
> 다. <u>김영석</u>, 이리 좀 와 봐.
> 라. <u>김영석 군</u>, 이리 좀 와 봐.

① 나-가-다-라
② 나-가-라-다
③ 나-다-가-라
④ 나-다-라-가

길잡이 49

'씨, 군, 양 등을 붙이지 않고 이름만 부른다면 사회적 심리적 거리감은 가깝다고 볼 수 있다. 즉 이름만 부른다면 예를 무시해도 될 만큼 청자와 화자의 사회적 심리적 거리가 가깝다. 예를 들어, 한국어의 호칭의 등급을 매긴다면 대개 14개 정도의 등급(이익섭·이상억·채완, 1997 : 238)을 매기게 된다. ①의 호칭이 상대를 가장 높이 대우하는 호칭이다.

① 과장님 ② 김 과장님 ③ 김민호 씨 ④ 민호 씨
⑤ 민호 형 ⑥ 김 과장   ⑦ 김 씨   ⑧ 김 형
⑨ 김 군   ⑩ 김민호 군 ⑪ 민호 군   ⑫ 김민호
⑬ 민호   ⑭ 민호야

해설 성 없이 이름만 부를 경우 거리가 가깝고, 이름에 성을 붙여 부른다면 심리적 거리감은 더 커진다. 이름에 '군'을 붙인다면 거리감은 더 커지게 된다.

〔정답 ④〕

〔참고문헌〕 이익섭·이상억·채완(1997)

50

'맥락'에 대한 설명으로 적절한 내용끼리 모은 것은?

> 가. 맥락은 이미 주어진 것이다.
> 나. 맥락은 선택되고 탐색되는 것이다.
> 다. 맥락은 대화가 진행되는 동안 변화한다.

① 가, 나
② 가, 다
③ 나, 다
④ 가, 나, 다

길잡이 50

맥락(context)은 하나의 발화가 생성(표현), 수용(이해), 해석되는 과정에 결부되는 모든 언어 외적 요소들은 화자(생산자)와 청자(수용자), 발화가 이루어지는 장면(상황) 등이 있다. 대화하는 동안 기존에 가지고 있던 정보는 새로운 정보에 의해 수정되며 폐기된다.

맥락은 고정되어 있는 것이 아니라 대화가 진행되는 것과 함께 계속 변해 간다. 대화를 해 나가면서 화자와 청자는 맥락 효과를 경험하게 된다. 맥락 효과란 한 사람이 가지고 있던 기존의 관념에 새로운 정보가 가해짐으로써 나타나는 현상인데, 보통 다음과 같은 세 가지로 나타난다. 첫째, 일반적으로 자기가 가지고 있던 기존 정보나 내용이 새로운 정보를 받아들임으로 폐기되기도 한다. 둘째, 자기가 가지고 있던 기존 정보나 상정 내용이 새로운 정보로 인해 더욱 강화되고 합리화되는 경우도 있다. 마지막으로 기존 정보와 새로운 정보가 합해져서 새로운 맥락적 함축 의미가 생성되는 경우도 있다.

해설 '가'에서처럼 맥락은 이미 주어지는 것이 아니라 선택되고 탐색되는 것이며, 대화가 진행되는 동안 계속해서 변하는 것이다.

〔정답 ③〕

〔참고문헌〕 구현정(2001), 구현정 외(2005)

51

다음의 대화 인접쌍에서 비선호적인 응대를 지닌 경우는?

① 비난에 대한 인정
② 요청에 대한 수용
③ 의심에 대한 부정
④ 평가에 대한 동의

길잡이 51

말하기의 순서 교대에서 가장 중요한 것은 현재 화자와 다음 화자 사이의 협동이다. 이둘 사이의 순서 교대는 인접쌍(대응쌍, adjacency)을 만드는 경우가 일반적이라서 질문하면 대답하고, 요청을 하면 그것을 받아들이거나 거절한다. 이 대응쌍에 주는 말에 대한 반응으로서의 받는 말이 같은 자격을 갖는 것은 아니다. 이것은 선호 범주와 비선호 범주가 있는데, 그 유형은 다음과 같다.(구현정, 2001)

첫째부분	받는말	
	선호적 응대	비선호적 응대
요청	수용	거절
제의/초대	수용/감사	거절
평가	동의	반대
질문	예상된 대답	예상 못한 대답이나 대답 안함.
비난	부인	인정

비선호적범주가 대응쌍에 대해 화자와 청자가 가지고 있는 기대와 어긋나는 것이기 때문에 심리적 부담감이 언어적 표현으로 나타나고 있음을 보여 주는 것이다. 따라서 비선호 범주를 말하는 상황에서 말을 보통보다 천천히 한다거나 더듬거리는 것은 언어 장애가 아니라 대화 책략으로 인식될 수 있다. 요청에 대한 거절, 제안에 대한 거절, 가치 판단에 대해서 반대하는 것과 같은 말들은 비선호적인 특징이다.

해설 비선호적인 것은 화자와 청자가 가지고 있는 기대와 어긋나는 것이므로 '비난에 대한 인정'이 비선호적인 응대에 해당한다.

〔정답 ①〕

〔참고문헌〕 구현정(2001), 구현정 외(2005)

52

중세 한국어와 현대 한국어의 음운 차이에 대한 설명으로 옳지 <u>않은</u> 것은?

① '도니다〉도니다〉다니다'로 바뀌었다.
② 중세 국어의 '모딜다'가 현대국어의 '모질다'로 바뀌었다.
③ 중세 한국어의 양순음 아래 'ㅡ'가 현대 국어에서는 'ㅜ'로 바뀌었다.
④ 중세 한국어의 단모음 숫자보다 현대 한국어의 단모음 숫자가 적다.

길잡이 52

원순모음화는 'ㅁ, ㅂ, ㅍ, ㅽ' 아래에서 모음 'ㅡ'가 'ㅜ'로 변한 것을 말한다. 17세기 말부터 일어나기 시작해서 18세기 영·정조 때에 대폭적으로 일어난다. 실제로 이와 같은 대립에 의하여 각각 다른 어휘로 나뉘어졌던 단어들이 외형상으로 동음이의어를 이루게 된 경우도 있다.

예 *므〉무; 믈〉물,   므슷〉무엇,   블근〉붉은〉불근
   *브〉부; 블〉불,   브티다〉부치다,   프른〉푸른, 풀은
   *믈읫〉무릇   베플다〉 베풀다

중세 한국어의 단모음은 7개(ㅏ, ㅓ, ㅗ, ㅜ, ㅡ, ㅣ, ·), 현대 한국어의 단모음은 10(ㅏ, ㅓ, ㅗ, ㅜ, ㅡ, ㅣ, ㅚ, ㅟ, ㅔ, ㅐ)개이다. 학자에 따라 'ㅟ, ㅚ'를 이중 모음으로 보기도 하는데, 이 두 모음을 이중모음으로 본다면 현대 한국어 단모음 수는 8개이다.

중세 한국어와 현대 한국어의 단모음 수

중세 한국어 단모음(7개)				
	전설모음		후설모음	
	평순모음	원순모음	평순모음	원순모음
고모음	ㅣ		ㅡ	ㅜ
중모음			ㅓ	ㅗ
저모음			ㅏ	·

현대 한국어 단모음(10개)				
	전설모음		후설모음	
	평순모음	원순모음	평순모음	원순모음
고모음	ㅣ	ㅟ	ㅡ	ㅜ
중모음	ㅔ	ㅚ	ㅓ	ㅗ
저모음	ㅐ		ㅏ	

해설 ① '듣니다'의 변화 과정(동화와 탈락), '·'의 비음운화에 대한 설명이다.

② 구개음화에 대한 설명이다.

③ 원순모음화에 대한 설명이다.(플〉풀, 믈〉물)

④ 중세 한국어의 단모음 숫자보다 현대 한국어의 단모음 숫자가 많다. 〔정답 ④〕

〔참고문헌〕 안병희 외(2000)

53

중세 한국어와 현대 한국어의 문법 차이에 대한 설명으로 옳지 않은 것은?

① 중세 한국어의 주격조사 숫자보다 현대 한국어의 주격조사 숫자가 더 많다.
② 중세 한국어의 의문어미 '-다'가 현대 한국어의 의문어미로는 사용되지 않는다.
③ 중세 한국어의 객체높임 어미가 현대 한국어에서 동일한 기능으로 사용되고 있다.
④ 중세 한국어의 부정법의 실현 방법은 현대 한국어의 부정법의 실현 방법과 큰 차이가 없다.

길잡이 53

중세 한국어의 객체높임법(겸양법)은 존자에 관련된 하위자의 동작이나 상대를 나타내는데, 이 겸양법의 선어말어미는 '-슣-'으로 대표된다. 그리고 후속하는 어미의 첫소리에 따라 '-습-, -줍-, -숩-'으로 교체된다. 그러나 현대 한국어에서는 이러한 어미로 실현되지 않고, '드리다, 뵙다, 여쭙다' 등의 일부 어휘로 실현된다.

해설 ① 중세 한국어의 주격 조사는 '이, ㅣ, ∅'로 실현되었다. 근대 한국어시기에 주격 조사 '가' 등장했고, '께서', '에서'도 현대국어의 주격 조사이다.

② 2인칭이 주어일 때 'ᄒᆞ라체' 의문문에서 '-다, -ㄴ다'가 사용되었다. 그러나 현대 한국어에서는 의문문 어미로 사용되지 않는다.
③ 현대 한국어에서는 겸양법이 문법 범주로서 존재하지 않는다.
④ 부정법은 '-(디/들) 아니ᄒᆞ다, -(디) 몯ᄒᆞ다, -(디/게/어) 말다'로 현대 한국어 부정법 '-지 아니하다, -지 못하다, -지 말다'와 큰 차이가 없다고 할 수 있다. 단, 중세국어는 '부정부사+용언' 구성의 단형 부정문이 많이 사용되었다.

〔정답 ③〕

〔참고문헌〕 안병희 외(2000)

54

다음 밑줄 친 부분 중 올바른 것은?

하산하다가 넘어졌다. 얼마나 아이가 ①<u>없든지</u>! 좀 쉬고 싶었지만 해도 많이 ②<u>기울었길래</u> 부지런히 한 걸음이라도 더 ③<u>내딛어야</u> 했다. 그래도 또 ④<u>넘어질세라</u> 조심조심……

길잡이 54

'-던지'는 지난 일을 나타내는 '-더-'에 어미 '-ㄴ지'가 결합된 연결 어미이고 '든지'는 물건이나 일의 내용을 가리지 아니하는 뜻을 나타내는 조사 또는 어미이다.

-던지 「어미」
(('이다'의 어간, 용언의 어간 또는 어미 '-으시', '-었-', '-겠-' 뒤에 붙어))
막연한 의문이 있는 채로 그것을 뒤 절의 사실이나 판단과 관련시키는 데 쓰는 연결 어미.
¶ 얼마나 춥던지 손이 곱아 펴지지 않았다.
  아이가 얼마나 밥을 많이 먹던지 배탈 날까 걱정이 되었다.

-기에 「어미」
(('이다'의 어간, 용언의 어간 또는 어미 '-으시-', '-었' 뒤에 붙어))
(예스러운 표현으로) 원인이나 근거를 나타내는 연결 어미.
¶ 맛있어 보이기에 너 주려고 사 왔다.
  아프다고 하기에 걱정이 되어서 찾아왔다.

해설 ① '없던지'로 수정해야 하고, '길래'는 '기에'의 잘못이므로 ②는 '기울었기에'로 수정해야 한다. ③ '내딛다+자음 어미', '내디디다+모음 어미'와 결합하므로 '내디뎌야'로 수정해야 한다.

〔정답 ④〕

〔참고문헌〕 표준국어대사전

55

중세 한국어는 연철 표기가 보편적이었으나, 분철로 표기한 경우도 있었다. 아래에서 중세 한국어의 분철표기에 대한 설명으로 옳지 않은 것은?

① '天福이시니, 中國에'와 같이 한자 다음에 분철하였다.
② '믈와, 믈애'와 같이 자음이 탈락한 경우에 분철하였다.
③ '불휘( ) 남곤'과 같이 ( ) 안의 '깊은'은 분철하였다.
④ '아ᅀᆞ'는 모음으로 시작하는 조사 앞에서 '앗이'와 같이 분철하였다.

길잡이 55

연철(이어적기)은 받침이 있는 체언이나 용언 어간에 모음으로 시작하는 조사나 어미가 붙을 때 소리가 나는 대로 이어 적는 것을 말한다. 이러한 표기법은 15세기에 나타났으며, 중세에는 원칙적으로 연철(이어적기)를 했다. **예** 샘+이 → 새미

분철(끊어적기)은 연철과 같은 조건에서 이어적기를 하지 않고 끊어 적는다. 15세기에 나타났으며 중세에는 가끔 나타나는데, '월인천강지곡'에 주로 나타난다. 16세기 말에는 용언과 어미의 통합형이 분철되는 일도 흔해졌다(『소학언해』). 분철 방식의 표기법은 근대국어(17세기 이후)에 보편화되었으며 현대 한국어 표기에도 분철(끊어적기)를 한다. **예** 샘+이 → 샘이

중철(거듭적기)은 받침인 자음을 뒤 음절의 초성에도 적는 표기법을 말한다. 즉 종성과 뒤 음절의 초성에 각각 적는다. 결과적으로 연철(이어적기)과 분철(끊어적기)의 중복으로 볼 수 있다. 표기에 발음과 기본형을 모두 표기하려는 의도가 반영된 것이다. 16세기 초기에 문헌에 나타나기 시작하여 19세기까지 유지되었다. **예** 샘+이 → 샘미

해설 ① 한자와 한글을 같이 쓰는 경우 분철을 택하였다. ② 'ㄹ' 뒤에 어어지는 'ㄱ'이 약화하는 경우가 있는데, '믈+과 → 믈와'와 같이 분철로 표기하였다. ③은 '기픈'으로 연철하였다. ④ 명사의 말음이 'ㅅ/ᅀ'인 '아ᅀᆞ(弟), 여ᅀᅳ(狐)' 등은 휴지나 자음 앞에서는 '아ᅀᆞ, 여ᅀᅳ'로 나타나지만 모음 앞에서는 각각 '앗이, 앗을, 엿이, 엿을..' 등과 같이 나타나서 그 명사가 '아ᅀᆞ~앗', '여ᅀᅳ~엿'으로 교체되는 비자동적 교체이다. 즉 '아ᅀᆞ+이 → 앗+이' → '앗이'가 되어 연음하지 않고 분철하였다.

〔정답 ③〕

〔참고문헌〕 안병희 외(2000), 허웅(1977)

56

다음 중 올바른 표기는?

① 햇콩
② 배추국
③ 소식란
④ 합격율

길잡이 56

사이시옷은 뒷말의 첫소리가 된소리(경음)나 거센소리(격음)일 때는 사용하지 않는다(해콩, 햇밤). '란(欄)'은 앞에 오는 말이 한자어인 경우에는 '란'으로 적고(투고란, 심사란), 앞에 오는 말이 고유어나 외래어인 경우에는 '난'으로 적는다(어머니난, 스포츠난). '율(率)'은 앞말이 받침이 없거나 'ㄴ'으로 끝나면 '율'로 적고(비율, 모순율, 백분율), 그 밖의 받침의 경우에는 '률'로 쓴다(확률, 성공률, 합격률).

해설 ①은 '해콩', ②는 '배춧국', ④는 '합격률'로 고쳐야 바르다.

〔정답 ③〕

〔참고문헌〕 한글맞춤법

57

다음 외래어 표기 원칙에 따라 인정하는 올바른 표기는?

이미 굳어진 외래어는 관용을 존중하되, 그 범위와 용례는 따로 정한다.

① 잠바
② 째즈
③ 터미날
④ 화이팅

길잡이 57 외래어 표기의 기본 원칙

(1) 외래어는 국어의 현용 24자모만으로 적는다.
(2) 외래어의 1음운은 원칙적으로 1기호로 적는다.
(3) 받침에는 ㄱ, ㄴ, ㄹ, ㅁ, ㅂ, ㅅ, ㅇ만을 적는다.
    예 케이크, 스태프, 슈퍼마켓
(4) 파열음 표기에는 된소리를 쓰지 않는 것을 원칙으로 한다.
    예 재즈, 서비스센터, 버스
(5) 이미 굳어진 외래어는 관용을 존중하되, 그 범위와 용례는 따로 정한다.
    예 껌, 빵, 쿵푸, 잠바

해설 'jumper'는 '잠바'와 '점퍼' 모두 바른 표기이다. '잠바'는 오랫동안 사용되어 이미 굳어진 표현으로 그 관용을 존중한 예가 된다. 된소리를 반영하지 않는다.(째즈(×), 뼈스(×)), 원 발음에 최대한 가깝게 표기한다. (터미날(×)), f는 'ㅍ'로 표기한다.(훼밀리(×), 화이팅(×), 화일(×)) ② 재즈, ③ 터미널, ④ 파이팅으로 고쳐야 바르다.

〔정답 ①〕

〔참고문헌〕 외래어 표기법

58

다음 예문들 가운데 문법적으로 올바른 예문은?

① 존은 작년에 한국에 첫 방문하였다.
② 우리나라는 강산이 아름답기로 유명하다.
③ 이 산에는 희귀한 식물들이 자라는 지역이다.
④ 창수의 성격을 비추어 보아 이번 일은 어려울 것이다.

해설 ① '첫'은 '처음'으로 바꾸어야 한다. '첫'은 관형사이므로 동사를 수식할 수 없다.
③ '이 산에는'… '지역이다'의 주술 호응이 바르지 못하다. '이 산에는 희귀한 식물이 자란다.' 정도로 수정할 수 있다.
④ '…에 비추어'는 '어떤 것과 관련하여 견주어 보다'의 뜻이므로 '창수의 성격에 비추어 보아 이번 일은 어려울 것이다.'로 수정해야 한다.

〔정답 ②〕

〔참고문헌〕 표준국어대사전

59

다음 중 올바른 표기가 아닌 것은?

① 곳곳에 웅덩이가 <u>패어</u> 있다.
② 어서 자라서 어른이 <u>되야</u> 한다.
③ 그 보따리는 선반에 올려 <u>놔라</u>.
④ 오랜만에 할머니를 <u>뵈니</u> 더욱 반갑다.

길잡이 58

'되다'의 어간은 '되-'이다. 그러므로 어미가 붙으려면 어간 '되-'에 붙게 된다.

예 되 + 고 → 되고
되 + 니까 → 되니까
되 + 지 → 되지
되 + 면 → 되면

어간 '되'에 '어'로 시작하는 어미가 오면 '되어'가 되고 이것이 줄어서 '돼'가 된다.

예 되 + 어서 → 되어서 → 돼서
되 + 어야 → 되어야 → 돼야
되 + 었다 → 되었다 → 됐다

해설 ① '파이어 있다'는 '패어 있다'로 줄여 쓴다. ②는 '되어야'의 준말이므로 '돼야'가 올바르다. ③ 동사 '놓다'는 일반적으로 규칙 활용 용언이지만, 어미 '-아', '-아라', 선어말 어미 '-았-'과 결합할 때는 '놔', '놔라', '놨다'로 줄어들 수 있다. ④ '뵈다'는 '웃어른을 대하여 보다'의 뜻으로 '뵈어, 뵈니' 등으로 활용한다.

〔정답 ②〕

〔참고문헌〕 표준국어대사전

60

다음 중 올바른 발음은?

① 정장을 잘 입고 다닌다.
  - [자립꼬]
② 당신은 늙지도 않는구려.
  - [늘찌도]
③ 불이 약해 밥이 설익었다.
  - [설리걷따]
④ 평생 흙을 만지면서 살아 왔다. - [흐글]

길잡이 60

〈표준 발음법〉 제7장 음의 첨가, 제29항, 붙임 1, 붙임 2.
붙임1 'ㄹ' 받침 뒤에 첨가되는 'ㄴ' 음은 [ㄹ]로 발음한다.

들 – 일[들: 릴]	솔 – 잎[솔립]	설 – 익다[설릭따]
물 – 약[물략]	불 – 여위[불려위]	서울 – 역[서울력]
물 – 엿[물렫]	휘발 – 유[휘발류]	유들 – 유들[유들류들]

'ㄹ' 받침 뒤에서 첨가되는 'ㄴ'은 [ㄹ]로 동화시켜 발음한다. 예컨대 '수원역'에서는 'ㄴ'을 첨가하여 [수원녁]으로 발음되지만 '서울역'에서는 [ㄹ]로 동화되어 [서울력]으로 발음한다. 만일 이러한 소리의 첨가가 없을 경우에는 자연히 앞의 자음을 연음하여 발음한다.

| 절약[저략] | 월요일[워료일] | 목요일[모교일] | 금요일[그묘일] |

'이글이글' 같은 단어는 [이글리글 / 이그리글]의 두 가지 발음이 모두 가능하나, '유월 유두'는 [유월류두]로 발음한다. 따라서 'ㄹ'의 첨가도 사전에 표시되어야 한다.

붙임2 두 단어를 이어서 한 마디로 발음하는 경우에도 이에 준한다.

한 일[한닐]	옷 입다[온닙따]	서른여섯[서른녀섣]
3 연대[삼년대]	먹은 엿[머근녇]	할 일[할릴]
잘 입다[잘립따]	스물여섯[스물려섣]	1 연대[일련대]
먹을 엿[머글렫]		

위와 같은 환경이지만 두 단어를 한 단어처럼 한 마디로 발음하는 경우에도 위의 규정에 준한다. 예컨대 '한 일[한닐], 할 일[할릴]' 같은 경우다. '잘 입다, 잘 익히다, 못 이기다, 못 잊다' 등의 경우에는 'ㄴ'

(또는 'ㄹ')의 첨가 없이도 발음하는데, 이는 두 단어로 인식하고서 발음하는 것이다. 물론 이때에도 '[자립때]'라든가 '[모디기대]'와 같이 연음하여 발음한다. 다만, 'ㄴ, ㄹ'을 첨가하지 않고 발음하는 예들이다. '6.25[유기오]'뿐만 아니라 '8.15[파리로]'도 소리의 첨가 없이 발음한다.

이상은 한자어나 합성어 및 파생어 안에서 소리가 첨가되는 데에 대한 규정이었다. 그런데 '-이오?'(이것은 책이오?)를 줄여서 '-요?'라고 할 경우에는 'ㄴ'이나 'ㄹ'의 첨가 없이 받침을 연음하여 발음한다.

문-요? [무뇨]   담-요? [다묘]   물-요? [무료]   상-요? [상요]

다만, 다음과 같은 단어에서는 'ㄴ(ㄹ)' 음을 첨가하여 발음하지 않는다.

6·25[유기오]   3·1절[사밀쩔]   송별-연[송:벼련]   등-용문[등용문]

해설 ①는 [잘립꾀](29항 붙임 2), ②는 [늑찌도](23항), ③ '설익다'는 [설릭따](29항 붙임 1)로 발음되므로(설익다〉설닉다〉설릭다〉설릭따) '설익었다'는 [설리걷따]로 발음하는 것이 옳다. ④는 [흘글](14항)로 발음해야 올바르다.

〔참고문헌〕 표준국어대사전, 표준어 규정

참고논저

고영근(2002), 문법과 텍스트, 서울대학교 출판부.
고영근·남기심(2000), 고교문법자습서, 탑출판사.
고종석(2006), 한국일보 논설: '말들의 풍경'〈20〉한자의 단상.
구현정(2001), 대화의 기법, 경진문화사.
구현정 외(2005), 의사소통 기법, 박이정.
김방한(1992), 언어학의 이해, 민음사.
김영희(2006), 한국어 셈숱화 구문의 통사론, 한국학술정보.
김정숙 외(2006ㄱ), 외국인을 위한 한국어문법1, 커뮤니케이션북스.
김정숙 외(2006ㄴ), 외국인을 위한 한국어문법2, 커뮤니케이션북스.

김창섭(1996, 국어의 단어형성과 단어구조 연구, 태학사.
남기심·이상억·홍재성 외(1999), 외국인을 위한 한국어교육의 방법과 실제, 한국방송대학교 출판부.
노대규(1988), 국어의미론연구, 국학자료원
박경자·이희경(2002), 영어습득의 이해, 우용출판사.
박용한(2003), 토론 대화 전략 연구, 역락.
박종갑(1996), 토론식 강의를 위한 국어의미론, 박이정
배주채(1996), 국어음운론 개설, 신구문화사.
배주채(2003), 한국어의 발음, 삼경문화사.
송경숙(2003), 담화 화용론, 한국문화사.
신규철(2002), 영어 습득론 입문, 한국문화사.
신지영(2000), 말소리의 이해, 한국문화사.
안병희 외(2000), 국어문법론 2, 한국방송통신대학교출판부.
양태식(1992), 국어구조의미론, 서광학술자료사
어문규정집(1992), 대한교과서출판사.
이성범(2001), 추론의 화용론, 한국문화사.
이익섭(1984), 방언학, 민음사.
이익섭(1992), 국어표기법 연구
이익섭(1994), 사회언어학, 민음사.
이익섭(2000), 국어학개설, 학연사.
이익섭·이상억·채완(1997), 한국의 언어, 신구문화사.
이익섭·채완(1999), 국어문법론강의, 학연사.
이호영(1996), 국어음성학, 태학사.
임지룡(2003), 국어의미론, 탑출판사.
임홍빈·장소원(1995), 국어문법론 1, 한국방송통신대학교출판부.
장경희(2002), 국어의 지시화행에 대한 응대 수행의 방법, 고영근 외, 문법과 텍스트, 서울대학교출판부.
최창렬(1999), 말과 의미, 집문당.
허웅(1977), 용비어천가, 형설출판사.
허웅(1997), 국어학, 샘문화사.
David Nunan(1999), Second language Teaching & Learning, University of Hong Kong.
George Yule(2001), 화용론, 박이정.
Stephen C. Levinson(1993), 화용론, 한신문화사.

기타 자료
한글 맞춤법
표준어 규정
외래어 표기법
로마자 표기법

사전류
민중활용옥편
표준국어대사전
한국브리태니커

일반·언어학 및 응용언어학

61

다음 설명에 해당하는 언어의 본질은?

> 동일한 집단에는 동일한 커뮤니케이션 수단이 있어야만 구성원들 사이에 상호 이해가 가능하다. 각 구성원들이 머릿속에 저장하고 있는 어휘 목록이나 문법 규칙은 모두 동일해야 하며 또한 실제로 동일하다.

① 분절성
② 사회성
③ 자의성
④ 창조성

길잡이 61

언어 기호는 기호성, 자의성, 사회성, 역사성, 분절성, 추상성, 창조성 등의 특징을 지닌다. ① 기호성 : 언어 내용인 의미와 형식인 말소리를 나타내는 기호체계이다. ② 자의성 : 언어의 형식(말소리)과 내용(의미) 사이에는 필연성이 없다는 것이다. 사과를 굳이 사과라고 부를 이유가 없으며, 우연히 그렇게 부르게 되었다. 그렇기에 나라마다 '사과'를 부르는 형식(말소리)이 모두 다르다. ③ 사회성(=언어의 불역성) : 언어는 사회 구성원(언중(言衆))들 사이의 체계적인 약속이므로 개인이 함부로 바꿀 수 없다. ④ 역사성(=언어의 가역성) : 언어는 시간의 흐름에 따라 신생, 성장, 소멸한다. 언어의 형태, 소리, 의미 변화는 역사성에 기인한다. ⑤ 분절성 : 언어는 여러 단위로 나누어지고 결합될 수 있다. 즉 언어는 문장, 어절, 단어, 형태소로 쪼갤 수 있다. 그리고 비분절적인 현실 세계를 분절하여 인식한다.(무지개) ⑥ 추상성 : 언어의 의미는 수많은 종류의 현상들로부터 공통의 속성만을 추리는 과정, 즉 추상화 과정을 통해서 형성된다. 꽃은 개별적인 꽃을 뜻하는 것이 아니라 꽃잎과 잎, 줄기가 있는 꽃의 속성에서 유추한 것이다. ⑦ 창조성 : 전에 들어본 적이 없는 문장을 상황에 따라 만들어 내어, 무한히 사용하고 있다.

해설 보기는 사회 구성원들 간의 의사소통에 관련된 문제이므로 언어의 사회성에 대한 설명에 해당된다.

〔정답 ②〕

〔참고문헌〕 고영근·남기심(2000), 김방한(1992)

62

다음 (A)와 (B)에 들어갈 가장 알맞은 말은?

언어학자 노엄 촘스키는 사람에게는 무수한 문장을 무한히 산출할 수 있고 또 그것을 들으면 즉각 이해할 수 있을 뿐만 아니라 잘못된 문장을 곧 식별할 수 있게 하는 지식이 포함되어 있다고 하였다. 이것이 곧 (A)이다. 다시 말하면, 인간은 모국어를 자유로이 구사할 수 있는데, 이것은 추상적인 것으로서 구체적인 (B)의 배후에서 그것을 규제하고 있다고 하였다.

① A : 언어습득 B : 언어능력
② A : 언어수행 B : 언어습득
③ A : 언어능력 B : 언어수행
④ A : 언어능력 B : 언어습득

63

다음 음성들이 공통적으로 가지고 있는 특질은?

[p], [b], [m]

① 공명음
② 마찰음
③ 양순음
④ 유성음

길잡이 62

언어능력이란 '랑그'이며 선천적으로 인간에게 주어진 유전적 능력을 말한다. 반면 언어수행은 '빠롤'에 해당되며 개인이 구체적인 상황에 있어서의 실제적인 언어 사용을 의미을 의미한다. 같은 언어를 사용하는 사회 구성원은 언어능력은 비슷할지라도 언어수행은 다양한 변이체를 가질 수 있다.

해설 A는 언어 능력, B는 언어 수행이다.

〔정답 ③〕

〔참고문헌〕 김방한(1999)

길잡이 63

영어의 자음 자음표

		양순음	순치음	치음	치경음	경구개치음	경구개음	연구개음	성문음
파열음	무성	p			t			k	
	유성	b			d			g	
마찰음	무성		f	θ	s	ʃ			h
	유성		v	ð	z	ʒ			
파찰음	무성					tʃ			
	유성					dʒ			
비음	무성								
	유성	m			n			ŋ	
설측음	무성								
	유성				l				
접근음	무성								
	유성	(w)			r		y	w	

국어의 자음 분류표

구분		순음	치음	경구개음	연구개음	성문음
폐쇄음	평음	ㅂ	ㄷ		ㄱ	
	경음	ㅃ	ㄸ		ㄲ	
	유기음	ㅍ	ㅌ		ㅋ	
마찰음	평음		ㅅ			ㅎ
	경음		ㅆ			
파찰음	평음			ㅈ		
	경음			ㅉ		
	유기음			ㅊ		
비음		ㅁ	ㄴ		ㅇ	
유음			ㄹ			

해설 [p]는 무성 파열음이며 양순음이고, [b]는 유성 파열음이며 양순음이다. 그리고 [m]은 비음이면서 유성 양순음이다. [p], [b], [m]이 공통적으로 가지고 있는 자질은 양순성이다.

〔정답 ③〕

〔참고문헌〕고영근·남기심(2000), 이호영(1996)

64

다음과 같은 음운규칙이 적용되는 예가 <u>아닌</u> 것은?

[+stop] → [+nasal]/
　　　　　[+nasal]

① 국민　② 빗물
③ 신라　④ 십년

길잡이 64

1교시 6번과 동일유형의 문제로, 비음동화에 대한 문제이다. [+stop]은 폐쇄음을 나타내고, [+nasal]은 비음을 나타낸다. 보기는 '폐쇄음은 비음 앞에서 비음이 된다'는 뜻이다. 비음동화를 설명하는 것으로 폐쇄음(ㄱ,ㄷ,ㅂ)이 비음(ㅇ,ㄴ,ㅁ) 앞에서 비음으로 동화되는 것을 보여준다.

해설 ①은 '국민→[궁민]'으로, ②는 '빗물→[빋물]→[빈물]'로, ④도 '십년→[심년]'으로 각각 비음동화가 일어난다. 그러나 ③은 '신라→[실라]'로 유음화가 적용되어 ③은 유음화의 예가 된다.

〔정답 ③〕

〔참고문헌〕고영근·남기심(2000), 배주채(2003), 이호영(1996)

65

다음 두 가지 언어변화에 모두 나타나는 현상은?

> 라틴어의 spatula가 스페인어에서 espalda로 바뀌었다.
> 그리고 라틴어의 stella는 현대 프랑스어의 étoile로 바뀌었다.

① 구개음화
② 동음탈락
③ 유성음화
④ 어두음 첨가

길잡이 65

구개음화란 비구개음이 'l'모음 앞이나 'j' 앞에서 구개음으로 바뀌는 것으로 '해돋이 → 해도지'가 그 예에 해당된다. 동음 탈락은 같은 음이 반복되면 탈락되는 것으로 '만나아요 → 만나요'가 그 예에 해당된다. 유성음화는 무성음이 모음 사이에 놓일 때 유성음으로 발음된다. 어두음첨가는 어두에 새로운 음이 추가되는 것으로, '마〉장마, 보〉들보, 앗다〉빼앗다…' 등의 예가 있다.

해설 'spatul → espalda, stella → etoile'는 어두음첨가의 예들이다. 라틴어 spalula의 어두 /sp/가 /esp/로 변화하였다. 어원적으로 아무런 관계가 없는 모음 /e/가 어두에 첨가된 것이다. 이러한 현상은 스페인어와 프랑스어 등에서 규칙적으로 나타난다. 프랑스어에서 자음군 /sp/, /st/, /sk/ 등으로 시작하는 단어의 어두에 스페인어에서 /e/가 첨가되는 것이 일반적이다.

라틴어의 spatula(편편한 (나무)조각)이 스페인어 espalda로 변화하는 과정은 다음과 같다. spatula에서 모음 사이에 있는 /t/가 유성화되어 /d/가 되고(spatula〉spadula), 다음에는 모음 /u/가 탈락(spadula〉spadla)하고, /dl/이 /ld/로 전위되어 형성되었다.(spadla〉spalda) 이러한 전위는 스페인어에는 정지음 뒤에 /l/이 오는 경우가 없기 때문에 일어난다.

또한 현대 프랑스어 étoile(별)는 stella(m)에서 변화한 것인데, 자음군 /st/ 앞에 /e/가 첨가된 후에 다시 /s/가 탈락된 결과이다.

[정답 ④]

[참고문헌] 김방한(1992), 이호영(1996)

66

다음 밑줄 친 단어의 구성 방법에 대한 설명 중 가장 올바른 것은?

> (가)보리밭에서 (나)햇보리를 수확하였다.

① (가)와 (나) 모두 합성어이다.
② (가)와 (나) 모두 파생어이다.
③ (가)는 합성어이고, (나)는 파생어이다.
④ (가)는 파생어이고, (나)는 합성어이다.

길잡이 66

합성어란 그 단어를 구성하는 두 요소가 모두 어기하고, 파생어는 하나의 어기와 하나의 접사(접두사 혹은 접미사)로 이루어진다.

> 햇- 「접사」
> ((어두음이 예사소리인 일부 명사 앞에 붙어)
> '그해에 난'의 뜻을 더하는 접두사.
> ¶ 햇감자/햇과일/햇병아리/햇비둘기.

해설 1교시 16번 문제와 동일 유형으로, 합성어와 파생어의 구별을 묻는 문제이다. (가)는 '보리+밭'의 구성으로 두 구성요소 모두 어기이므로 합성어이다. 그러나 '햇+보리'로 '햇-'은 접두사, '보리'는 어기로 파생어이다.

〔정답 ③〕

〔참고문헌〕 이익섭(2000), 표준국어대사전

67

다음 예들이 실현하는 문법 범주는?

> (가) He made her leave.
> (나) I cause John to go.
> (다) 나는 비둘기에게 먹이를 먹였다.
> (라) 어머니는 아이에게 서둘러 학교에 가게 하였다.

① 능동법   ② 사동법
③ 주동법   ④ 피동법

길잡이 67

사동문은 주어가 동작을 남에게 시키는 것으로 사동 접사에 의한 사동문(-이-, -히-, -리-, -기-, -우-, -구-, -추-) 과 '-게 하다' 사동문이 있다.

해설 ①은 '그가 그녀를 떠나게 했다.', ②은 '나는 존을 가게 했다.'로 해석되어, ①, ②, ④는 '게 하다' 사동문에 해당하고, ③은 사동 접사에 의한 사동문에 해당된다.

〔정답 ②〕

〔참고문헌〕 이익섭(2000), 이익섭·채완(1999)

68

실제 담화 상황에서 다음 문장이 실현하는 의미는?

> 갑자기 바람이 심하군요. 그쪽 창문 좀 닫아주시겠습니까?

① 기원   ② 요청
③ 질문   ④ 청유

길잡이 68

간접 화행문은 문장의 문법적 의미와 발화 의미가 서로 다른 문장으로, 의문문의 경우 직접 화행은 의문문의 형태를 가지고 의문을 수행하는 경우이고, 간접 화행은 의문문의 형태를 가지고 의문 이외의 화행을 수행하는 것이다.

언어예절에서 직접적인 명령이나 요청보다는 간접 화행문을 통한 우회적인 표현이 더 공손한 표현으로 용인된다. 상대방에게 무리한 부탁을 하거나 명령 등으로 상대방의 체면을 손상시킬 수 있는 가능성이 있는 경우 간접 화행을 사용하게 된다. 그러나 친한 사이에 간접 화행을 사용하면 거리감을 느끼게 되어 어색하게 된다.

해설 1교시 27번과 동일 유형문제로, 의문문의 간접 화행에 대한 문제이다. '창문 좀 닫아주시겠습니까?'는 간접 화행문으로 문법적 형태는 의문의 형식을 가지지만 의미는 명령의 의미를 가진다.

〔정답 ②〕

〔참고문헌〕 구현정 외(2005), 김방한(1992)

69

제2언어 학습자의 중간언어의 특징에 대한 설명 중 잘못된 것은?

① 자신에게 자문하기
② 다른 외국어를 차용하기
③ 새로운 말을 만들어내기
④ 전달 내용을 회피하여 돌려 말하기

길잡이 69

중간 언어(interlanguage)란 모국어와 목표어의 두 개 언어의 특징(모국어도 아닌 목표어도 아닌 중간적 언어)을 가진 학습자 언어로, 외국어를 배우는 과정에서 흔히 생기는 언어 현상이다. Selinker(1972)는 외국어 학습자가 사용하는 불완전한 상태의 목표 언어로 정의하였다. 학자의 견해에 따라서는 외국어 습득자가 목표언어의 정확한 언어체계로 접근하는 과정에서 설정한 특수한 언어체계인 근사체계(approximative system)라고도 할 수 있다.

중간 언어 체계에 사용되는 것은 돌려 말하기, 풀어 말하기, 다른 언어 요소 빌려 쓰기(외국어), 새말 만들기, 다른 언어로 바꿔 쓰기, 상대방에게 질문하기, 모국어 요소의 전이, 규칙의 과대 적용, 조립식 구문, 존대법 등의 과민 반응 등이다.

해설 중간 언어 체계에 사용되는 것은 돌려 말하기, 풀어 말하기, 다른 언어 요소 빌려 쓰기(외국어), 새말 만들기, 다른 언어로 바꿔 쓰기, 상대방에게 질문하기, 모국어 요소의 전이, 규칙의 과대 적용, 조립식 구문, 존대법 등의 과민 반응 등이다. '자신에게 자문하기'가 아니라 '상대방에게 질문하기'로 수정해야 바르다.

〔정답 ①〕

〔참고문헌〕 한국어세계화재단(2003)

70

대조분석에 대한 설명으로 옳지 않은 것은?

① 동일한 목적으로 동일한 방법으로 대조한다.
② 대조의 자료는 동일한 등급의 난이도로 대조한다.
③ 대조의 자료는 공시적인 것과 통시적인 것을 아우른다.
④ 의미지시가 상호대등하거나 대응되는 표현을 대조한다.

길잡이 70

대조분석가설(Contrastive Analysis Hypothesis, CAH)은 1950-60년대에 유행했으며 구조언어학과 행동주의에 근거를 두고 있다. 대조분석은 언어를 공시적인 입장에서 언어의 차이점과 공통점을 연구하였는데, 차이점에 중점을 둔다. 대조의 대상은 음운, 형태, 의미, 문장, 문화 등이 될 수 있는데, 어휘 대응관계에서는 분석 용이하나 음운, 통사, 화용까지 일관성 있는 분석이 안 되는 한계를 가지고 있다. 대조분석을 할 때는 동일한 목적과 방법으로 하며 대조의 자료는 동일한 등급의 난이도로 대조한다. 외국어 학습상의 문제점을 미리 예측하고 그 결과를 학습지도, 교재 편찬 등에 활용한다면 학습상의 오류는 사전에 예방될 수 있다고 보는 것이다.

해설 ③대조분석은 언어에 대한 공시적 연구이다.

〔정답 ③〕

〔참고문헌〕 한국어세계화재단(2003)

71

다음은 제2언어 습득과정에서 나타나는 간섭현상들이다. 이 가운데 그 성격이 **다른** 하나는?

① 모국어 규칙의 과도 적용, 과소 적용
② 모국어에 없는 항목을 유사한 것으로 꿰어 맞추는 치환
③ 학습하고 있는 언어 내의 규칙을 과도하게 적용하는 과도 규칙화
④ 의미의 대립이나 음운의 대립에서 모국어 대립을 전용하는 현상인 과도 구별, 구별 부족

72

다음의 주장들 가운데 대조언어학의 연구 결과로서 적합한 것은?

① 한국어 화자가 중국어를 습득하는 것은 일본어를 습득하는 것보다 어렵다.
② 중세 한국어에서는 객체 존대를 표시하는 생산적인 형태소가 존재했지만, 현대 한국어에는 없다.
③ 한국어의 피동문은 형태론적 구성과 통사론적 구성이 가능하나 영어의 피동문은 통사론적 구성만이 가능하다.
④ 초기의 영어 습득 아동은 동사 과거형에 모두 '-ed'를 붙이는 경향이 있으나 성인 영어 사용자는 비생산적 형태 변화를 습득한다.

길잡이 71

간섭현상에는 언어 간 간섭과 언어 내 간섭이 있다. 언어 간 간섭은 학습자 모국어가 목표어 학습에 영향을 미치는 것이고, 언어 내 간섭은 학습자가 목표어를 학습해 가는 과정에서 간섭이 일어나는 것이다.

언어간 간섭은 배제적인 간섭과 침입적 간섭이 있다. 배제적 간섭은 모국어에 없는 요소로 일어나는 간섭이다. 한국인들이 영어를 말할 때 주어를 생략하고 말하는 오류가 여기에 해당한다. 침입적 간섭은 모국어의 어떤 현상이 목표어 학습에 영향을 미치는 것이다. 영어권 학습자가 '이다'와 '있다'를 구분 못하는 것이 여기에 해당한다.

언어 내 간섭은 기존에 학습한 어떤 규칙이 새로 학습한 것에 영향을 미치는 것으로, 규칙의 과잉 일반화가 여기에 속한다.

해설 ①은 언어간 간섭(침입적 간섭), ②도 언어간 간섭(배제적 간섭), ③은 언어 내 간섭, ④는 언어 간 간섭(침입적 간섭)이다.

〔정답 ③〕

〔참고문헌〕 한국어세계화재단(2003)

길잡이 72

간섭은 언어 간의 차이에 반비례한다. 언어 간의 차이가 클 때 간섭은 작아지고, 언어 간의 차이가 작을 때는 간섭은 커진다. 언어 간의 차이와 습득도 반비례하는데, 언어 구조의 차이가 크면 습득은 더디고, 언어 구조의 차이가 작으면 학습은 빠르다. 즉 한국인 화자가 영어보다는 일본어 습득이 빠르며, 영어권 학습자가 일본어권 학습자보다 한국어를 더디게 배울 확률이 크다.

해설 ①은 대조언어학의 결과를 언어 교육에 적용한 결과로 볼 수 있다. ②는 제2언어 습득과 관련된 것이 아니며, 동계 언어에 대한 통시적 비교이므로 대조언어학의 관심사가 아니다. ③피동사의 형성은 접사에 의한 형태적 구성(-이-, -히-, -리-, -기-)과 '-아/어지다'

의 통사적 구성이다. 영어의 피동문은 통사적 구성만 가능하다 ④영어 습득에 관한 동계 언어에 대한 비교이므로 대조언어학의 연구 결과라 볼 수 없다.

〔정답 ③〕

〔참고문헌〕 한국어세계화재단(2003)

73

다음 설명 중 옳지 않은 것은?

① 비교언어학(Comparative linguistics)은 역사적인 유연관계를 밝히는 연구 분야이다.
② 언어유형론(Typology)은 여러 언어 간의 유사점을 구조적 관점에서 보려는 학문이며, 역사적인 유연관계를 고려한다.
③ 대조언어학(Contrastive linguistics)은 언어의 개별성을 추구하고 각각의 공통점과 차이점을 비롯한 구체적인 사실을 연구한다.
④ 중간언어(Interlanguage)란 언어학습자가 제2언어나 외국어를 습득할 때 두 개 또는 그 이상의 언어체계나 규칙을 사용하는 과도기적인 단계를 말한다.

길잡이 73

비교언어학은 통시적 입장에서 개별 언어 사이의 음운 대응의 법칙을 찾아 역사적, 발생적 친족 관계를 밝히는 것을 목표로 한다. 역사적으로 동계 관계나 친족 관계에 관심을 가지므로 차이점보다는 공통점에 관심을 두어 연구한다.

언어유형론은 역사적 친족관계를 고려하지 않으면서, 여러 언어 간의 차이와 공통점을 구조적(형태론적) 관점에서 공시적으로 연구한다. 언어 유형론은 이론언어학의 틀에서 언어의 보편성을 찾는 것을 목표로 한다.

대조언어학은 공시적으로 언어들 간의 유사성과 차이점을 기술하기 위해 두 개 이상의 언어 구조나 체계를 대조시켜 분석하는 언어학의 한 분야이다. 두 대상을 비교할 때 공통점이나 유사점에 관심을 가지지만, 차이점에도 주목한다.

해설 ②언어유형론은 역사적인 유연관계를 고려하지 않는다.

〔정답 ②〕

〔참고문헌〕 김방한(1992), 한국어세계화재단(2003)

74

다음 설명은 중국어와 한국어의 대조분석의 결과이다. 여기에서 다룬 영역은?

- 모음의 체계가 다르다.
- 모음의 길이가 다르다.
- 중국어에는 성조가 발달해 있다.
- 받침이 많은 한국어는 중국어보다 학습자들이 어려움을 많이 느낀다.

① 담화대조
② 문법대조
③ 어휘대조
④ 음운대조

74

음운은 한 언어에 보통 30-40개 정도로(변이음도 존재하기는 하지만) 비교적 폐쇄적이고 제한적인데다가 음운을 구별하기 위한 변별적 특징 역시 대개의 언어에 공통 부분이 많기 때문에 대조가 용이하다. 외국어 학습의 아주 기초 단계에서는 대부분의 학습자들은 학습 대상 언어에 있는 음성·음운적인 정보를 거의 모른다. 즉 목표어의 언어의 리듬이나 강세, 억양 또는 각 음소의 발성법 등에 관한 정보를 알지 못한다. 학습자의 모국어의 음운 규칙 역시 학습 대상 언어의 음운규칙과 상호 작용한다. 따라서 적어도 학습자의 모국어와 학습 대상 언어간에 상호 배타적인 패턴이나 형태가 많으면 많을수록 학습자의 발음에 더 많은 어려움이 있을 것이다.

먼저 음운 대조를 위해서는 각 언어의 음성, 음운 면에 걸쳐 세분된 기술적 연구를 해야 한다. 음운 대조의 대상은 음소, 음절(열린 음절구조이냐 닫힌 음절구조이냐), 철자, 초분절적 요소(장단, 세기, 어조 등)가 될 수 있다. 음운을 대조할 때는 각 분절음의 특징을 변이음과 구별하여 분석해야 하고 나아가 분절음들이 이루는 음절구조를 분석해야 한다. 또한 초분절적 요소 및 철자도 고려의 대상이 되어야 한다.

음운 대조분석의 결과로 학습의 어려움의 정도를 등급화할 수 있다. Stockwell & Brown(1965)는 음성학적 차이, 철자의 간섭, 초분절음의 간섭 등에 따른 난이도의 등급을 제안한 바 있다. 1은 가장 어렵고, 6은 가장 쉽다.

	음운적 난이도	
	모국어	제2언어
1	이음	∅
2	이음들이 분포 가능 異	
3	∅	이음
4	∅	음소
5	음소들이 분포 가능 異	
6	음소	∅

해설 보기는 모두 음운대조의 결과이다.

〔정답 ④〕

〔참고문헌〕한국어세계화재단(2003)

75

두뇌의 영역에 대한 다음 진술 중 옳은 것은?

① 왼손잡이는 거의 모두 언어 영역이 우뇌에 있다.
② 좌뇌에서 언어 영역의 뒷부분을 다치면 어눌해진다.
③ 우뇌에서 언어 영역의 앞부분을 다치면 언어 이해에 문제가 생긴다.
④ 좌뇌에서 언어 영역의 앞부분을 다치면 문법적 요소를 잘 사용하지 못한다.

 75

우반구의 지각적 기능은 공간과 기하학적 모양, 그리고 형태의 분석에 대해 전문화 된 것이다. 이것들은 모두 같은 시간대에 존재하는 것이다. 우반구는 통합적인 경향이 있어서 정보를 전체 패턴과 관련시켜 처리한다. 언어와 관련해서 우반구는 말의 의미를 이해하는 것보다는 말의 뉘앙스나 분위기, 감정들을 파악하는 기능을 한다.

우반구의 기능은 창조적인 해결책이나 문제 해결 방법이 갑자기 떠오르는 통찰이 요구되는 문제에서 잘 사용된다. 즉 문제 해결에 필요한 기억을 더 광범위하고 전체적으로 파악하는 것이다. 따라서 좌뇌를 과학적(논리적)인 뇌, 우뇌를 예술적인 뇌라고 표현하기도 한다. 요약하면, 좌뇌는 언어능력, 수리능력, 이성적 판단, 추리능력 등을 지배하고 우뇌는 직관능력, 추상적, 감성적 기능, 통합능력 등을 지배하며, 좌뇌와 우뇌는 상호 유기적으로 연결되어 통합체계로 활동하기 때문에 좌뇌와 우뇌를 통합적으로 계발해야 두뇌가 발달하고 창의성이 발달하게 된다.

우뇌	좌뇌
청각, 시각, 촉각 정보를 처리한다.	분석적, 논리적 정보를 처리한다.
얼굴을 잘 기억한다.	이름을 잘 기억한다.
경험적 활동적인 학습에 익숙하다.	언어적 정보의 학습에 익숙하다.
유동적이고 즉흥적이다.	계획적이고 조직화한다.
애매모호한 불확실한 정보 선호한다.	사실화된 확실한 정보를 선호한다.
개방형 문제 선호한다.	선다형 문제를 선호한다.
은유를 자주 사용한다.	은유를 거의 사용하지 않는다.
직감적인 문제 해결을 선호한다.	논리적인 문제 해결을 선호한다.

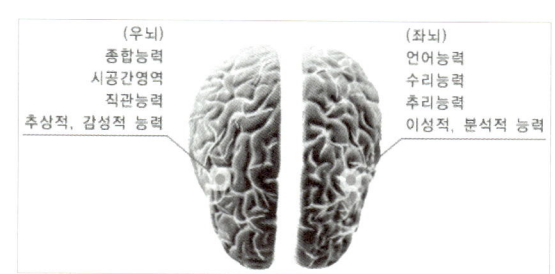

해설 ① 왼손잡이라고 할지라도 대부분의 왼손잡이들은 좌뇌에 언어 중추가 있다. 왼손잡이의 70%만 좌뇌에 언어기능이 있고, 나머지 30%는 우뇌에 언어 기능이 있거나, 좌뇌와 우뇌에 퍼져 있다. ② 좌뇌의 앞부분(전두엽)을 다치면 언어가 어눌해진다(브로카 실어증). 즉 문법적인 오류가 잦고, 전보식 문장을 만들어 낸다. 반면 좌뇌의 측두엽을 다치게 되면 문법적인 문장을 자연스럽게 말하지만 의미가 없는 비문을 구사하게 되고(베르니케 실어증), 말소리를 이해하지 못하게 된다.

〔정답 ④〕

〔참고문헌〕 한국어세계화재단(2003), Brown(2003)

76

언어 학습에 영향을 미치는 변인들 중 하나는 인지적 요인으로서 그 정보를 처리하는 방법이 학습자마다 다르다. 다음 중 적절한 인지적 요인이 <u>아닌</u> 것은?

① 학습자의 모국어
② 충동형과 숙고형
③ 모호성에 대한 관용
④ 좌반구와 우반구의 기능

길잡이 76 언어 학습에 영향을 미치는 인지적 요인

① 장 독립성과 장 의존성

　장 독립성이란 혼란스런 항목들에서 특정 관련 항목 혹은 요소를 지각하는 능력을 말한다. 장 의존적인 사람은 전체 그림은 통합적 전체로써 명확하게 인지하지만 세부적 사항들은 잘 지각하지 못한다. 장 독립성을 가진 사람은 전체로부터 부분을 분리해 내고, 어떤 것에 집중할 수 있으며, 각각의 변인들을 분석할 수 있다. 그러나 부분만을 볼 것이며 그 부분이 전체와 가지는 관계를 파악치 못한다. 그러므로 직면하는 인지적·정의적 문제를 해결하기 위해서는 일정 정도의 장 의존성과 장 독립성이 모두 필요하다.

② 충동형과 숙고형

　사람들은 숙고형와 충동형의 정도 차이를 개인별적으로 가지고 있다. 숙고적인 학습자는 읽기에서 충동적인 학습자보다 실수를 덜 한다. 그러나 충동적 학습자가 속독을 하며, 결과적으로 읽기라는 심리언어학적 추측 게임에 통달하게 되므로, 충동적 독서 스타일이 이해 측면에서 방해가 되지 않는다. 또한 숙고적인 학습자가 귀납적 추론이 효과적임이 발견되었다. 이는 숙고적 학습자는 귀납적 학습 환경 아래에서 득을 볼 수 있음을 알 수 있다.

③ 모호함에 대한 관용

　모호함에 대한 관용은 학습자가 자신의 기존 지식이나 신념 체계에 반하는 개념 혹은 항목을 참는 정도와 관련 있다. 사람 중에는 자신의 견해에 반하는 사상이나 사실을 받아들임에 있어 개방적인 사람도 있고, 폐쇄적인 사람도 있다. 애매성을 잘 참는 사람은 제2 언어 학습 시에 혁신적이고 창조적인 가능성을 가질 수 있다. 그러나 모호함을 전혀 참을 수 없는 학습자는 언어 지식을 의미적으로 포섭하지 못하고 기계적으로 받아들여 버릴 수도 있다. 모호성을 참지 못하는 학습자 유형은 논쟁적이고 모호한 항목을 거부함으로써 제2 언어 학습에 해로운 영향을 미칠 수 있다.

④ 좌반구와 우반구의 기능

　좌뇌는 논리적·분석적 사고, 우뇌는 시각적·촉각적·청각적 심상과 관련이 있다. 즉, 우뇌는 전체적·통합적인 감정적 정보를 효과적으로 처리한다. 언어 학습에 성공하기 위해서는 양쪽 뇌의 기능 중 한 쪽에만 집중하지 말고 두 쪽의 뇌를 학습에 잘 사용해야 한다.

　해설 사람들의 학습 유형은 자신이 환경, 학습 등을 내재화시키는 방식에 따라 결정된다. 그 내재화 과정이 인지적 영역에서만 다루는 것이 아니므로, 학습 유형에서는 신체적·정의적·인지적 영역이 모두 포함된다. ① 학습자의 모국어는 인지적 요인이 아니다.

〔정답 ①〕

〔참고문헌〕 한국어세계화재단(2003), Brown(1999)

77

다음 중 한 언어에 속하는 변이형을 구분하는 방식이 <u>아닌</u> 것은?

① 방언(dialect)
② 화체/문체(style)
③ 레지스터(register)
④ 링구아 프랑카
　　(lingua franca)

길잡이 77

　링구아 프랑카는 공통 언어가 없는 집단이 서로 의사를 전달하기 위해 쓰는 보조언어 혹은 타협언어이다. 외교관계에서는 영어와 프랑스어가 쓰이며 아프리카 동부지역에서는 스와힐리어, 인도에서는 힌디어·영어, 남태평양에서는 멜라네시아 피진어, 동인도제도에서는 바자르 말레이어가 쓰이고 있다. 링구아 프랑카('프랑크어'라는 뜻)라는 말은 중세시대에 십자군과 상인들이 남부 프랑스어와 이탈리아어를 바탕으로 해 지중해 동쪽에서 발달시킨 특수어나 피진어를 가리킬 때 처음 쓰였다. 피진어나 그밖의 링구아 프랑카가 어떤 언어공동체에서 원래 쓰던 언어를 밀어내고 그 자리를 대신 차지하게 될 때 그 언어는 크리올어가 된다.

해설 ①은 지역적 요인에 따른 변이형, ②는 매체 요인이나 격식 요인에 따른 변이형이다. ③은 상황에 따른 변이형을 레지스터라고 한다.

〔정답 ④〕

〔참고문헌〕 김방한(1992), 한국브리태니커

78

다음 중 사회언어학에서 관심을 가지는 영역이라고 보기 <u>어려운</u> 것은?

① 언어와 성(性)
② 언어와 국가
③ 언어와 인지
④ 언어와 사회계급

길잡이 78

　사회언어학은 언어와 사회의 관계에 초점을 둔 연구로서 지역적인 요인으로 생기는 방언은 '지역방언'이며, 사회적인 요인으로 생겨나는 방언은 '사회방언'이다. 특히 사회방언은 '계급(계층), 성별, 연령' 등에 따라 달라진다.

해설 ③ '인지'는 심리언어학의 관심 영역이다.

〔정답 ③〕

〔참고문헌〕 김방한(1992), 한국브리태니커

79

제2언어 학습의 대조분석 가설에 대한 설명으로 잘못된 것은?

① 제2언어를 학습하기 위해 해야 할 것은 유사점을 학습하는 것이다.
② 제2언어의 생성 그리고 또 수용에서의 오류의 주요 원인은 모국어이다.
③ 대조분석은 언어는 습관이고 언어 학습은 일련의 습관을 확립하는 것이라는 언어 이론에 근거를 두고 있다.
④ 대조분석은 제2언어 학습 상황에서 배울 필요가 있는 것과 배울 필요가 없는 것을 분리시킬 궁극적인 목적에서 잠재적인 오류를 결정하기 위해 언어를 비교하는 방식이다.

길잡이 79

대조언어학은 공시적으로 언어들 간의 유사성과 차이점을 기술하기 위해 두 개 이상의 언어 구조나 체계를 대조시켜 분석하는 언어학의 한 분야이다. 두 대상을 비교할 때 공통점이나 유사점에 관심을 가지지만, 차이점에도 주목한다. 두 언어의 음운, 형태, 통사 및 문법에 두루 관심을 가지고 비교한다. 특히 어휘의 대조는 보통 의미적 특징을 바탕으로 이루어진다. 어휘 대조는 의미적으로 서로 대응하는 두 언어의 단어나 문장 표현을 모아서 대조하게 되는데, 이러한 언어 현상을 양국의 문화, 민족의 생활양식, 습관, 의식 구조와 관련시켜 분석해 나간다.

해설 대조분석가설에서는 모국어와 목표어의 '차이점'이 언어 학습에 더 영향을 끼친다고 생각하였다. ①은 '동일성 가설'에 대한 설명이다. '동일성 가설'은 이론적으로 생득주의에 기반하며 대조분석의 효용을 부정하고, 언어습득과정의 보편성을 주장하였다. 즉 제2언어 습득이 제1언어와 같이 동일한 습득과정을 거친다고 주장하였다. ③은 행동주의에서 언어를 보는 입장이다. 대조분석 가설은 1950-60년대 구조주의와 행동주의에 기반하고 있으므로 ③과 같은 생각에 기반하고 있다.

〔정답 ①〕

〔참고문헌〕 한국어세계화재단(2003)

80

크라센(Krashen)이 주장한 자연 교수법에 대한 이론적 가설에 대한 설명으로 적합하지 않은 것은?

① 학습자 개인의 정서적 상태나 태도는 입력되는 언어를 통과 혹은 방해하는 여과 장치 기능을 한다.
② 학습은 습득으로 전이될 수 없으므로 초보 학습자의 외국어 교육 시 의미를 이해시키고 습득하도록 해야 한다.
③ 모국어 습득 시 먼저 습득되는 언어 구조, 형태소가 있듯이 외국어 습득에도 이와 유사한 습득 순서가 존재한다.
④ 사람들은 자신의 언어 능력에 부합하는 비슷한 수준의 언어 자료를 접하면서 공부를 해야 효율적인 습득이 일어난다.

길잡이 80

자연 교수법(Natural Approach)은 제2언어 학습자들이 외국어를 사용하는 상황이나 사회에서 외국어 사용자들의 말을 이해하고 자신의 생각과 느낌을 전달하여 본인의 역할을 적절하게 수행하는 데 중점을 둔다. 자연 교수법에서는 구문보다는 어휘를 많이 가르치고 초기 단계에서는 외국어의 듣기와 읽기에 역점을 두어 수업을 하고 흥미 있게 수업을 이끌어 가는 것이 바람직하다고 본다. 자연 교수법은 습득-학습 가설, 모니터 가설, 자연 순서 가설, 입력 가설, 정의적 여과 가설에 근거한다.

첫째, 습득-학습 가설(Acquisition-Learning Hypothesis)은 크라센의 이론 중 가장 기본이 되는 가설로, 크라센은 무의식적으로 언어를 배우는 것은 습득이라고 하고, 의식적인 노력에 의해 배우는 것을 학습이라 한다. 많은 화자들이 문법이나 규칙을 학습하지 않고도 유창하게 말할 수 있으며 문법이나 규칙을 아는 화자들도 정확성보다는 의미 있는 의사소통을 중시하기 때문에 무의식적이며 잠재적인 '습득'이 의식적인 '학습'보다 더 중요하다고 주장하였다.

둘째, 자연적 순서 가설(Natural Order Hypothesis)은 우리가 언어에 내재한 문법구조들을 예측 가능한 순서에 따라 습득한다는 주장이다. 즉 외국어는 예견할 수 있는 순서에 따라 습득한다는 가설이다. 모국어 학습자와 외국어 학습자 사이에 유사성, 즉 발달 순서에 따라 습득되는 언어 규칙을 예측할 수 있다는 것이다. 이 가설은 어린이가 자신의 모국어를 습득하는 과정의 연구가 외국어를 습득하는 사람들에게도 적용될 수 있다고 보았다. 이 가설을 통해 크라센은 침묵기를 인정해야 한다는 것이다. 침묵기란 외국어 학습자들이 말하기 활동을 하지 않고 듣기 활동만 하는 기간을 말한다. 습득 순서에 따른 문법 제시보다는 목표어를 충분히 듣게 하는 것이 중요하다.

셋째, 모니터 가설(Monitor Hypothesis)은 우리는 의식적으로 자신의 말을 감시하고 스스로 수정한다는 것이다. 모니터를 지나치게 많이 사용하는 사람은 표현상의 오류와 실수를 많이 범하지 않지만 대신에 문법적 오류가 생길까 두려워 말을 하지 않는 경향이 많으며, 모니터를 너무 사용하지 않으면 표현에 오류와 실수가 많다. 오류가 발생했을 때 모니터링하기 위해서는 다음의 세 가지 조건이 필요하다.

① 충분한 시간이 필요하다.
② 초점은 정확성에 맞춰야 한다.
③ 규칙을 잘 알아야 한다.

넷째, 입력 가설(Input Hypothesis)은 학습자가 충분히 이해할 수 있는 언어 자료(comprehensible input)인 'i'보다 언어 구조면에서 한 단계 높은 수준의 자료인 'i+1'을 단계적으로, 지속적으로 접하게 함으로써 목표 언어를 습득하게 할 수 있다는 것이다.

이 가설을 통해 크라센은 다음과 같이 주장하였다. ①언어 습득은 단순히 목표어에 노출된다고 되는 것이 아니다. ②말을 하는 능력은 직접적으로 가르칠 수 없다. ③언어 습득은 학습자들의 현재 능력 수준보다 한 단계 높은 것을 제시해 줄 때 가장 이상적이다. ④만일 충분한 양의 이해 가능한 입력이 제공된다면 'i+1'은 자동적으로 제공된다. 이때 입력은 학습자의 현재 언어 능력 수준에 세밀하게 조정될 필요가 없고 대강 조정된 정도면 충분하다.

다섯째, 정의적 여과 가설(감성 여과 장치 가설, Affective Filter Hypothesis)은 외국어 학습에 있어 학습자의 감정 상태와 태도가 중요하다는 것이다. 정의적 여과 장치와 관계있는 요소로는 학습 동기, 불안감, 자신감과 관계가 있다. 정서적 여과 장치가 낮아야 불안감을 느끼지 않고 자신감을 가질 수 있다.

해설 ①은 감정 여과 가설, ②는 습득-학습 가설, ③은 자연적 순서 가설에 각각 해당한다. ④처럼 비슷한 수준이 아니라, 학습자의 수준보다 약간 더 높은 언어자료를 접하면서 공부해야 한다. 즉 이해 가능한 입력(comprehensible input)을 주어야 한다.

〔정답 ④〕

〔참고문헌〕 한국어세계화재단(2003)

고영근·남기심(2000), 고교문법자습서, 탑출판사.
구현정 외(2005), 의사소통 기법, 박이정.
김방한(1992), 언어학의 이해, 민음사.
남기심·이상억·홍재성 외(1999), 외국인을 위한 한국어교육의 방법과 실제, 한국방송대학교 출판부.
배주채(2003), 한국어의 발음, 삼경문화사.
신규철(2002), 영어 습득론 입문, 한국문화사.
이익섭(1994), 사회언어학, 민음사.
이익섭(2000), 국어학개설, 학연사.
이익섭·이상억·채완(1997), 한국의 언어, 신구문화사.
이익섭·채완(1999), 국어문법론강의, 학연사.
이호영(1996), 국어음성학, 태학사.
한국어세계화재단(2003), 예비교사·현직교사 교육용 교재 개발 최종 보고서, 문화관광부·한국어세계화재단.

사전류
표준국어대사전
한국브리태니커

제 2 교시

외국어로서의 한국어교육론
한국 문화

외국어로서의 한국어교육론

04

다음은 언어 학습 및 교수에 관한 글이다. 이 설명에 부합하는 설명으로 알맞은 것은?

> 이 이론에서는 지식을 개인의 자아 성찰적, 인지적 작용과 사회적 참여를 통해 지속적으로 구성되는 것으로 본다. 즉 개인의 인지적 작용과 사회적 상호작용이라는 두 축에 의해 지식이 습득, 형성된다고 보는 것이다. 따라서 이 이론에 입각한 외국어 학습론은 상호작용적 학습, 협력 학습, 발견 학습을 중시한다. 그리고 학습자가 스스로 정보를 선택하고 변형하며 가설을 설정하고 동료들과 협동적으로 탐구해 가도록 하는 것을 중요시한다.

① 경험주의
② 구성주의
③ 구조주의
④ 인지주의

[1-3] 1번부터 3번까지는 듣고 푸는 문제입니다.

길잡이 04

구성주의는 자기 주도적 학습력(SDL : Self-Directed Learning)을 중시한다. 자기 주도적 학습력은 누구든지 자신의 학습에 대한 주도권, 자율성, 책임성을 지니고 학습을 스스로 계획, 수행, 평가하는 능력을 의미한다. 즉 구성주의는 지식이 무엇이며 어떻게 구성되는지에 대한 인식론이라 할 수 있다.

구성주의 교수 원리에서는 객관적이고 항존적인 지식의 실재를 거부하고 유용한 지식을 현재적으로 학습자가 스스로 재구성 할 수 있도록 한다. 객관주의의 교육 원리는 지식의 연계화와 구조화에 있고, 완전 학습을 추구한다. 그러나 구성주의의 원리는 학습 환경의 조성에 있으며, 학습자에게 주인의식과 권위를 부여하였다. 같은 학습자 혹은 코치로서의 선생님의 역할을 설정하였다.

해설 개인의 상호작용적 학습, 협력 학습, 발견 학습을 중시하는 것은 ②구성주의에 대한 설명이다.

〔정답 ②〕

〔참고문헌〕 강인애(1997), 김종문 외13(1998)

05

암시적 교수법에 관한 설명으로 알맞지 <u>않은</u> 것은?

① 학습자 스스로의 발견 학습을 중시한다.
② 인간의 잠재력을 최대한 활용하고자 한다.
③ 음악을 학습 환경의 중요한 요소로 간주한다.
④ 교사에 대한 절대적인 권위와 신뢰가 필요하다.

길잡이 05

암시적 교수법(Suggestopedia)은 Lozanov가 창안한 것으로 요가와 소련 심리학에 바탕을 두고 있다. 학습자의 잠재 의식이나 무의식을 중시하고 그것의 효용성에 대해 확신하는 교수법이다. 외국어 학습에 성공하기 위해서는 학습자의 잠재력을 최대한 발휘할 수 있도록 환경을 만들어 주고, 심리적 장애 요소를 제거해야 한다고 주장하였다. 이 교수법에서는 학습자의 긴장을 풀어주고, 잠재력을 활용하기 위해서 음악(바로크 음악)을 사용하기도 하였다. 교사는 절대적이 권위가 주어지며 절대적인 학습자의 신뢰가 필요하다. 연극과 역할극 등을 통한 상호작용을 통해 언어 습득을 유도하였다.

해설 ①은 침묵교수법에 대한 설명이다. 침묵 교수법은 심리학자이며 수학자인 가테뇨(Caleb Gattegno)에 의해 개발된 교수법이다. 1970년대 이후, 인지주의적 학습방법(학습자의 태도 및 개개인의 학습전략 중시, 학습자의 심리적 부담감 해소)의 일환으로 창안되었다. 학습자 개성을 존중하고, 가르치는 것보다는 배우는 것을 중요시하였다. 즉 교사는 가급적 말을 자제해야 하고, 학습자가 책임감과 독립성, 의욕을 가지고 배우고자 목표어의 학습이 일어난다고 주장하였다. 학습자가 배울 내용을 발견하고 창조할 때 지적 능력이 고양되고, 기억을 유지하는 데 도움이 된다고 보았다. 침묵 교수법은 발견학습을 중시하여, 반복하고 암기하는 것은 언어학습에 도움이 되지 않는다고 보았다.

학습자는 학습의 주체이고 교사는 관찰자 혹은 제시자에 불과했다. 교사는 지침봉(Pointer), 음색표(Sound color chart), 음가표(Fidel chart ; phonic chart), 단어표(word chart), 채색막대(multi-colored rods) 등을 이용하여 교수하였다.

〔정답 ①〕

〔참고문헌〕 남성우 외(2006)

06

충동형 학습자에 해당하는 것으로 짝지어진 것은?

> ㉠ 유창성이 있다.
> ㉡ 학습 속도가 빠르다.
> ㉢ 오류가 많다.
> ㉣ 문법 학습에 능숙하다.
> ㉤ 연역적 학습 상황에 유리하다.

① ㉠, ㉡
② ㉠, ㉡, ㉢
③ ㉠, ㉡, ㉢, ㉤
④ ㉠, ㉡, ㉢, ㉣, ㉤

길잡이 06

학습유형(learning style)은 새로운 정보에 대해 집중하거나 그 정보를 처리하고 기억하는 방식으로 사람마다 차이가 있다. DeCecco는 학습유형을 개인이 새로운 개념과 원리를 배우는 과정에서 정보를 처리하는 각 개인의 방식으로 정의하였다. 지능이나 창의성은 높을수록 긍정적이고 능력이 있는 것으로 평가되지만, 학습 유형은 어느 유형이 다른 유형보다 반드시 더 좋은 것이라고 할 수 없으며 어떤 점에서는 능력과도 무관하다. 개념학습의 유형 중 '충동형과 숙고형'이 있다. 사람들은 때로는 충동적인 경향을 보이고 때로는 반성적이면서 반추적 경향을 보인다.

숙고적인 학습자는 읽기에서 충동적인 학습자보다 적은 실수를 보인다. 그러나 충동적 학습자가 속독을 하며, 결과적으로 읽기라는 심리 언어학적 추측 게임을 통달하게 되므로, 충동적 독서 스타일이 이해 측면에서는 별 문제가 되지 않는다는 것을 시사해 준다. 다른 연구에서는 숙고적인 학습자가 귀납적 추론이 효과적임이 발견되었다. 이것은 숙고적 학습자는 귀납적 학습 환경 아래에서 득을 볼 수 있음을 시사한다.

충동형	숙고형
① 주어진 과제를 빠르게 처리/결정함	① 모든 대안을 오랫동안 생각하는 경향이 있음
② 과제를 빠르게 수행하지만 실수가 많음	② 아주 느리게 반응하고 수행하지만 실수가 거의 없음
③ 낮은 수준의 사실적 정보와 관련된 과제에 유리함	③ 높은 수준의 문제해결 과제에서 유리함
④ 연역적 학습 상황 선호 (룰을 제시하고 용례를 제시함)	④ 귀납적 학습 상황 선호 (용례를 많이 들어 주어야 함)

해설 ㉣ 문법 학습과 사용에서의 정확성이 떨어질 것이다.

〔정답 ③〕

〔참고문헌〕 Brown(2003)

07

외국어 학습자를 성공적인 학습자로 만들기 위해 권장할 만한 사항이 <u>아닌</u> 것은?

① 직감을 훈련시킨다.
② 협동 학습을 장려한다.
③ 우뇌를 사용할 수 있도록 격려한다.
④ 애매모호한 것은 참지 말고 끝까지 해결하게 한다.

길잡이 07

Rubin은 훌륭한 제2 언어학습자의 특성을 아래와 같이 요약하였다.

1. 그들의 학습에 주도적인 자세를 취하며, 그들 나름의 언어 학습 방법을 발견한다.
2. 목표 언어에 대한 정보를 조직화 한다.
3. 목표 언어의 문법과 단어들을 접하면서 일종의 '감(感)'을 기르는 창조적인 면을 지닌다.
4. 교실 내외에서 목표 언어를 사용할 수 있는 기회를 만든다.
5. 모든 단어들을 다 이해하지 못하더라도 말하기와 듣기를 계속하고, 당황하지 않음으로써 불확실성과 함께 사는 법을 배운다.
6. 학습한 것을 기억하기 위해 기억법과 기억 전략을 사용한다.
7. 실수가 정적 효과(feedback)를 가져오게 된다.
8. 그들이 배운 모국어 지식을 포함한 언어적 지식을 사용한다.
9. 이해를 돕기 위해 문맥적 단서(=cue)를 사용한다.
10. 지적인 추측을 하는 법을 배운다.
11. 그들 능력 이상으로 언어 수행을 하기 위해 언어 덩어리(일군의 학습 항목)를 전체적이고 형식화된 양식으로 학습한다.
12. 대화를 계속 진행시킬 수 있는 기술을 배운다.
13. 그들 자신의 언어 능력 상 한계를 보충하기 위해 어떤 발화 전략을 배운다.
14. 말하기와 쓰기의 다양한 유형(styles)을 학습하고, 상황의 형식에 따라 그들의 언어를 변화시키는 법을 배운다.

해설 ① 목표어에 대한 직감을 키우는 것도 학습에 도움이 된다. ②는 사회적 책략에 해당하고, ③은 기억책략과 관련이 깊다. ④모호함에 대한 관용 (Ambiguity Tolerance)과 관련이 있다. 모호성을 참지 못하는 학습자 유형은 모든 논쟁적인 항목을 거부함으로써 목표어에 대한 체계의 실제성을 추구하려 한다. 그렇지만 모호성을 참지 못하는 학습자 유형은 모호성이 위협으로 다가올 때 마음을 닫아 버림으로써 경직되게 되고, 학습의 창조성을 잃게 된다. 듣기 혹은 읽기, 말하기를 할 때, 모든 단어를 다 알지 못 하더라도 당황하지 말고 듣기, 읽기, 말하기를 계속 하면서 문맥을 통해 유추함으로써 불확실성과 함께 사는 법을 배워야 한다.

〔정답 ④〕

〔참고문헌〕 Brown(2003)

08

다음 중 한국어교육의 내용으로 알맞은 것은?

① 1990년대에 한국어교육 관련 학회가 창립되었다.
② 재일동포를 대상으로 한 한국어교육이 1970년부터 시작되었다.
③ 1980년대 후반에 대학 부설 한국어 교육 기관이 본격적으로 설치되기 시작하였다.
④ 경제 성장과 각종 국제 대회에 성공적 유치로 1980년대에 외국인 유학생들이 급증하였다.

길잡이 08

국내에서의 한국어교육은 1959년의 연세대 한국어학당의 설립으로 한국어교육이 최초의 체계적인 교육이 실시되었다고 볼 수 있다. 국외의 한국어 교육은 보는 관점에 따라 다르지만 대체로 19세기 말부터 체계적인 한국어 교육이 실시되었다. 이렇게 시작된 국내외의 한국어 교육은 한국의 경제 발전으로부터 비롯된 국제적 지위 향상과 현대적 의미의 국외 이민자의 후세의 증가로 1980년대 중반부터 빠른 성장세를 보였다. 도약기로 불리는 1980년대 중반부터 1990년대 중반 사이에 국내외의 한국어교육은 지역에 따라 차이는 있지만 교육기관(또는 강좌 개설 대학), 학습자 집단의 규모가 수배에서 수십 배의 증가를 보였다.

해설 ① 1980년대에 한국어교육 관련 학회가 창립되었다. 국제한국어교육학회는 1985년에 설립되었고 이중언어학회는 1980년에 설립되었다. ② 일본에서의 한국어 교육은 한국학교(1945)와 영사관 중심(1960년대 오사카 영사관)으로 시작되었다. 1960년대 일본어권 화자(재일교포 포함)를 위한 한국어교육은 일본과의 국교 수립을 전후로 활성화 되었다. ③ 1980년대 후반부터 1990년대 초반 사이에 한국어 교육기관(고려대학교, 한국외국어대학교, 서강대학교, 이화여자대학교 등)이 급증하였다. ④ 아시안게임과 서울올림픽의 성공으로 한국에 대한 관심이 증폭되었고, 1980년대 후반부터 시작하여 1990년대에 외국인 유학생들이 급증하였다.

〔정답 ③〕

〔참고문헌〕 박영순(2002), 조항록(2002)

09

학생 수가 많은 교실의 지도 방법으로 알맞지 않은 것은?

① 다양한 수준의 과제를 준비한다.
② 학습자 간 상호 피드백을 권장한다.
③ 시청각 자료를 적극적으로 활용한다.
④ 교사와 학습자 간의 일대일 활동을 강화한다.

길잡이 09

학생 수가 많은 교실에서 소집단 활동이나 전체 활동, 짝 활동 등의 활동을 하여 학습자의 한국어 발화 기회를 확보할 수 있다. 교사는 이러한 활동을 통해 참여자 수를 확대하고 그룹의 규모에 따라 다양한 활동을 실시할 수 있다. 4인 1조가 짝활동이나 전체 활동보다 더 효과적이라는 연구 보고가 있다. 이것은 학습자가 부담을 느끼지 않고 활동에 참여할 수 있는 규모의 그룹이라는 의미이다. 만약 교사와 1 : 1 활동을 할 때, 자신의 오류나 실수가 교사를 포함한 학급의 모든 학습자들에게 노출되기 때문이다.

해설 ④ 교사와 학습자 간의 1 : 1 활동을 강화하면, 학습자의 발화 기회가 더 줄어든다.

〔정답 ④〕

〔참고문헌〕 박경자 외(2003), 박영순(2002)

10

한국어 교사의 태도로 바람직한 내용을 모두 고른 것은?

㉠ 국제적 감각을 키운다.
㉡ 학습자에게 신뢰감을 준다.
㉢ 인내심과 순발력을 기른다.
㉣ 문화상호주의적 관점을 갖는다.

① ㉠, ㉡, ㉢
② ㉠, ㉢, ㉣
③ ㉠, ㉢, ㉣
④ ㉠, ㉡, ㉢, ㉣

길잡이 10

민현식(2005 : 545 - 546)에서 한국어 교사는 다음과 같은 자질을 지녀야 한다고 지적하였다.

(1) **언어 교사는 입으로 말한다.**
- 한국어를 고급수준으로 유창하고 정확하게 구사해야 한다.
- 매개어로서 국제어인 영어에 능할 필요가 있다.
- 언어학적, 사회언어학적, 대조언어학적 지식이 필요하다.
- 반언어적 특질인 장단, 고저, 강세, 억양, 음질, 음량 등에도 결점이 없어야 한다.
- 정확한 교수 언어를 구사해야 한다.

(2) **언어 교사는 몸으로 말한다.**
- 신체언어 사용으로 교육적 효과를 보일 수 있다.
- 시선 접촉 유지, 교실 내 이동 동선의 길어야 한다.

(3) 언어 교사는 머리로 말한다.
- 언어 교사의 지성과 지능을 갖추고 있어야 한다.
- 언어 교육적 지식을 가지고 있어야 한다.

(4) 언어 교사는 가슴으로 말한다.
- 감성과 인간성이 풍부해야 한다.
- 교육적 지식을 바탕으로 학습을 강화, 격려해야 한다.

김중섭(2004)에서는 바람직한 한국어 교사상을 다음과 같이 언급하고 있다.

(1) **교육자로서의 한국어 교사**

훌륭한 인격자여야 하고 도덕적 결함이 없어야 하며, 전문성을 지녀야 한다.

(2) **'언어'를 다루는 교육자로서의 한국어 교사**

가르치는 언어에 대한 훌륭한 시범자여야 하고 언어의 본질 등에 대해 충분히 이해하고 있어야 한다. 또한 교사는 다양한 역할과 수업 단계에 맞추어 적절하게 학습자와 상호작용을 할 수 있어야 한다.

(3) **'한국어'라는 특정 언어를 가르치는 교사**

한국어 교사는 올바른 한국인상을 보여 줘야 한다. 그러기 위해서는 한국어에 대한 전문적인 지식과 한국의 역사와 전통, 사회와 경제에 대한 이해가 필요하다. 그리고 외국어 실력도 갖추어야 한다.

해설 세계 각지의 학습자를 접하므로 국제적 감각을 키워야 하며, 다양한 학습 상황에 대처하기 위해 순발력과 인내심을 길러야 한다. 또한 교사는 직업에 대한 소명의식과 자부심과 긍지을 갖고 학습자에게 신뢰감을 주는 교사가 되어야 하고, 학습자의 문화도 가치롭게 생각하는 문화상호주의적 관점을 가져야 한다.

〔정답 ④〕

〔참고문헌〕 김중섭(2004), 민현식(2005), 박영순(2002)

11

인지 언어학습 전략으로 알맞은 것은? (2점)

① 반복 연습을 통해 규칙을 내재화한다.
② 이해력을 높이기 위해 글을 빨리 읽는다.
③ 정확한 조음을 위해 모범적인 발음을 여러 번 따라 한다.
④ 새로운 문법을 이미 알고 있는 문법과 연결시켜 이해한다.

길잡이 11

O'Malley(1958 : 582 - 584)에서 학습 전략을 크게 세 가지 범주로 분류된다. 상위인지(metacognitive)는 학습을 계획하고 학습이 일어날 때 그 과정에 대해 생각하고, 자신의 발화와 이해를 감시하고, 활동이 완수된 후 학습을 평가하는 전략이다. 인지전략(cognitive)은 특정 학습 과업에 좀 더 국한되며, 학습 자료 그 자체를 직접 다루는 문제에 관한 것이다. 사회 정의적(social - mediating) 전략은 의미 전달을 위해 타협하는 활동들을 포함하는 사회적 중재 활동이나 다른 사람들과의 상호 작용과 관련된 것이다.

인지전략(cognitive strategy)	
분류하기(classify)	비슷한 것들을 분류별로 나누기 예) 인명들을 검토하여 남자 이름과 여자 이름으로 분류하기
예측하기(prediting)	학습과정에서 앞으로 나올 것을 예측하기 예) 한 과의 제목과 목표를 읽고 무엇이 배울 것인지 예측하기
귀납하기(inducing)	일정한 문형이나 규칙성을 찾기 예) 대화를 살펴보고 단순 과거 시제를 만드는 규칙 발견하기
노트하기(taking notes)	텍스트 속의 주요한 정보를 자신의 말로 쓰기
개념도 만들기(concept mapping)	텍스트 속의 개념을 개념도 형태로 만들기
구분하기(discrimming)	주요 개념과 이를 받쳐주는 개념들을 구분하기
도표 만들기(diagramming)	텍스트 속의 정보를 사용하여 도표에 표시하기
추론(inferncing)	새로운 것을 배우기 위해 이미 알고 있는 것을 사용하기

해설 ①은 '연습하기'로 언어적 전략에 해당한다. ②는 '통독하기'로 언어적 전략에 해당한다. ③도 '연습하기'로 언어적 전략에 해당한다. 언어적 전략에는 대화문 완성하기, 연습하기, 맥락 사용하기, 요약하기, 선택적 듣기, 통독이 있다.

[정답 ④]

[참고문헌] Brown(2003), Nunan(2003)

12

한국어능력시험(TOPIK)에 대한 설명으로 알맞은 것은?

① 연 1회 실시된다.
② 점수제 방식을 취하고 있다.
③ 말하기, 듣기, 읽기, 쓰기 영역으로 나뉘어 실시된다.
④ 일반 한국어능력시험과 실무 한국어 능력시험으로 구분된다.

길잡이 12

한국어능력시험(TOPIK, Test of Proficiency in Korean)은 한국어를 모국어로 하지 않는 사람들을 위한 한국어 능력에 대한 표준화 시험으로서 1997년 처음 실시되어 2006년까지 제10 회의 시험이 시행되었다. 2007년부터 매년 9월에 실시되던 한국어능력시험을 4월과 9월에 두 차례 실시되었다. 한국어능력시험의 명칭은 2004년 8회가 시행되기 전까지는 한국어능력시험(KPT, Korean proficiency Test)이라는 명칭을 사용하였으나 2005년부터 한국어능력시험(TOPIK, Test of Proficiency in Korean)의 명칭을 사용하게 되었다.

한국어능력시험(TOPIK)은 S-TOPIC(Standard Test Proficiency In Korea)과 실무 한국어능력시험 B-TOPIC(Business Test Proficiency In Korea)이 있다. 일반 한국어능력시험(S-TOPIK)은 초급, 중급, 고급의 3종의 시험이 있고, 학술적 성격에 필요한 한국어 능력을 측정하고 평가하는 반면에, 실무 한국어능력시험(B-TOPIK)은 급수와 상관없이 한 종의 시험으로, 취업에 필요한 한국어 의사소통 능력을 측정하고 평가한다.

해설 ① TOPIK은 연 2회 상반기와 하반기에 실시된다. ② 1급에서 6급까지의 등급제를 채택하고 있다. ③ 말하기는 시험에 포함되어 있지 않으며, 문법/어휘가 포함되어 있다. ④ 일반 한국어능력시험(S-TOPIK)과 실무 한국어 능력시험(B-TOPIK)으로 구분된다.

〔정답〕 ④

〔참고〕 한국교육과정평가원 홈페이지

13

요구분석을 위한 정보수집 방법을 설명한 것으로 알맞지 <u>않</u>은 것은?

① 설문조사 - 다수를 대상으로 하기 때문에 신뢰성을 보장할 수 있다.
② 자가진단 - 수집된 자료에 대해 일차적 판단을 하는 데 적합한 방법이다.
③ 면접법 - 시간과 비용이 많이 들지만 심층적인 자료를 얻기에 적합한 방법이다.
④ 언어자료 수집법 - 학습자들의 언어수행 과정에서 얻을 수 있는 자료를 사용한다.

13

설문 조사법(질문지법)은 보편적으로 많이 사용하는 정보수집 방법이다. 비용과 시간 면에서 효율적이다. 반면 면접법은 심층적인 정보를 수집할 수 있어서 질문지법의 단점을 보완하기 위해 사용되기도 한다.

	설문조사(questionnaire)	면접법(interviewing)
정의	응답자에게 질문지가 전달되어 응답자로 하여금 직접 내용을 기입하도록 하는 조사방법이다.	조사자와 조사대상자가 얼굴을 맞대고 상호작용 하면서 필요한 자료를 수집하는 방법이다. 즉 일정한 조건하에서 언어를 매개로 하여 질문과 응답을 통해 자료를 얻는 방법이다.
장점	① 절차상 시간, 노력, 비용 면에서 용이하다. ② 표준화된 언어구성, 질문순서, 지시 등으로 인해 상황에 따라 변하지 않고 질문의 일관성을 기할 수 있다. ③ 피조사자가 익명으로 응답할 수 있으므로, 자유롭게 응답할 수 있다. ④ 질문지법은 시간적 여유가 있기 때문에 심사숙고한 결과를 정확하게 응답할 수 있다. ⑤ 질문지법은 응답자의 과거 행동이나 사적 행위에 관한 정보를 얻을 수 있다.	① 읽고 쓸 줄 모르는 사람에게 사용할 수 있다. (언어적 소통이 가능한 모든 사람을 대상으로) ② 질문지법보다 더 공정한 표본을 얻을 수 있다. (질문지법은 회수율이 낮고 회수된 것은 대개 그 문제에 대해 관심을 가지고 있는 사람일 가능성이 높다.) ③ 개별적 상황에 따라 높은 신축성과 적응성을 가진다. ④ 복잡한 질문을 사용할 수 있고 정확한 응답을 얻어낼 수 있다. ⑤ 제3자의 영향을 배제시킬 수 있다.
단점	① 필요에 따라 질문의 요지를 설명할 수 없어 융통성이 결여된다. ② 필기에 의한 응답만을 취급하기 때문에 비언어적 행위나 개인적인 특성에 관한 자료를 수집할 수 없다. ③ 읽고 쓸 수 있는 능력이 없는 사람에 대해서는 조사가 불가능하다. ④ 응답한 내용의 진위를 확인하기 어렵다 ⑤ 응답자가 응답할 의사를 가지고 있고, 응답할 수 있는 부분에 대해서만 자료를 수집할 수 있다.	① 절차가 복잡하고 불편하다. ② 시간과 비용, 노력이 많이 들어간다. ③ 면접자에 따라 면접 내용에 편의(bias)가 생길 수 있다. (면접자가 질문의 언어 구성을 변경하거나 특정 문항을 제외시킴) ④ 응답에 대한 표준화가 어려울 수 있다. ⑤ 익명성이 결여되어 개인적으로 꺼리는 내용에 대해 정확한 응답을 얻기 어렵다.

해설 ① 타당성과 신뢰성을 보장할 수 있는 방법은 설문지법이다. 질문지법은 회수율이 낮고 회수된 것은 대개 그 문제에 대해 관심을 가지고 있는 사람일 가능성이 높다. 면접법은 응답에 대한 진실성 여부를 알 수 있으나, 설문지법은 응답한 내용의 진위를 확인하기 어렵다

〔정답 ①〕

〔참고문헌〕 STERNBERG & WILIAMS 공저, 전윤식 외 편역(2006)

14

특수 목적 한국어교육에 대한 설명으로 알맞지 <u>않은</u> 것은?

① 직업목적, 기술습득 목적 한국어교육이 이에 속한다.
② 담화분석, 장르분석 결과가 교육내용 구성의 근거가 된다.
③ 교육의 초점이 '어떻게'가 아니라 '누구에게' 가르칠 것인가에 있다.
④ 1990년을 전후하여 학문 목적 한국어교육에 대한 논의가 시작되었다.

길잡이 14

한국어 학습자의 동기와 필요에 따라 일반 목적 한국어교육과 특수 목적 한국어교육으로 나눌 수 있다. 특수 목적 한국어는 그들이 처한 특수한 주제나 화제를 교육과정으로 구성해야 하며, 담화 분석이나 텍스트 분석이 이러한 교육과정 설계에 선행되어야 한다. 특수 목적 한국어교육은 학문 목적과 직업 목적 등으로 나눌 수 있는데, 학문 목적 학습자는 대학 또는 대학원 진학 희망자, 교환학생이다. 직업 목적 한국어 교육은 이주 노동자나 직장인 등이다. 이밖에도 이주 여성을 위한 한국어교육도 특수 목적 한국어교육에 들 수 있다.

학습자 유형		목표
일반 목적 학습자		일상생활에 불편을 느끼지 않을 정도의 한국어 능력을 목적으로 함
특수 목적 학습자	학문 목적 학습자	대학에서 강의를 듣고 이해하며 보고서를 작성하는 등의 학문적인 연구를 목적으로 함
	직업 목적 학습자	회사에서 근무하면서 일어나는 상황에 대해 이해하고 대처할 수 있을 정도의 한국어 능력을 요함
주한 미군 학습자		일상생활에 필요한 한국어 능력과 군대에서 사용되는 특수한 언어 학습을 요함
교포 자녀		의미의 전달만이 아닌 상황에서 적절하게 사용되는 한국어 능력을 요함. 한국어의 학습뿐만 아니라 사회, 문화적인 내용의 학습을 목적으로 함
국제 결혼 가정의 자녀		한국에서 생활하면서 경험하는 문제를 해결할 수 있는 한국어 능력을 필요로 함.

해설 학문 목적 한국어교육에 대한 논의는 최근인 2000년도 이후에 이루어졌다.

〔정답 ④〕

〔참고문헌〕 곽지영 외(2007), 박영순(2002), 허재영(2007)

15

발음 교육 내용에 따른 교육 자료가 적절하지 <u>않은</u> 것은?

① 'ㄹ' 받침 – 구강 모형
② '오, 우' – 입 모양 사진
③ 이중모음 – 입 모양 동영상
④ '반, 방'의 받침 – 음성 파형 그림

길잡이 15

한국어의 'ㄹ'은 경우에 따라 [l]로도 발음 나고, [ɾ]로도 발음 난다. 즉 모음 사이에서는 [ɾ]로, 휴지나 자음 앞에서는 [l]로 발음되므로 이 둘을 구별할 수 있도록 연습시켜야 한다. 비음의 경우에, 특히 일어권 화자들에게 '간, 강, 감'이 변별 없이 들릴 수 있다. 발음에서의 최소대립상을 이용하여 충분히 연습시켜야 한다. 거울 등을 통해 학습자가 스스로 발음 교정하도록 하는 것도 좋은 방법이다.

해설 ① 'ㄹ'을 발음 할 때 혀의 위치를 구강 모형을 통해 설명할 수 있다. ②는 '오'와 '우'는 모두 원순 모음이지만, 혀의 높낮이가 달라진다. ③ 이중모음은 입모양이 변하므로 사진보다는 동영상이 적합하다. ④ 'ㄴ'과 'ㅇ'은 일본어권 화자에게 어려운 발음이다. 양자 모두 비음계열이지만, 혀의 위치가 다르므로 구강 모형을 통해 지도하거나 교사의 시연으로 지도할 수 있다. 음성 파형은 학습자가 'ㄴ'와 'ㅇ'이 어떻게 다른 소리인지는 보여줄 수 있지만, 어떻게 조음하는지를 알기는 어렵다.

〔정답 ④〕

〔참고문헌〕 허용 · 김선정(2006)

16

외국어 교수법별 발음 교육에 대한 설명으로 알맞은 것은?

① 침묵식 교수법 - 학생들은 처음 얼마 동안은 소리 내어 따라하지 않고 듣기만 한다.
② 청각구두식 교수법 - 발음 방법에 대한 이해를 기초로 정확히 발음할 수 있도록 한다.
③ 문법번역식 교수법 - 정확성에 초점을 맞춘 교수법이기 때문에 발음 교육이 매우 중요하다.
④ 의사소통적 교수법 - 정확성보다는 유창성을 강조하므로 발음 교육은 별로 중요시되지 않는다.

길잡이 16

문법번역식 교수법에서는 구어보다 문어가 중요하게 다루어졌기 때문에 발음이 차지하는 부분이 어휘나 문법에 비해 훨씬 적었다. 반면 직접 교수법에서는 구어를 중시하여 원어민과 같은 정확한 발음 습득을 중요시하였다. 이 교수법에서는 모델이 되는 발음을 학습자들이 듣고 따라하면 자연스럽게 학습 대상 언어의 발음을 습득하게 된다고 보았다. 이 교수법은 이후의 발음지도 방법에 많은 영향을 주어 현재까지도 외국어 학습 현장에서 원어민 화자의 발음이나 녹음되어 있는 테이프를 듣고 따라하는 방식이 널리 쓰이고 있다.

청각구두식 교수법에서는 언어학습을 모방과 반복에 의한 습관 형성이라고 보았다. 따라서 직접 교수법에서와 마찬가지로 교사는 낱말의 모델음을 제시하고, 학습자들은 제시된 발음을 듣고 따라한다. 이때 발음기호나 조음위치, 조음 방법 등에 관한 음성학적 정보를 사용한다. 또한 대조분석이론의 영향으로 최소대립쌍을 통한 연습 방법도 사용하였다.

의사소통 교수법은 언어의 구조보다는 기능에 관심을 두고 정확성보다는 유창성을 강조하는 교수법으로 언어교육의 목적을 의사소통 능력의 신장으로 보았다. 따라서 발음교육의 목표는 원어민과 같은 수준의 발음을 습득하는 데 두지 않고, 이해 가능한 발음의 습득에 두었다.

해설 ① 암시적 교수법의 방법이다. 침묵교수법에서는 음가표와 음색표를 통해 학습자 스스로 학습한 색과 소리의 연관성을 유추하여 정확한 발음을 하도록 하였다. ② 청각구두식 교수법은 행동주의, 구조주의에 기반하여, 언어를 습관 형성으로 보고, 정확한 발음을 반복하여 모방함으로써 언어를 습득할 수 있다고 보았다. ③ 문법번역식 교수법은 어휘와 문헌의 정확한 독해에 초점을 두었으므로, 상대적으로 발음 교육은 등한시 하였다. ④ 의사소통 교수법에서는 유창성을 강조하므로 문장의 전체적인 억양에 더 초점을 두어 지도하기는 하나, 발음이 의사소통에 차지하는 비중이 적다고 생각하여 발음 교육을 등한시 하는 면도 적지 않다.

〔정답 ④〕

〔참고문헌〕 허웅·김선정(2006), Brown(2003)

17

발음 수업의 설명 단계에서의 활동으로 알맞은 것은?

① 연습하게 될 발음이 무엇인지 이야기해 준다.
② 한국어와 학습자 모국어의 발음 차이를 인식시킨다.
③ 목표 음이 들어간 다양한 대화문을 여러 번 따라 읽힌다.
④ 여러 개의 단어 중에서 교사의 발음과 일치하는 단어를 고르게 한다.

길잡이 17

발음 교육은 학습자의 발음 상태를 진단하고 제시-연습-생성의 세 단계를 거쳐 이루어진다. 발음 교육의 제시 단계에서는 교사는 간단한 조음법을 설명하고 학습자의 모국어와 목표어인 한국어를 대조하여 설명해 줄 수 있으면 학습에 도움이 된다. 또한 교사는 학습자들이 구별하지 못하는 발음을 집중적으로 들려주고 학습자가 스스로 규칙을 찾아내고 그 규칙을 이해할 수 있도록 해야 한다. 다양한 게임을 이용하여 교사와 학습자 또는 학습자 간에 듣고 구별하는 활동을 할 수 있다.

〈제시〉

먼저 제시 단계에서는 학습자들에게 그 소리를 알게 하는 단계이다. 보통 발음 규칙이나 발음법을 설명하거나 듣고 구별하기 활동 등을 하는 단계이다.

① 간단한 조음방법을 설명한다. 교사는 음성, 음운론적 지식을 충분히 가지고 있어야 하고, 학습자의 모어와 한국어를 대조언어학적 관점에서 설명해 줄 수 있으면 좋다.
② 음을 생성할 때, 쉬운 것에서 어려운 것으로 단계적으로 학습을 유도한다.
③ 교육 내용과 관련 있는 시청각 보조 자료를 사용한다.
④ 충분히 들려주는 것이 중요하다.

〈연습〉

학습자가 연습을 통하여 목표어를 연습하고 모방하는 단계이다. 충분히 연습을 하기 위해서는 대본, 연설문, 대화문 등을 이용하여 연습을 유도한다.

① 학습자들의 발음을 평가하고 지적해 준다.
② 교사는 처음에는 천천히 또박또박 발음하여 학생들이 습득하게 한 후, 빠르게 발화하여 자연스럽게 규칙을 익히도록 한다.

〈생성〉
　　제시와 연습 단계를 거쳐 새로운 발음을 생성해 내는 단계이다. 자연스럽고 즉흥적인 상황 속에서 창의적인 발화를 하도록 유도한다. 조사 활동, 역할 놀이, 인터뷰, 즉흥적인 연설 등을 통해 학습자들이 발음에 주의를 기울이며 의사소통을 할 수 있도록 유도해야 한다.

해설 설명은 제시 단계에 속한다. ① 설명 단계 이전 배우게 될 발음이 무엇인지 말해 준다. ③ 학습자에게 직접 음을 생성하게 하는 '읽히는 것'은 연습 단계이다. ④ 교사의 설명을 듣고 음에 노출된 다음에 음을 듣고 구별하는 활동을 할 수 있다.

〔정답 ②〕

〔참고문헌〕 한국방송통신대학교 평생교육원편(2005), 허용·김선정(2006)

18

'ㅎ'이 약화되는 발음 현상을 교육하는 방법으로 알맞지 않은 것은?

① 'ㅎ' 약화가 일어나는 음운 환경에 대해 설명한다.
② 자기소개 상황에서 학교와 전공을 묻고 답하게 한다.
③ 손바닥을 입 가까이에 대로 입 밖으로 나오는 공기의 양을 조절하게 한다.
④ 'ㅎ'으로 시작하는 단어 카드를 제시하고 'ㅎ'을 약화시켜 발음하도록 연습시킨다.

길잡이 18

　'ㅎ'은 한 낱말 안에서 유성음과 유성음 사이에서 유성음화되어 [ɦ]로 발음되는 경향이 있는데, 더 약화되면 완전히 탈락하기도 한다. 그러나 'ㅎ'을 탈락시킨 발음은 비표준발음으로 간주된다.

(1) 외할머니, 영향, 문화
　'ㅎ'의 유성음화는 두 낱말이 하나의 말토막으로 발음될 때에도 일어난다. 그러나 같은 조건 아래에서 'ㅎ' 탈락은 일어나지 않는다.

(2) 이 할머니, 야구를 한다.
　용언 어간의 끝 자음 'ㅎ'은 모음으로 시작하는 어미나 접미사 앞에서 필수적으로 탈락한다.

(3) 좋은[조은], 낳았다[나앋따], 싫음[시름], 않음[아늠]

해설 ② 'ㅎ'약화의 환경은 유성음과 유성음 사이이므로 '정치학, 심리학, 수학, 언어학' 등은 'ㅎ약화'의 경우에 해당한다.(그러나 '건축학, 미국학, 한국학' 등은 격음화 환경에 해당하므로 주의해야 한다.) ④ 'ㅎ'은 어두에서 약화되지 않으므로 '학교, 화장실…' 등의 단어에서 'ㅎ'을 약화시켜 발음하도록 연습시키면 안 된다.

〔정답 ④〕

〔참고문헌〕 배주채(1996), 배주채(2003), 이호영(1996)

19

한국어 발음 교육의 대상이 아닌 것은?

① 개별 음운
② 단어 강세
③ 문장 억양
④ 음운 규칙

길잡이 19

초분절음은 운율적 요소인데, 학자에 따라 운소(韻素)로 부르기도 한다. 분절음이 음절을 구성할 때 그 위에 얹히는 것으로 음의 길이, 음의 높낮이, 음의 강세를 통틀어 가리키는 말이다. 한국어에서는 단어 강세는 변별 기능을 하지 못한다. 반면 어절이나 문장의 강세는 준변별 기능을 가지고 있어서 강세의 유무나 위치에 의해 의미가 구별되기도 한다.

해설 ②의 단어 강세는 영어에서는 변별적 자질이지만 한국어의 변별적 음운 자질이 아니다.

〔정답 ②〕

〔참고문헌〕 배주채(1996), 배주채(2003), 이호영(1996), 허용・김선정(2006)

20

다음 중 한국어 문법 교육의 목표를 모두 고른 것은?

- ㉠ 의사소통 능력 신장
- ㉡ 논리적으로 사고하는 능력 신장
- ㉢ 언어 능력과 관련된 인지적 능력의 향상
- ㉣ 한국어를 사랑하고 가꾸어 나가려는 태도
- ㉤ 문법적 지식을 담화 상황에 맞게 응용하는 능력 배양

① ㉠, ㉡
② ㉠, ㉡, ㉤
③ ㉠, ㉢, ㉤
④ ㉠, ㉢, ㉣, ㉤

길잡이 20

문법 교육은 외국인 학습자의 의사소통력을 높일 수 있는 효율적인 체계를 가진 문법이어야 한다. 즉 문법 교육을 통해 언어 교육의 목표인 언어 사용의 유창성과 정확성을 확보할 수 있어야 한다. 의사소통적 방법에서 문법은 기능 면에서의 문법과 담화 면에서의 문법을 모두 고려해야 한다. 외국어로서의 한국어 문법 교육은 규범성과 실용성, 간결성, 규칙성을 가져야 하며, 무엇보다도 교사와 학습자가 쉽게 접근할 수 있는 용어와 형식을 바탕으로 해야 한다.

박영순(1998)에서는 문법 교육의 목표를 다음과 같이 열거하였다.

- 전반적인 언어 능력의 향상
- 고등정신 능력의 향상
- 논리적 사고력의 고양
- 사회적 규범과 한국문화에 대한 이해와 실천
- 학문적 탐구심 배양

해설 ㉠ 문법적 능력도 의사소통 능력 중 하나이다. ㉡ 목표어의 문법 구조를 익히고 이해하여 목표어의 문법 구조 안에서 논리적으로 사고하는 능력을 높인다. 문법의 많은 부분은 추리력, 논증력, 이성화, 논리적 설득력 등을 필요로 하므로 문법에 대한 지식이 축적될수록 논리적 사고력이 신장될 것(박영순, 1998)이다. ㉢ 언어 능력과 관련된 인지 능력을 향상시킬 수 있다. 추론과 판단, 분석 등의 고등정신 능력을 배양할 수 있다. ㉣은 내국인에 대한 국어 교육에 대한 목표이다. 즉 한국어를 정확하게 사용하고 국어 사랑의 정신 및 태도를 갖추는 것(최재희, 2001)이다. ㉤ 문법은 형태, 의미, 화용과 관련된다. 한국어 문법 교육의 직접적인 목표는 ㉠, ㉢, ㉤이며, ㉡도 간접적인 목표이기는 하나 문법 교육의 효용이 될 수도 있다.

〔정답 ③〕

〔참고문헌〕 박영순(1998), 한국방송통신대학교 평생교육원편(2005), 한재영 외(2005)

21

다음은 한국어 문법 교육에 대한 한국어 교사들의 생각이다. 잘못된 생각을 가진 사람은?

① 사회언어학적 정보는 어렵고 복잡하지만 초급 학습자들에게도 가르쳐야 한다.
② 문법 항목을 제시할 때에는 역시 품사별로 정리해서 체계적으로 보여 주는 것이 좋다.
③ 한국어 교육에서 문법을 강조하는 것은 정확성을 길러 의사소통 능력을 향상시키기 위한 것이다.
④ 좋은 교사라면 학습자들의 오류 유형이나 오류 경향을 언어권별로 연구한 후에 체계화하여 제시하려는 노력이 필요하다.

길잡이 21

좋은 교사는 한국어에 대한 자긍심을 가지고 한국어 세계화에 이바지하겠다는 사명감과 열정을 지니고 있어야 한다. 또한 한국어의 구조와 한국어의 쓰임에 대하여 끊임없이 연구하는 자세가 필요하다. 또한 외국어교수법에 대한 최신 이론에 밝아야 하고, 스스로 교수법을 향상시키기 위한 실제 연구를 수행할 수 있어야 하며, 끊임없이 자신의 교수법을 개선해 나가는 노력이 필요하다.

해설 ②문법 항목을 품사별로 정리해 줄 필요는 없다.

[정답 ②]

[참고문헌] 박영순(2002)

22

문법 항목을 제시·설명하는 방법으로 알맞지 않은 것은?

① 문법 항목은 형태소 중심으로 세분화하여 설명한다.
② 문법의 지식적 측면보다는 사용적 측면에 초점을 맞춘다.
③ 문법 항목을 제시할 때는 호응되는 술어와 함께 제시한다.
④ 음운 환경에 따라 나타날 수 있는 다양한 형태를 제시한다.

길잡이 22

제시 단계에서는 그 날 학습할 내용과 목적을 제시하고 이후 연습 단계에서 그 날 학습할 내용을 본격적으로 집중해서 교육한다. 학습자에게 그 문법 구조의 형태와 의미를 인식할 수 있도록 그 형태를 제시하고 본격적인 연습 단계로 가기 전에 그 문법 항목에 대한 설명을 그림, 문장, 대화를 통해 제시한다.

해설 ① 형태소 단위가 아닌, 실제 문법이 사용되는 단위로 제시해야 한다. 결합형 전체가 하나의 의미를 가질 때에는 결합형 전체로 제시한다. 즉 미래 표현을 '-(으)ㄹ+것+이다'로 제시하기보다는 '-(으)ㄹ 것이다'로 제시하는 것이 좋다. 언어학적 측면이 아닌, 기능적 측면과 실제 사용 측면을 고려해야 한다.

[정답 ①]

[참고문헌] 박영순(2002)

23

다음과 같은 문제를 해결하기 위해 시도된 교수 방법을 모두 고른 것은?

> 의사소통적 언어 교수법의 등장 이후, 실제적 언어 사용을 위해 유창성이 강조되었다. 그러자 이로 인해 학습자들의 오류가 화석화되거나 고급 수준의 화자들이 불명확한 문장을 사용하는 것 등의 새로운 문제가 대두되었다.

> ㉠ 주목하기(noticing)
> ㉡ 입력 홍수(input flood)
> ㉢ 고쳐 말하기(recasting)
> ㉣ 의식 교양(consciousness-raising)

① ㉠, ㉡
② ㉠, ㉡, ㉢
③ ㉡, ㉢, ㉣
④ ㉠, ㉡, ㉢, ㉣

길잡이 23

의사소통 교수법에서는 학습자의 오류와 화석화를 방지하기 위해서 형태 중심 지도를 도입하였다. 제2언어 교실 방법론에 대한 현재의 견해는 규칙을 명백히 다루는 것으로부터 학습자에 대한 입력을 구성하기 위해 주목하기(noticing) 및 의식 고양(consciousness-raising)에 이르기까지 의사소통 중심 구조 내에서 형태 중심 지도의 중요성에 대해 거의 의견이 일치되었다. 가장 비명시적인 방법 중의 하나로는 목표 문법 구조를 학습자에게 다량으로 풍부하게 제공하는 입력 홍수(input flood)가 있을 수 있다. 아울러 실제 문법수업에서 문법을 설명하고 연습문제를 통해 학습자의 언어 출력을 고쳐나가는 방식인 고쳐 말하기(recasting)로 진행된다. 이 밖에도 형태에 초점을 맞춘 활동은 '입력자료 강화(enhancing input), 순차적 제시(garden path), 입력처리(input processing), 의사소통 과제(communicative task), 출력산출(output production)'이 있다.

해설 의사소통 교수법에서 학습자의 오류와 화석화를 방지하기 위해서 ㉠ 주목하기(noticing), ㉡ 입력 홍수(input flood), ㉢ 고쳐 말하기(recasting), ㉣ 의식 교양(consciousness-raising)이 사용된다.

〔정답 ④〕

〔참고문헌〕 황종배(2007), Brown(2003), Scott Thornbury, 이관규 외 공역(2006)

24

'조안'씨에게 가장 필요한 문법 교육 내용으로 알맞은 것은?

> 선생님: 조안 씨, 배 안 고파요?
> 조 안: 네, 배고파요. 선생님, 같이 밥 먹으러 갑시다.

① 담화로서의 문법
② 의미로서의 문법
③ 사회적 기능으로서의 문법
④ 언어적 지식으로서의 문법

길잡이 24

조안 씨는 높임의 오류를 범하고 있다. '-(으)ㅂ시다'는 '하오체'의 청유형이므로, 아랫사람이 윗사람에게 쓰면 예의에 벗어난다. '-(으)ㅂ시다'에 해당하는 합쇼체는 '-(으)십시다'이다.

해설 표면적으로 볼 때 조안 씨가 높임말을 잘못 쓰고 있으므로, 사회적 기능으로서의 문법을 어기고 있다.

〔정답 ③〕

〔참고문헌〕 이익섭(2000)

25

다음 중 연역적 문법 교수 방법에 대한 설명이 아닌 것은?

① 장기 기억을 통한 학습 효과를 기대할 수 있다.
② 지루한 수업으로 학습 동기를 잃게 할 수 있다.
③ 성인 학습자들의 이해력, 기대치, 학습 방식을 존중한다.
④ 규칙은 사실성, 제한성, 명료성, 간결성, 친숙성을 가져야 한다.

길잡이 25

새로운 문법 항목을 교수할 때에는 언어 자료를 먼저 제시하고 그로부터 규칙을 도출해 내는 귀납적 방법이 있고, 문법 규칙을 먼저 제시하고 언어 자료를 적용하여 규칙의 타당성을 검증하는 연역적 방법이 있다. 실제 문법을 교수할 때는 이 두 방법이 적절히 조화를 이루어야 한다. 귀납적 방법은 비교적 유아에게 좋고, 연역적 방법은 성인 학습자에게 적합하다.

연역적 접근에는 다음과 같은 장점이 있다. 첫째, 요점을 곧바로 알게 함으로써 시간을 절약할 수 있다. 그러므로 연습과 적용을 위해 더 많은 시간을 할애할 수 있다. 둘째, 많은 학생들의 지능과 성숙을 존중하며, 언어 습득에 있어서 인지적 과정의 역할을 인정한다. 셋째, 교실 학습에 많은 학생들 특히 분석적인 학습 방식을 지닌 학습자들의 기대를 충족한다. 넷째, 교사는 요점을 예상하고 미리 준비하기보다, 그것이 나왔을 때에 다루게 된다.

좋은 규칙이란 다음과 같은 기준이 있어야 한다. 사실성(규칙은 사실적이어야 한다.), 제한성(규칙은 주어진 형태를 사용할 때의 제한점이 무엇인지 보여줘야 한다.), 명료성(규칙은 명료해야 한다.), 간결성(규칙은 간결해야 한다.), 친숙성(설명할 때는 학습자가 이미 친숙하게 여기는 개념을 이용해야 한다.), 관련성(규칙은 학생들이 대답할 필요가 있는 질문에 답해야 한다.)이 있다.

해설 ① 귀납적 방법이 장기기억을 이끌어 낼 수 있다. 다음은 습득과 귀납적 학습의 유사점과 차이점을 보인 것이다.

습득	귀납적 학습
선 자료, 후 규칙	선 자료, 후 규칙
규칙은 무의식적	규칙은 의식적
의미에 초점	언어형태에 초점
서서히 진행	빨리 진행될 수 있음
상당량의 자료 필요	적은 양의 자료에 노출 된 후 발생

〔정답 ①〕

〔참고문헌〕한국방송통신대학교 평생교육원편(2005), Scott Thornbury, 이관규 외 공역(2006), Krashen, 김윤경 역(2004)

26

다음은 언어 수업의 기본 모형 중 하나인 PPP 모형을 활용한 수업 계획안이다. 단계에 따른 올바른 교육 내용을 <u>모두</u> 고른 것은?

제시(Presentation)
㉠ 오늘 학습자들이 무엇을 해야 하는지 자세하게 설명한다.
㉡ 학습자들에게 해당 문법 항목이 들어간 지시문을 보여 준다.

연습(Practice)
㉢ 오늘 배울 문법 항목을 상황과 분리시켜 정확성을 강조하며 연습시킨다.
㉣ 학습자들끼리 문법 항목을 넣어 질문하고 대답하게 한다.

활용(Production)
㉤ 배운 문법이 들어간 문제를 풀어보게 한다.
㉥ 해당 문형을 이용할 수 있는 상황을 제시한 후에 역할극을 하게 한다.

① ㉠, ㉡, ㉢
② ㉡, ㉣, ㉥
③ ㉠, ㉡, ㉢, ㉣, ㉥
④ ㉡, ㉢, ㉣, ㉤, ㉥

길잡이 26

전형적으로 수업은 교사가 문법을 설명해 준 뒤에 학생이 연습문제를 푸는 방식으로 제시된다. 제시(Presentation)와 연습(practice)으로의 방식으로 전개되었다. 연습 단계는 정확성 획득을 목적으로 한다. 그러나 제2언어 습득이 정확성만으로는 충분하지 않는 것을 인식한다면 세 번째 요소는 생성(활용, production)을 포함시켜야 한다.

해설 ㉠ 교사는 오늘 학습할 목록을 유의미한 문맥에서 제시하거나, 테이프를 듣거나 교과서를 읽음으로 학습자가 무엇을 배울지 보여줄 수 있다. ㉢ 상황을 분리시키지 말아야 한다. ㉤ 연습 단계에서 문제를 풀어본다.

〔정답〕 ②

〔참고문헌〕 Scott Thornbury, 이관규 외 공역(2006)

27

다음과 같은 어휘 제시 방법에 대한 설명으로 알맞은 것은?

가족			
할아버지 할머니		외할아버지 외할머니	
큰아버지 큰어머니	아버지 어머니	외삼촌 외숙모	
사촌	형 누나 언니 오빠	나	남동생 여동생	외사촌
	조카		조카	

① 관계된 단어들을 재분류할 때 유용하게 쓰일 수 있다.
② 문맥을 통해 해당 낱말의 의미를 유추하게 하는 방법이다.
③ 유의어 및 반의어 등 어휘의 의미 관계를 이용한 제시 방법이다.
④ 친숙하지 않은 단어가 많을 때 관계어들과 함께 제시하면 학습이 용이하다.

길잡이 27

관련된 어휘의 사용을 향상시키는 것으로, 격자형 비교표(격자표), 정도 차이 비교선, 군집 같은 방법은 학습자들이 이미 친숙하게 알고 있는 단어의 의미를 확장시키고 의미를 견고하게 하는 데 도움을 준다. 군집은 중심이 되는 단어의 주변에 그룹화된 단어의 무리로, 새 단어들이 서로 만날 때 이들은 가장 적당한 장소에서 군집의 형태로 맞춰질 수 있고, 이러한 절차는 관계된 단어들을 재분류해 보는 좋은 기회를 제공한다. 이 방법을 사용할 때에는 친숙하지 않은 단어들을 관계 의미들과 함께 제시하면 학습의 방해를 유발하므로, 이미 친숙한 단어들에 사용하는 것이 중요하다. 또한 완성해야 할 군집에 단어의 유용성을 고려하여 고빈도 단어와 저빈도 단어가 적절하게 혼합되어야 한다.

해설 보기는 의미망에 대한 것으로 어휘의 상관관계를 고려한 활동으로 친숙한 단어의 의미 확장 및 관계 파악에 도움을 준다.

〔정답 ①〕

〔참고문헌〕 박영순(2002), 한국방송통신대학교 평생교육원편(2005)

28

학습 어휘의 등급을 설정하기 위한 기준으로 알맞지 않은 것은?

① 고빈도 어휘를 우선 학습 어휘로 선정한다.
② 기본 의미를 가진 어휘를 우선 학습 어휘로 선정한다.
③ 중복도가 낮은 단어 순으로 우선 학습 어휘를 선정한다.
④ 필수적인 단어를 저빈도 어휘라도 우선 학습 어휘에 넣을 수 있다.

길잡이 28

선정된 어휘 목록을 등급화하는 것이 중요하다. 선정된 기본 어휘를 대상으로 하여 학습 목적과 학습 수준에 따라 급별 어휘를 등급화할 필요가 있다. 어휘의 등급을 설정하기 위한 기준은 다음과 같다. 첫째, 고빈도성으로 기초 어휘순으로 우선 학습 어휘(저급)를 선정한다. 둘째, 중복도가 높은 단어순으로 우선 학습 어휘(저급)를 선정한다. 셋째, 편찬될 교재의 단원별 주제와 관련된 기본 어휘를 우선적으로 학습해야 하며, 어휘 자체의 상관관계(의미망)도 고려해야 한다. 넷째, 기본 의미를 가진 어휘, 파생력이 있는 어휘를 우선 학습 어휘로 선정해야 한다.

다섯째, 단원의 문법 교수요목과 연계를 가진 어휘를 우선적으로 학습해야 하며, 문법 이해를 위한 필수적인 기능어를 우선 학습 어휘로 삼는다. 여섯째, 교수 현장과의 연계로 교수 현장에서 필수적인 단어는 저빈도 단어라도 우선 학습 어휘의 대상에 넣을 수 있다.

해설 ③ 중복도가 높은 단어를 우선 학습 어휘로 선정한다.

〔정답 ③〕

〔참고문헌〕 박영순(2002), 한국방송통신대학교 평생교육원편(2005)

29

어휘 교육의 방법으로 알맞지 않은 것은?

① 연어 관계를 도입해서 어휘를 학습시킨다.
② 맥락 속에서 어휘 의미를 파악하도록 유도한다.
③ 목표 어휘를 모국어 어휘와 대응시켜 암기하도록 유도한다.
④ 의미 이해를 돕기 위해 긍정적 예문과 부정적 예문을 함께 보여 준다.

길잡이 29

어휘 제시 방법에는 첫째, 실물이나 그림, 동작을 보여주는 것이다. 둘째, 추상화에 의한 분석적 정의를 활용한 제시 방법으로 뜻풀이, 설명, 연상에 의한 방법을 들 수 있다. 셋째, 문맥을 활용한 제시 방법이다. 넷째, 학습자의 모국어로의 번역을 활용하는 방법이다. 이 방법은 시간이 절약되므로 읽기에서 그다지 중요한 단어가 아닐 때 빨리 넘어갈 때 유용한 방법이다.

해설 어휘교수에서 간혹 학습자 모국어가 사용되기는 하나, 목표어의 어휘와 모국어의 어휘가 반드시 1:1로 대응되는 것은 아니므로 1:1로 대응시켜 암기하도록 유도할 필요는 없다.

〔정답 ③〕

〔참고문헌〕 박영순(2002), 한국방송통신대학교 평생교육원편(2005)

30

어휘 설명의 방법으로 알맞지 않은 것은?

① 다양한 상황을 예로 들어 '바쁘다'의 의미를 설명한다.
② 정도의 차이를 이용해 '춥다'와 '차갑다'의 의미를 설명한다.
③ 학습자가 아는 언어(peace, 平和 등)을 이용해 '평화'의 의미를 설명한다.
④ 구체적인 예(개, 고양이, 나무, 꽃 등)를 이용해 '동물'과 '식물'의 의미를 설명한다.

길잡이 30

격자형 비교표는 단어들을 분류하거나 의미 차이를 명시적으로 드러낼 수 있다. '춥다'와 '차갑다'는 모두 날씨에 사용할 수 있다. 그러나 '차갑다'는 음식, 사람의 태도에도 사용할 수 있으나, '춥다'는 음식과 사람의 태도에는 사용하지 못하지만, 장소 명사와 주관적 감각에 사용할 수 있다.

해설 ② 날씨의 의미로 사용되었을 때는 정도의 차이가 있지만, '춥다'와 '차갑다'의 의미차이는 격자형 비교표를 통해 언어관계 및 제약관계를 보이는 것이 효과적이다.

	날씨	음식	사람의 태도/마음
춥다	○	×	×
차갑다	○	○	○

〔정답 ②〕

〔참고문헌〕 한국방송통신대학교 평생교육원편(2005)

31

다음 표현들을 가르칠 때 주의해야 할 점으로 알맞은 것은?

> 눈이 높다, 이를 갈다, 선수를 치다, 기가 막히다, 도토리 키 재기

① 초급 단계에서부터 교육한다.
② 어원에 대한 교육도 함께 이루어져야 한다.
③ 반복 훈련으로 유창하게 사용할 수 있도록 교육한다.
④ 개별 어휘의 의미보다는 전체 표현의 의미를 중시한다.

길잡이 31

관용어의 형성과정은 '일반적인 표현(직유) → 은유 → 죽은 은유'의 단계를 거치게(Searl, 1979) 된다. 관용어의 정도성을 말할 때 의미의 투명도를 언급하게 된다. 투명도란 직설적 의미와 관용적 의미 사이의 유연성 정도를 말한다. '투명하다'라고 했을 때는 직설적 의미를 가지는 것으로 볼 수 있다. 그리고 '불투명하다'라고 했을 때는 구성요소의 개별적 의미와 관용어의 의미 사이에 유연성이 멀다는 말이다. 투명도는 세대, 지역, 문화권, 풍습에 따라 매우 상대적일 수밖에 없다.

(1) 의미의 불투명형

시치미를 떼다, 자린 고비, 용 빼는 재주, 아닌 밤중에 홍두깨, 호박씨 까다, 학을 떼다, 깨가 쏟아지다, 오지랖이 넓다, 쐐기를 박다

(2) 의미의 반불투명형

바가지를 긁다, 미역국을 먹다, 산통을 깨다, 국수 먹다, 개밥에 도토리, 파리 날리다, 바람 맞다, 비행기 태우다, 싹이 노랗다, 입이 싸다

(3) 의미의 반투명형

무릎을 꿇다, 손을 들다, 손을 씻다, 구름을 잡다, 배가 아프다, 구멍이 뚫리다, 틈이 생기다, 발이 넓다, 수박 겉핥기, 하늘이 노랗다

외국어로서의 한국어 교육에 있어 관용표현 교육은 학습자의 의사소통 능력을 향상시키고, 더불어 한국의 문화를 이해하게 해준다는 면에서 효과적이다. 관용표현 교육의 방향 설정에 필요한 몇 가지 원칙이 있다. 첫째, 관용표현의 범위를 정해야 한다는 것이다. 둘째, 기초 관용표현의 목록이 선정되어야 한다는 것이다. 셋째, 구어적 관용표현과 아울러 문어적 관용표현을 교수해야 한다. 넷째, 학습 단계에 따라 난이도 조정이 필요하다. 다섯째, 체계적인 교수 방안이 필요하다. 관용표현 교수는 일차적인 의미전달에 그치는 경우가 많은데, 교수 단계를 체계적으로 가르칠 수 있는 구체적인 방안이 있어야 한다.

해설 ① 중급이나 고급 단계부터 교육할 수 있다. ② 관용 표현도 어원과 관련이 있겠으나, 보기의 관용 표현인 '눈이 높다, 이를 갈다' 등은 비교적 의미가 투명하여 어원을 통해 설명하지 않아도 된다. ③ 관용 표현을 고립시켜 반복 훈련하는 것보다는 적절한 문맥 훈련을 통해 해당 관용 표현을 유창하게 사용할 수 있도록 지도해야 한다.

〔정답 ④〕

〔참고문헌〕 임지룡(1985), 전혜영(2001), 한국방송통신대학교 평생교육원편(2005)

32

한자 교육과 관련된 설명으로 알맞은 것은?

① 한자 문화권의 한국어 학습자에게는 한자를 교육할 필요가 없다.
② 필요한 경우에 한해 이해를 중심으로 한자를 교육하는 것이 좋다.
③ 한자에 대한 흥미를 높이기 위해 초급 단계부터 상용한자를 교육해야 한다.
④ 중급 이상의 단계에서 한자 교육이 어휘력을 향상시키는데 필수적이다.

길잡이 32

외국인 학습자들에게 한자 교육을 할 것인가에 대해서는 의견이 분분하며, 그 시기에 대해서도 의견이 분분하다. 한자 교육을 실시해야 하는 시기에 대해서는 고급 단계를 주장하는 사람들도 있으나, 중급 정도에서 한자 교육이 실시되는 것이 바람직하다는 것이 일반적인 견해이다.

한자 교육의 필수성을 주장하는 입장의 견해

일반적으로 한국어 학습자는 초급 과정을 마치게 되면 한국어 어휘를 늘리고 싶어 한다. 한자 학습은 초급 과정을 수료한 한국어 학습자들에게 한국어 어휘를 급신장하게 해 주는 좋은 역할을 할 수 있다. 그리고 한국어 학습자가 한자 어휘 학습이 필요한 이유는 한국어 어휘 중 한자 어휘가 약 70%를 차지하고 있기 때문이다. 한국어 학습자가 한국어 중·고급 과정으로 올라가면 수업 내용에서 상당수의 한자 어휘가 등장한다. 또 실생활에서 한국에서 발행되는 신문을 읽기 위해서도, 한국의 방송 뉴스를 이해하기 위해서도, 외국인 자신이 흥미를 가지고 있는 분야의 책을 읽기 위해서도 한자는 필수적이다.

한자 교육의 필요성(필수성이 아닌)을 주장하는 입장의 견해

한자와 관련된 교육은 한자와 한자어에 대한 교육으로 나누어 생각해 볼 수 있다. 한자권 학습자의 경우에는 모국어를 습득하는 과정에서 한자에 자연스럽게 노출되었으므로 한자 자체에 대한 교육은 필요하지 않고 한자의 독음과 의미만 습득하면 된다. 그런데, 비한자어권 학습자의 경우는 한자 자체에 대한 학습보다는 쉬운 한자와 한자어를 제시하여 분위기를 익히는 것이 효과적이다. 한자 자체에 대한 교육은 특별반(특별반은 선택반이므로 강제성이 없음)에서 하는 것이 좋고 정규반에서는 한자어 위주로 하는 것이 현실적으로 바람직하다.

해설 ① 일본이나 중국의 한자가 한국 한자의 쓰임과 같지 않으므로 교육해야 한다. 한자권 학습자는 한자의 독음과 의미 습득을 중심으로 교육하는 것이 바람직하다. 반면 비한자권 학습자의 경우는 한자 자체에 대한 학습부터 시작해야 하는데 초급반에서 한자에 대한 학습에 치중하면 한국어 발음이나 문형 학습의 방해가 될 우려가 있으므로 쉬운 상형한자와 한자어를 제시하여 분위기를 익히는 것이 효과적이다. ③ 한자는 어디까지 한국어 학습의 이해를 위한 것이지, 한자 자체를 위한 것은 아니므로 초급부터 한자를 가르칠 필요는 없다. 한자 교육은 학자에 따라서 강한 입장이 있을 수 있고, 약한 입장이 있을 수 있다. 한자 교육에 대한 강한 입장에서는 중급 단계부터는 한자 교육이 필수적이라고 생각하고(정답 ④), 약한 입장에서는 정규반에서는 한자어 교육을 실시하고, 특별반으로 한자 교육은 실시해야 한다고 생각한다(정답 ②). 즉 한자 교육에 대한 약한 입장에서는 모든 학습자에게 필수적으로 교육해야 하는 것은 아니고, 학습자가 필요를 느끼면 자신이 특별반을 선택하여 들을 수 있게 하는 것이다.

〔정답 ④〕

〔참고문헌〕 김지형(2003ㄱ), 김지형(2003ㄴ), 문금현(2003)

33

한국어 말하기 수업에서 다룰 내용이 <u>아닌</u> 것은?

① 축약형 연습
② 잉여성 회피 훈련
③ 관용 표현의 활용
④ 친교 표현의 연습

길잡이 33

말하기는 의사소통의 수단으로 말하는 이와 듣는 이 사이의 상호작용 속에서 생산되고 이해된다. 구어의 특징은 다음과 같다. 첫째, 말하기에는 축약, 생략, 비문법적인 형태들이 빈번히 사용된다. 둘째, 시간적인 제약에서 주고받는 대화는 주저하거나 말을 잘못해서 다시 말하는 등 언어 실행 시 생기는 오류나 수정이 여과 없이 그대로 상대방에게 전달된다. 셋째, 구어는 일반적인 어휘와 구체적인 표현, 그리고 단순한 문장 구조로 이루어지므로 정보나 내용이 구체적으로 풀어져 있는 경우가 많다. 또한 반복적인 표현도 많아 정보의 농도가 문어에 비해 상대적으로 낮다. 넷째, 구어에는 속어나 관용어 등 사회문화적 어휘나 표현을 많이 사용한다. 다섯째, 구어에는 언어 행위에 있어서의 간접적인 표현이나 담화에 있어서의 대화상의 함축적 표현 등이 자주 사용된다.

해설 ② 구어의 특징은 잉여성에 있으므로 말하기 수업에서 구어의 특성인 잉여성을 회피할 필요는 없다.

〔정답 ②〕

〔참고문헌〕 한국방송통신대학교 평생교육원편(2005), 한재영 외(2005)

34

다음 중 중급의 말하기 교육 목표를 <u>모두</u> 고른 것은?

> ㉠ 문단 단위로 설명하거나 묘사할 수 있다.
> ㉡ 친숙한 사회적 주제에 대해 말할 수 있다.
> ㉢ 격식체와 비격식체를 구분하여 사용할 수 있다.
> ㉣ 업무 보고나 토론 등 전문 분야에서 요구되는 기능을 수행할 수 있다.

① ㉠, ㉡, ㉢
② ㉠, ㉡, ㉣
③ ㉠, ㉢, ㉣
④ ㉠, ㉡, ㉢, ㉣

길잡이 34

학습자의 언어적 수준에 따라 그 학습자가 처하는 의사소통 상황은 달라진다. 일반적인 말하기 교육의 목표(최정순, 2001)는 다음과 같다.

① 목표언어의 정확한 발화와 유창성 확보, 그리고 의사소통 능력의 개발 등을 목표로 교육한다.
② 사회문화적 배경지식의 활용을 전제로 하는 담화 능력을 배양할 수 있도록 가르친다.
③ 문제 해결 능력 향상을 위해 과제 중심의 수업 활동을 구성하고 여타 영역과의 연계가 이루어질 수 있도록 교육한다.
④ 교실내에서 실제적이고 유의미한 활동을 확보하여 실생활에 전이가 가능하도록 한다.
⑤ 학습자가 주도적으로 학습에 참여하게 하여 나름대로의 학습 전략을 학습할 수 있도록 한다.

〈한국어 능력 시험의 등급별 총괄 기준〉

급		내용
1급	초급	기본적인 인사와 기본적인 문형과 기본 어휘 1,000단어 정도를 가지고 단문 중심의 표현 의문문, 서술문, 긍정과 부정, 기초 수량
2급		기본적인 욕구를 충족하는 대화가 가능한 정도 의문사 의문문에 대한 답변, 길고 짧은 부정형
3급	중급	짧은 문장을 이용하면 일반적인 의사전달이 가능하며 웬만한 일상생활에서 불편이 없는 정도 연결문, 불규칙 용언, 용언의 부사형, 피동사
4급		일상생활에서 필요한 일반적인 한국어 구사가 가능 전화를 이용한 문제 해결도 가능 일반 문장 구조를 대부분 이해하고 감탄문을 적절히 사용
5급	고급	일상생활이나 직업상의 용무를 보는 데 필요한 일반적인 한국어 구사가 가능. 불편함 없이 자신의 의견을 이야기할 수 있음
6급		사회생활이나 직장에서 필요한 한국어를 이해하며 고도의 한국어 구사가 가능. 시사적인 내용을 이해하고 말로 정확히 전달할 수 있으며 토론에서 자신의 의견을 정확히 이야기할 수 있는 정도

해설 ㉣은 고급의 말하기 목표이다. [정답 ①]

[참고문헌] 곽지영 외(2007), 한국방송통신대학교 평생교육원편(2005), 한재영 외(2005)

35

말하기 특징을 기술한 내용으로 알맞은 것은?

① 발화의 진실성과 담화수행력은 비례한다.
② 담화 상호작용은 대화 층위에서 해석 가능하다.
③ 2인 상호작용에서는 대화자들의 역할이 고정되어 있다.
④ '화체(style)는 사람이다'라는 말은 구어체의 맥락 의존성을 시사한다.

길잡이 35

말하기는 시간적 제약 하에서 청자와 화자 간의 상호 교섭적인 행위로 이루어지는 의사소통이다. 첫째, 사람들은 서로 보유하고 있는 정보의 가치가 다르기 때문에 의사소통하지 않을 수 없다. 둘째, 어떤 의사소통이든 내용과 관계라는 두 개의 수준이 있다. 셋째, 관계의 본질은 대화 참여자들이 그들의 의사소통적 결과를 어떻게 끝맺느냐에 달려 있다. 넷째, 사람들은 언어적, 비언어적 차원의 의사소통을 사용하는데 언어적 차원의 정보와 지식을 전달하고 비언어적 차원은 관계를 수립하며 감정과 정서를 드러낸다. 다섯째, 모든 의사소통적 상호작용은 맞서거나 상보적이다.

해설 ① 발화의 진실성과 담화수행력은 반드시 비례하는 것은 아니다. ② 대화는 의사소통 과정에 참여한 발화자, 청자, 메시지에 의해 이루어지며, 언어적 행위 및 비언어적 행위 등 모든 것에 의해 해석된다. ③ 대화자들의 역할이 변한다. ④의 '화체(style)는 사람이다'라는 말은 말하는 스타일을 보면 그 사람을 알 수 있다는 것으로 구어체의 맥락 의존성과 관련된 말이 아니다. 〔정답 ②〕

〔참고문헌〕 신선경(2002), 장경희(2002), 한국방송통신대학교 평생교육원편(2005), 한재영 외(2005)

36

말하기에서 학습자의 오류에 대한 교사의 반응으로 알맞은 것은?

① 학습자의 모든 오류를 올바른 표현으로 고쳐 준다.
② 대화 상황에서 발생하는 오류는 즉시 수정하도록 지도한다.
③ 우회적인 피드백을 주어 학습자가 스스로 고치도록 유도한다.
④ 오류는 언어 능력의 향상에 따라 저절로 수정되는 것이므로 교사가 관여하지 않는다.

길잡이 36

교사의 피드백은 말하기 활동에 대한 긍정적 반응을 줌으로써 학습 효과를 강화하는 방법, 이해의 정도를 측정하는 방법, 오류를 수정하는 방법이 있다. 교사는 오류가 언어적인 오류인지, 기능 수행의 오류인지, 사회문화적인 오류인지 등을 판단하여야 한다. 그리고 학습자의 숙련도와 학습자의 특성에 따라 오류의 수정의 방법을 달리해야 한다.

교사는 연습 단계에서는 정확성을 위한 오류 수정을, 활용 단계에서는 유창성을 위한 오류 수정을 실시하는 것이 좋다. 또한 이해에 지장을 주거나 현재 학습 목표가 되는 것을 우선적으로 수정해 주어야 한다.

해설 ① 모든 오류를 수정하면 학습자는 위축되어 발화량이 줄어든다. ② 과제 수행 중이라면 그 화제가 끝난 이후에 수정해 주는 것이 좋고, 교사가 수정하기보다는 학습자에게 수정 기회를 먼저 주는 것이 좋다. ④와 같이 오류에 대해 너무 관대하면 오류가 화석화될 수도 있다.

〔정답 ③〕

〔참고문헌〕 조수진(2007), 한국방송통신대학교 평생교육원편(2005), 한재영 외 (2005)

37

말하기 교육의 원리가 <u>아닌</u> 것은?

① 문장 단위로 활동을 수행하게 한다.
② 과제수행 중심으로 유도하고, 다른 기능과 통합한다.
③ 주제나 기능에 따라 필수 어휘와 전형적 표현을 도입한다.
④ 학습 단계에 따라 교육적 과제와 실제적 과제를 적절히 활용한다.

길잡이 37

말하기 능력을 배양하기 위해서는 첫째, 정확성과 유창성을 균형 있게 추구해야 한다. 둘째, 듣기와 말하기를 연계해야 하며, 학습자 활동을 적극적으로 유도한다. 셋째, 발음 지도는 개별 음운이나 어휘가 아닌 문맥에 초점을 두어야 한다. 넷째, 담화 능력을 키우기 위한 말하기 활동을 유도해야 한다. 그러기 위해서는 말하기 수업을 과제 중심으로 구성해야 한다.

말하기 수업은 학습자들에게 단편적인 연습을 종합하여 실제적인 상황에서 과제를 수행하도록 하는 것이 중요하다. 완전한 하나의 담화를 구성해 보거나 문제 해결 활동을 통한 의사소통 능력을 배양해야 한다.

해설 ① 담화 층위 활동을 수행해야 한다.

〔정답 ①〕

〔참고문헌〕 조수진(2007), 한국방송통신대학교 평생교육원편(2005), 한재영 외(2005), Brown(2003)

38

다음 중 말하기 교육에 활용될 수 있는 담화 분석적 개념이 <u>아닌</u> 것은?

① 의미 전달력
② 전제와 함축
③ 자기선택 발화
④ 대화순서 교대

길잡이 38

전제는 의미론적 전제와 화용론적 전제가 있다. 화자가 어떤 발화를 할 때 많은 정보를 전달하는데, 그 발화에 덧붙여서 다른 많은 정보도 함께 주게 된다. 전제는 어떠한 발화에 더불어 전해지는 의미 정보의 하나이다.

예 나는 <u>철수가 준</u> 빵을 먹었다.

예에서 발화자가 전달하고자 하는 명제는 '빵을 먹었다'인데, 그 명제 속에는 '철수가 주었다'라는 전제도 함께 포함되어 있다.

함축은 추론에 의해 얻어지는 의미이다. 즉 발화 의도가 주어진 말이나 글의 표면에서 나타나지 않았어도 청자나 독자가 미루어 짐작할 수 있는 내포된 의미이다.

대화분석은 대화의 광범위한 자료에서 되풀이되는 패턴(pattern)과 분포(distributions), 구조(organization)의 형식을 탐색하는 분야이다. 대화분석에서 상호작용은 구조적 관점에서 다루어지는데, 그 대표적 구조가 인접쌍(adjacency)과 말순서 교대(대화순서 교대/turn-taking)이다. 대화에서 말순서를 어떻게 정하는지가 중요하다. 그래야 말겹쳐 하기(overlap)를 피할 수 있다.

해설 ①"의미전달력"이 발화 층위의 의미를 뜻하는 것이라면, 화자의 의도와 관련되어 있고, 화맥적 지식과 분리할 수 없는 화용론적 개념으로 볼 수 있다. ③은 "화제 선택"(보상전략)을 의미하는 것이라면 담화 상황에서 나타날 수 있다.

〔정답 ①〕

〔참고문헌〕 조수진(2007)

39

다음 중 상호작용적 언어(interactional language) 교육에 적합한 말하기 활동은?

① 가 : 근처에 삼림욕하는 공원이 있다고 들었는데, 어딘지 혹시 아세요?
　 나 : 아, 공원이요? 똑바로 한 10분 걸어가시면 돼요.
② 가 : 두 개 중 어느 게 더 잘 어울려요?
　 나 : 손님한테는 보라색이 더 예뻐 보여요.
③ 가 : 요즘 몸이 무겁고 늘 피곤해요.
　 나 : 운동 좀 시작해 보지 그래요. 삶의 질이 달라지더라고요.
④ 가 : 다음 주 공연 관람할 사람은 손들어 보세요. 가급적 참가하도록 하세요.
　 나 : 수업 시간하고 겹치면 어떻게 하죠?

길잡이 39

의사소통에 의해 달성되는 목적에 따라 언어의 기능을 7가지(Haliday, 1973)로 나눌 수 있다. 도구적 기능(환경을 조작하여 어떤 사건이 발생하게 하는 역할을 함), 규정적 기능(어떤 사건을 통제가 여기에 해당, 법률 및 규칙의 제정 등의 언어), 표상적 기능(어떤 사실을 진술하거나 설명, 보고하기), 상호작용적 기능(일상적인 친교 언어, 사회적 관계를 확립해 주고 의사소통의 통로를 열어 줌), 개인적 기능(개인의 인지, 정서, 문화 등에 대한 화자로 하여금 자신의 감정이나 느낌, 개성을 표현), 발견적 기능(상대방에게 답을 이끌어 내기 위한 질문), 상상적 기능(시, 소설 등의 미적 기능)이 있다.

대화의 기능적 측면에서 상호거래적 언어(정보교류적 언어, transactional language)나 상호작용적 언어(interactional language)로 분류될 수 있다. 상호거래적 대화(정보교류적 언어)란 상품 또는 용역의 교환을 포함하여 어떤 일을 이루기 위해 의사소통하는 것을 말한다. 즉 무엇인가를 혹은 어떤 것을 수행하기 위해서 행해지는 것이며, 상호작용적 대화는 사교적인 목적으로 이루어지므로, 다른 사람과 의사소통하는 것으로 사회적 관계를 맺고 유지하는 것을 포함한다. 그러나 어떤 대화든지 상호거래적(정보교류적)이면서 상호작용적인 면을 가지고 있는 것이 대부분이다.

해설 ③과 같은 사적 대화가 상호작용적 언어에 해당한다.

〔정답 ③〕

〔참고문헌〕 Nuuan(2003)

40

토론 수업을 위한 과제 중심의 수업에서 빈 곳에 가장 알맞은 것은?

1. 주제 제시와 방송 토론 듣기
2. 자료를 읽고 어휘, 표현 학습하기
3. (   )
4. 찬반 토론하기
5. 토론 내용을 바탕으로 향후 전망하기
6. 토론 보고서 작성하기

① 개별 역할 파악하기
② 관련 자료 조사하기
③ 듣기 자료 재청취하기
④ 의견 정리 및 논리 개발하기

길잡이 40

토론 혹은 토의는 학습자들이 중심이 되는 수업으로 학생 스스로 준비하고 진행해야 하므로 참여하는 것만으로도 의미 있는 학습이 된다. 토론은 듣기와 말하기의 상호작용이 이루어지면서 더불어 토론에 참여하는 사람의 감정을 직접적으로 드러내는 역동적인 학습활동이다. 토론 수업은 다음과 같이 제시되어 있다.

주제 선정 및 사전 조사	토론의 목적 확인 토론 주제 결정
안내	토론 활동에 필요한 조사 활동 토론 방식 결정 집단 편성 및 역할 분담 토론의 구체적 절차 확인
토론의 전개	집단별 주제 및 역할 확인 구성원간 토론의 전개
정리	토론의 결과 정리 및 반성 토론에 대한 개인의 반성 및 평가

이동은(2003)에서는 학문 목적 한국어 교육에서의 토론 수업 단계를 다음과 같이 제시하고 있다.

1단계 : 논리 연습과 담화능력 향상을 유도하는 단계
2단계 : 토론 단계
   논쟁의 대상이 되는 주제들과 후속되는 질의응답과 토론으로 연결되는 심화과정하는 단계
3단계 : 토론 후 학습자들의 견해를 정리하는 토론 후 쓰기

이미혜(2006)에서는 토론 수업의 구성에 대해 다음과 같이 단계를 제시하였다.

단계	교수·학습활동	활동 유형	비고
토론 전	주제선정 토론 방식 결정 역할 결정 개념 정리 토론 준비 조사 활동 토론 계획서 작성	전체 전체 전체 전체(그룹) 그룹(개인) 개인	
토론	토론 규칙, 역할, 방식 확인 토론 진행	전체(그룹)	관찰자, 평가자는 평가서 작성
토론 후	토론 내용 정리 동료나 교사의 평가 언어 수행 및 확장 연습 다른 언어 기능과 통합 활동	전체(그룹) 전체(그룹) 전체(그룹) 개인	

해설 성공적인 토론 수업을 위해서는 주어진 자료를 이해하고, 그 개념을 정리한 다음에 토론 전에 자기 생각을 정리하게 하고, 이를 통해 학습자는 토론의 발화 내용을 계획할 수 있게 된다. 빈칸 부분은 토론 이전 단계이므로 짝이나 그룹 활동을 통해 논리를 연습하고 담화 능력을 향상시키는 단계이다. 학습자는 역할을 안배하여 관련 자료를 통해 논리를 개발해야 한다.

〔정답 ④〕

〔참고문헌〕 김창원 외(2005), 이동은(2003), 이미혜(2006)

41

듣기지도에 대한 설명으로 알맞지 않은 것은?

① 녹음 자료는 동일한 속도가 유지되도록 제작한다.
② 다양한 상황과 주제가 포함된 듣기 자료를 제시한다.
③ 대화 참여자의 관계나 어조 등의 단서를 활용하도록 한다.
④ 모든 단어를 다 듣기보다는 중요한 정보를 가려내도록 한다.

길잡이 41

학습자들이 잘 듣기 위해서는 듣기 이해에 필요한 세부적인 능력과 듣기 전략이 필요하다. 먼저 세부적인 능력에는 음소를 구별하는 능력, 억양의 기능을 파악하는 기능, 단어의 축약형을 파악하는 능력, 단어의 경계를 구별할 수 있는 능력, 속도가 다른 발화를 처리할 수 있는 능력, 의미 단위로 휴지를 두어 끊어 말한 발화를 이해할 수 있는 능력, 의미 파악을 위해 표정, 부차적인 요소들, 동작 등의 시각 정보를 활용할 줄 아는 능력, 주제 관련 어휘와 주요 어휘를 찾아낼 수 있는 능력, 문맥으로부터 어휘의 의미를 추측해 낼 수 있는 능력, 문법적 단위나 문장의 생략된 형태를 이해할 수 있는 능력, 문장 구성 성분을 가려내는 능력 등(Brown, 2003)이 포함된다.

다음으로 듣기 전략에는 배경지식을 이용하기, 구어의 음운적 통사적 특징을 이용하기, 미리 내용 예측하기, 빠른 속도나 어려운 말에 집중하지 말기, 정확성보다 순발성에 역점을 두기, 언어 외적인 면을 통해 대화의 분위기 파악하기, 목소리로 화자의 기분이나 태도 파악하기, 대화의 주제를 계속적으로 생각하며 듣기 등(김하수 외, 2000)이 있다.

해설 ① 녹음 자료는 주제와 실제 상황에 따라 그 속도를 달리하여 녹음해야 한다. 늘 동일한 속도로 유지될 필요는 없다.

〔정답 ①〕

〔참고문헌〕 김하수 외(2000), 이해영(2002)

42

상향식 기법을 활용한 듣기 활동을 <u>모두</u> 고른 것은?

> ㉠ 듣고 발음 식별하기
> ㉡ 강의 내용을 듣고 전체 내용 파악하기
> ㉢ 토론의 앞부분을 듣고 이어질 내용 추측하기
> ㉣ 그림을 전체적으로 묘사하는 내용을 듣고 알맞은 그림 찾기
> ㉤ 자동응답기의 메시지를 듣고 전화 건 사람의 이름 알아내기
> ㉥ 자동차 정비소 직원과의 대화를 듣고 수리 내용과 비용적기

① ㉠, ㉤, ㉥
② ㉡, ㉢, ㉣
③ ㉠, ㉡, ㉣, ㉥
④ ㉠, ㉣, ㉤, ㉥

길잡이 42

듣기의 방법은 글의 종류나 읽는 이의 목적, 의도에 따라 다르다. 하향식 듣기 방식은 전개될 내용을 짐작하거나 스키마를 활성화하는 것에서 시작하여 텍스트의 내용을 전체적으로 이해해 가는 듣기 과정이다. 일반적으로 담화 차원의 자료로 구성되지만 특정 정보를 파악하기 위해 그 정보가 들어 있는 부분만을 듣기도 한다. 이때 듣기 자료를 이해하는 데 독자의 경험에서 축적된 배경지식이 중요한 역할을 한다. 독자의 언어 능력과 배경지식은 주어진 자료를 정확하게 이해하고 적절하게 반응할 수 있도록 한다.

듣기 모형 중 상향식 모형은 텍스트의 정확한 해독을 중시하여, 음의 구별, 단어 및 내용의 일치 여부 등을 중시한다. 하향식 모형은 이해자의 역할을 중시하여 가정이나 추측을 통해 텍스트의 의미를 추론하게 하는 담화적 듣기이다.

해설 ㉠, ㉤, ㉥는 상향식 듣기이고, ㉡, ㉢, ㉣는 하향식 듣기이다. 어떤 광고를 듣고 광고 내용과 일치하는 상품을 고르기, 뉴스를 듣고 취재 기자의 태도 고르기, 대화를 듣고 화자의 감정 고르기 등은 하향식 교수법이고, 비행 일정을 알리는 방송을 듣고 일정표의 빈칸(목적지, 출발시간)등을 채우기, 자동 응답기 녹음 메시지를 듣고 전화한 사람과 메시지 내용 듣기는 상향식 듣기이다.(한국어교육능력인증시험 3회 2교시 26번 문제 참고)

[정답 ①]

[참고문헌] 한국방송통신대학교 평생교육원편(2005), 한국어교육능력인증시험 3회

43

듣기 자료에 관한 설명으로 알맞은 것은?

① 초급에서 자료의 실제성을 고려하지 않아도 된다.
② 중급에서는 초급보다 시각적 자료의 의존도를 높여 개작한다.
③ 초급에서는 축약 현상 등의 구어 특성을 반영하지 않는 것이 좋다.
④ 학습자와 밀접하지 않은 상황은 친숙한 상황으로 수정해 제시한다.

길잡이 43

효과적인 듣기 수업 구성을 위해 어떤 자료를 이용할 것이며, 어떤 전략을 유도할 것인가를 고심해야 한다. 실생활에서 다양한 자료를 접하여 성공적으로 과제를 수행하기 위해서 다음의 원칙을 따른다. 첫째, 듣기 자료는 다양한 구어 형태를 포함해야 한다. 둘째, 듣기 자료는 실제적인 자료로 구성한다. 학습자에게 친숙하고 학습자가 실제로 그러한 상황에 놓일 수 있는 주제를 선택하여 듣기 자료로 구성해야 한다. 셋째, 과제 활동은 자료 유형에 맞는 실제적인 활동이어야 한다.

해설 ① 자료의 실제성을 고려해야 한다. ② 초급에서 시각적 자료의 의존도가 높다. ③ 생략, 축약형 등의 구어의 특성을 반영해야 한다.

〔정답 ④〕

〔참고문헌〕 한국방송통신대학교 평생교육원편(2005), Brown(2003)

44

듣기 수업에서 다음과 같은 활동을 하는 목적은?

- 들은 내용을 활용해 묘사하여 말하기
- 들은 주제에 관한 설문을 만들어 조사하기
- 들은 내용과 관련된 정보를 조사하여 글쓰기

① 다음 차시 수업에 대한 동기 부여를 하기 위해
② 듣기 활동에서 미진한 부분을 강화시키기 위해
③ 듣기 활동에 대해 즉각적인 피드백을 주기 위해
④ 통합 활동을 통해 실제 상황에 적용하도록 하기 위해

길잡이 44

교실 내에서 실제적인 '듣기 활동'을 포함하여, 이해를 수월하게 준비시키는 '전 단계'와 이해 내용을 강화하고 확장하는 '후 단계'의 활동이 포함된다. 듣기 전 활동에서 관련 주제에 대해 서로 이야기한 후 스키마를 활성화시킨다. 듣기 과정에서는 들을 내용(실제성이 있는 제작 자료, 뉴스나 영화, 드라마처럼 실제적인 자료)을 통해 학습이 이루어지고, 내용 질문에 답하고, 그에 따른 논평을 한다. 그리고 듣기 후 활동은 심화된 또 다른 듣기를 하거나 말하기, 읽기, 쓰기의 기능과 연계해서 이루어져야 한다.

해설 ④ 듣기 후 활동으로, 다른 언어 기능과 통합하여 교실 내에서 가상적인 실제 상황에 적용해 본다.

〔정답 ④〕

〔참고문헌〕 한국방송통신대학교 평생교육원편(2005)

45

듣기와 연계된 통합 과제 활동으로 알맞지 <u>않은</u> 것은?

① 사건 뉴스를 듣고 관련된 기사를 읽는다.
② 일기예보를 듣고 날씨에 대해 이야기한다.
③ 여행사에 문의하는 내용을 듣고 여행을 예약하는 역할극을 한다.
④ 교통 안내 방송을 듣고 한국의 대중교통 체계에 대해 이야기한다.

길잡이 45

'듣기 후 활동'에는 심화된 듣기, 말하기, 읽기, 쓰기의 기능과 연계해서 이루어질 수 있다.

해설 ① 읽기와 연계, ② 말하기와 연계, ③ 말하기와 연계한 활동이다. 그러나 ④는 말하기와 연계하기는 하였으나, 듣기의 내용과 듣기 후 과제 활동과 거리가 있어 보인다. 교통 안내 방송을 듣고 한국의 대중교통 체계에 대해 알 수 없으며, 들은 내용과 들은 후 활동의 연계성이 부족하다.

〔정답 ④〕

〔참고문헌〕 한국방송통신대학교 평생교육원편(2005)

46

'환경보호'에 대한 라디오 캠페인을 이용해 듣기 수업을 구성하려고 한다. 수업의 순서로 알맞은 것은?

㉠ 환경보호에 관한 주요 어휘와 표현을 익힌다.
㉡ 정확히 의미를 파악하지 못한 부분을 확인한다.
㉢ 듣기 주제와 관련된 말하기 활동과 연계시켜 확장한다.
㉣ 환경보호와 관련된 사진 자료를 보고 어떤 내용인지 이야기한다.
㉤ 듣기 내용을 들으면서 전체적인 것에서부터 세부적인 것 순으로 내용을 파악한다.

① ㉠-㉢-㉣-㉡-㉤
② ㉠-㉣-㉢-㉡-㉤
③ ㉣-㉠-㉤-㉡-㉢
④ ㉣-㉤-㉠-㉡-㉢

길잡이 46

듣기 수업 구성은 '듣기 전의 단계(Pre-listening)', '듣기 단계(while-listening)', '듣기 후 단계(Post-listening)'가 있다. '듣기 전 단계'에서는 학습자의 동기와 흥미를 유발하는 단계로, 듣기 주제에 대해 소개하면서 듣기의 목적을 제시한다. 이때 관련 사진이나 삽화가 학습자의 스키마를 활성시킬 수 있다. 그리고 학습자들은 이 단계에서 관련 주제에 대해 토론하며, 주제와 관련된 어휘를 끌어낸다. '듣기 단계'에서는 들을 것을 명확히 제시하여 목표를 달성하도록 하고, 짝활동이나 그룹 활동 등을 통해 듣기를 수행하도록 한다. 관련 문제를 풀 수도 있으며, 대략적 듣기에서 시작하여 세부적인 사항을 듣도록 유도해야 한다. 학습자들이 듣지 못한 어휘나 발음 등을 짚어 줄 수 있다. '듣기 후 단계'에는 들은 내용을 정리하고 강화하도록 돕는 단계이다. 이때는 다른 언어 기능을 연계하여 통합활동을 할 수 있다.

해설 ㉠은 듣기 전 활동, ㉡ 듣기 단계, ㉢ 듣기 후 활동, ㉣듣기 전 단계(스키마 활성화), ㉤ 듣기 단계에 해당한다.

〔정답 ③〕

〔참고문헌〕 한국방송통신대학교 평생교육원편(2005)

47

학문 목적 강의 듣기에서 담화 표지를 학습시켜야 하는 이유로 알맞은 것은?

① 강의 흐름을 알게 되어 강의 내용을 이해하는 데 도움이 되므로
② 다음 차시에 학습할 강의 내용을 미리 예측하는 데 도움이 되므로
③ 강의 내용을 간략하게 요약할 수 있어 보고서를 쓰는 데 도움이 되므로
④ 강의자가 주로 사용하는 표현을 알아 강의에 집중하는 데 도움이 되므로

길잡이 47

강의는 구어 텍스트라는 점에서 일상의 구어체 담화와 성격이 같다. 그러나 강의는 보통의 문어 텍스트적 요소와 연관되어 자유 발화보다는 계획적인 담화의 특성을 지니므로 일상적 대화보다 복잡한 특성을 지닌다. 순서 교대가 잦은 일상 대화보다는 그 길이가 길고 수강자의 질문에 의한 강의의 끊임이 없을 때에는 일회적 담화 과정 속에 많은 정보를 내포하고 있으므로 강의 흐름을 예고하는 지표가 없을 경우 제2언어 학습자들에게는 고난도의 듣기 활동이 된다.

학생들은 강의에서 주어진 정보를 내용의 중요도에 의해 평가하고, 하나의 내용이 다른 내용과 어떠한 관련이 있는가를 살펴 정보를 조직하며 강의의 흐름을 파악할 필요가 있으므로 이때, 담화표지는 강의 흐름의 지표 역할을 하는 중요한 수단이 되는 것이다.

문어 텍스트는 영구적이기 때문에 독자는 텍스트를 다시 읽으며 자신의 이해를 보다 확실하게 할 수 있는 시간적 여유를 가지며 문단의 나눔 등을 통해 시각적 정보로 텍스트의 흐름을 보다 쉽게 파악할 수 있다. 그러나 구어 텍스트인 강의 담화문은 특히 제2언어 청자에게 위와 같은 역할을 기대할 수 없다. 따라서 강의 청해에 도움을 주는 청해 전략으로서 담화표지를 이용해야 한다. 상향식 처리 과정에서는 강의 담화표지의 인식을 통해 익숙한 문법 구조를 파악할 수 있다. 또한, 하향식 처리 과정에서 강의 담화표지는 사전 지식의 활성화에 따른 의미 추론에 도움을 주어 강의 내용을 전체적으로 이해하는데 도움을 주게 된다.

해설 ① 담화 표지를 학습하게 되면 강의의 흐름을 알게 되어, 강의의 내용 이해에 도움이 된다.

〔정답 ①〕

〔참고문헌〕 구지민(2004), 구지민(2005)

48

다음 듣기 활동의 효과로 알맞은 것은?

- 관련된 그림을 몇 개 제시하고 순서대로 배열하는 연습
- 유사한 그림을 몇 개 제시하고 대화 내용이나 상황과 맞는 그림을 고르는 연습

① 듣고 반응하는 능력을 신장시킬 수 있다.
② 담화 상황을 파악하는 능력을 신장시킬 수 있다.
③ 담화의 주제를 파악하는 능력을 신장시킬 수 있다.
④ 화자의 태도를 파악하는 능력을 신장시킬 수 있다.

길잡이 48

'담화 듣고 맞는 그림 고르기'는 담화에 포함된 어휘나 문법 등을 종합적으로 파악하여 대화의 내용을 적절히 표현한 그림을 고른다. 답안을 읽어야 하는 부담이 없으므로 읽기 능력에 영향을 받지 않는다. 초급에서부터 사용할 수 있으며 위치나 장소, 사건이나 인물 묘사, 활동 등을 많이 다룬다(강승혜 외, 2006 : 121). '담화 듣고 그림 나열하기'는 문법적인 표현이나 담화의 전체적인 내용 이해를 목표로 한다.(강승혜 외, 2006 : 123)

해설 보기는 담화 듣고 맞는 그림 고르기와 담화 듣고 그림 나열하기로 담화 전체 내용을 파악하는 능력을 길러준다.

〔정답 ②〕

〔참고문헌〕 강승혜 외(2006), 한국방송통신대학교 평생교육원편(2005)

49

경제란의 신문 기사를 읽을 때, 배경 지식을 활성화하기 위한 방법으로 적절하지 <u>않은</u> 것은?

① 기사문의 구성과 특성에 대해 간단히 설명한다.
② 신문의 경제란에 대해 학습자의 선호도를 알아본다.
③ 머리기사를 보고 기사 내용이 무엇일지 유추해 본다.
④ 최근의 경제 문제에 대해 알고 있는 정보를 서로 교환한다.

길잡이 49

읽기 전 단계에서는 주제에 대해 소개하고, 그와 관련된 표현이나 어휘에 대해 정보를 교환하고, 형식 스키마에 대해 교사가 언급해 줄 수 있다.

스키마는 내용 스키마와 형식 스키마가 있다. 내용 스키마는 사회, 문화 문맥적 지식과 배경을 말한다. 사회, 문화 문맥적 지식이란 목표 언어권의 사회적 관습, 문화에 대한 지식을 말하고 학습자의 배경 지식이라는 것은 학습자가 살아오면서 직, 간접적으로 경험한 지식이다.

반면 형식 스키마는 글이 어떻게 조직되어 있는가에 대한 지식, 즉 글의 구조에 대한 지식이다. 텍스트 구조에 대한 지식을 통해 글을 더 쉽고 구조적으로 이해하게 하므로 읽기 지도에 있어 중요한 지도 내용이 된다.

해설 ①은 글의 형식 스키마 활성화에 도움이 된다. ②의 학습자 선호도는 배경 지식 활성화에 직접적으로 도움을 주지 못한다.

〔정답②〕

〔참고문헌〕 한국방송통신대학교 평생교육원편(2005)

50

읽기 방법과 교육 목적의 연결이 알맞지 않은 것은?

① 낭독 - 초급 단계 학습자에게 발음, 억양, 끊어 읽기 등을 연습시키기 위해
② 묵독 - 읽기 속도가 느린 학습자에게 문자와 음의 관계를 익히게 하기 위해
③ 다독 - 독서를 좋아하는 학습자에게 읽고 싶은 많은 책들을 빨리 읽히기 위해
④ 정독 - 한국어 전공 서적을 읽으면서 내용을 정확하고 충분하게 이해시키기 위해

길잡이 50

(1) 음독(소리내어 읽기)

소리내어 읽기는 음독이라 부르고 있는 것인데, 음독은 읽기 지도의 가장 기초적인 방법이다. 어린이가 읽기의 기능을 몸에 익히도록 하기 위해서 사용되는 방법이라 할 수 있다. 또한 음독은 말하기 연습과 훈련과정에도 매우 유익하다.

음독 가운데 소리 내어 크고 밝게 읽는 것을 낭독이라고 한다. 낭독은 음독의 완성 단계라 할 수 있다. 시나 이야기를 낭독하면 감상의 한 방법도 될 수 있으며, 더욱이 남에게 자신의 감정이나 감동을 전할 수 있기 때문에 낭독의 효용은 매우 크다.

낭독의 유형은 크게 두 가지로 나눌 수 있는데, 하나는 이해적 낭독이라 할 수 있고 다른 하나는 정취적 낭독이라 할 수 있다. 이해적 낭독이란 이지적 문장 곧 논설문, 설명문, 기록문 등에 대해서 문자의 의도를 바르게 읽고 잘 이해하기 위한 낭독이라 할 수 있다. 이에 비해, 정취적 낭독이란 문학적 문장, 동시, 소설, 동화 등에 대해서 문자의 사상, 감정을 아름답게 읽고 느끼게 하는 낭독이다.

낭독의 가치는 몇 가지를 들 수 있다. 첫째는 글에 대한 이해를 깊게 한다고 할 수 있다. 둘째는 표준말의 지도에 효과가 있다. 셋째는 학생들로 하여금 읽기에 흥미를 깊게 한다.

(2) 묵독(조용히 읽기)

조용히 읽기는 보통 묵독이라고 부르는 것을 말한다. 조용히 읽기는 눈과 마음으로 읽기 때문에 음독보다 속도가 빠르며 이해도가 높기

때문에 실용적이고 효과적이라고 할 수 있다. 고학년이나 중고급 학습자의 경우 특별히 필요한 경우를 제외하고는 대부분 묵독 위주가 되어야 한다. 묵독의 장점은 속독할 수 있으며 생각하면서 읽음으로써 내용 파악이 쉽다는 것이다. 단점은 말의 어감이나 뉘앙스를 잘 알 수 없으며 글 읽기를 지도하는 데 있어 문장의 내용 파악에 정확성을 기할 수 없다는 점이다.

해설 묵독은 소리내지 않고 읽는 것으로, 중고급의 성인 학습자들에게는 음독보다는 묵독을 권장하고 글의 종류나 내용에 따른 읽기 전략을 지도해야 한다. ②그러나 초급자들에게 문자와 음의 관계를 익히게 하려면 낭독(음독)이 좋은 방법이다.

〔정답 ②〕

〔참고문헌〕 한국방송통신대학교 평생교육원편(2005)

51

학습자에게 글을 능동적으로 읽는 습관을 길러 주기 위한 방법으로 옳지 않은 것은?

① 모르는 어휘는 문맥에서 추측해 보도록 한다.
② 글을 읽기 전에 새로운 문법을 철저하게 학습하도록 한다.
③ 글을 읽으면서 글의 구조나 정보를 메모하는 습관을 갖게 한다.
④ 글의 종류나 읽는 목적에 따라 적절한 전략을 선택해서 활용하도록 한다.

길잡이 51

능동적인 읽기란 글의 내용을 이해하려고 힘쓰면서 읽는 것으로, 글의 내용을 파악하면서 읽고, 숨어 있는 내용을 추리, 상상하면서 읽는 것을 말한다. 읽기 능력은 어휘력의 영향을 많이 받는다. 글을 읽기 전에 어휘를 먼저 학습할 것인지, 글을 읽어 가면서 학습자 스스로 어휘를 추측해 가도록 할 것인지, 아니면 글을 읽은 다음에 교사와 하급자가 함께 어휘를 학습해 갈 것인지를 글을 읽는 목적과 전략에 따라 다양하다. 읽기 단계에서는 교사가 일일이 학습자를 간섭하지 않도록 주의해야 한다. 읽는 도중에 모르는 어휘를 설명하거나 사전을 찾는 방법을 피하도록 한다. 학습자가 문맥에 의존하여 모르는 어휘를 추측하고, 과제를 해결하도록 유도한다.

해설 ② 새로운 어휘나 문법은 문맥을 통해 유추하는 능력을 길러 주어야 한다.

〔정답 ②〕

〔참고문헌〕 한국방송통신대학교 평생교육원편(2005)

52

고급 수업에서 구인 광고문을 읽으려고 한다. 수업 단계에 따른 활동이 가장 적절하게 연결된 것은?

① • 읽기 전 단계 :
　　구인 광고문 내용 예측하기
　• 읽기 단계 :
　　광고문의 정보 찾기
　• 읽은 후 단계 :
　　구인 광고문 작성하기
② • 읽기 전 단계 :
　　구인 광고문 내용 예측하기
　• 읽기 단계 :
　　광고문의 정보 찾기
　• 읽은 후 단계 :
　　광고문 문의처에 전화하여 정보 확인하기
③ • 읽기 전 단계 : 실직 경험 이야기하기
　• 읽기 단계 : 광고문의 정보 찾기
　• 읽은 후 단계 : 짝 활동으로 자신의 회사 생활 경험 이야기하기
④ • 읽기 전 단계 : 실직 경험 이야기하기
　• 읽기 단계 : 광고문의 정보 찾기
　• 읽은 후 단계 : 유사한 관련 구인 광고문 읽기

길잡이 52

　읽기 전에는 배경 지식을 활성화하고, 예측해 볼 수 있다. 읽기 단계에서는 읽으면서 질문에 대한 대답을 찾거나 주어진 과제를 해결한다. 읽은 후 단계에서는 짝이나 그룹 활동을 통해 토의 및 토론을 할 수 있다.

해설 구인 광고에 대한 읽기에 앞서 구인 광고문 내용 예측이나 관련 어휘를 학습한다. 읽고 광고문의 내용을 확인하고, 활동으로 구직 활동을 해 본다. ①의 '구인 광고문 작성하기'는 학습자의 상황과 어울리지 않아 실제성이 떨어지는 과제이다.

〔정답 ②〕

〔참고문헌〕 한국방송통신대학교 평생교육원편(2005)

53

글의 전체 내용 이해에 적절한 읽기 전략을 묶은 것은?

① 요약하기 – 제목 붙이기 – 문장 구조 분석하기
② 사전 사용하기 – 유의어, 반의어 찾기 – 제목 붙이기
③ 단어 의미 유추하기 – 주제 파악하기 – 주어, 술어 찾기
④ 제목 붙이기 – 작자의 어조 파악하기 – 중심 요지 파악하기

54

읽기 전 단계에서 어휘를 빠짐없이 학습한 후에 글을 읽게 하였다. 이러한 지도 방법이 미치는 영향으로 알맞은 것은?

① 어휘력을 향상시키며 속독 기술을 길러 준다.
② 읽기 전에 글을 읽는 목적을 갖게 하며 동기를 부여해 준다.
③ 학습자에게 사전에 의존해 하향식 모형으로 글을 읽게 한다.
④ 읽기 전 활동이 비대해지고 글에 맞는 읽기 전략을 활용하기 어렵다.

길잡이 53

하향식 과정의 읽기는 학습자의 선험지식의 역할을 강조한다. 즉 독자의 인지과정이 개입된 활동으로 보아 단순히 교재에서 주어진 내용을 해석하는 것뿐만이 아니라 독자가 자신이 알고 있는 기존의 선험 지식을 활용하여 적극적으로 저자의 의도 및 주제 파악, 내용 추측 등 거시적인 관점에서 파악하는 것을 의미한다. 하향식 읽기 과정은 독자의 역할에 중점을 두고 있으므로 독자 중심적 또는 개념 지향적인 과정으로 불린다.

반면 상향식 과정은 텍스트의 언어적인 측면을 강조하여 독해 과정을 단어와 같은 언어의 작은 단위에서 시작하여 점점 큰 단위인 구와 절 그리고 문장의 단위에서 의미를 해독하는 과정을 말한다. 이 모형에서는 읽기는 수동적인 활동에 지나지 않으며 이에 따른 주요 읽기 활동은 단어를 인식하고 암기하고 간단한 단어를 읽고 해석할 수 있는 것 등이 된다.

해설 상향식 과정의 읽기인 문장 구조나 단어의 의미 파악하는 것은 전체 내용 이해와 직접적인 관련이 없다. 전체 내용 이해는 '제목 붙이기나 글쓴이의 어조 파악하기, 중심 요지 파악하기, 주제 파악하기, 요약하기' 등이 여기에 속한다.

〔정답 ④〕

〔참고문헌〕 한국방송통신대학교 평생교육원편(2005)

길잡이 54

상향식 처리 과정에서는 글을 읽어야 하는 초급 학습자의 경우에는 읽기 전에 관련 어휘와 표현을 학습한다. 그러나 과다한 어휘 설명은 읽기 전 단계의 활동을 비대하게 구성하거나 읽는 목적과 전략을 모호하게 할 수 있다. 또한 어휘에 집착하는 학습자를 만들어 버리거나 상향식 모형에 치우친 읽기 습관을 유도하기도 하므로 주의해야 한다.

[해설] ④ 읽기 전에 어휘를 지나치게 제시하면, 읽기 전 단계가 비대해지고, 학습자는 읽는 목적과 전략에 대한 인식이 약해져 학습자는 읽을 의욕이 떨어진다.

[정답 ④]

〔참고문헌〕 한국방송통신대학교 평생교육원편(2005)

55

읽기 활동의 정보처리 모형에 대한 설명으로 알맞은 것은?

① 상향식 모형은 자신의 배경지식을 활용해서 내용을 이해하는 방법이다.
② 정보처리 모형을 선택할 때는 독자가 외국인인지 모국인인지가 중요한 기준이 된다.
③ 하향식 모형은 구, 문장의 의미를 이해한 후, 이를 바탕으로 전체 의미를 이해하는 방법이다.
④ 상호작용적인 모형은 배경지식을 근거로 내용을 예측하되, 언어 정보를 활용해 예측을 수정·확인하는 방법이다.

[길잡이] 55

상향식 처리 과정은 어휘나 구 등의 언어의 작은 단위에서 시작하여 큰 단위로 접근해 가는 방법으로 학습자는 수동적 역할을 한다. 반면 하향식 처리 과정은 학습자의 능동적 역할이 중시되어, 학습자의 배경 지식을 활성화하며, 이를 통해 학습자가 창조적인 읽기를 하도록 권장한다. 상호적인 처리 과정은 상향식과 하향식의 절충적 방법으로, 학습자의 배경지식을 통해 어휘나 표현 등을 이해하려고 한다. 상호적인 모형은 글과 학습자 모두가 중요하지만 하향적인 모형의 보완이므로 학습자의 배경 지식에서 출발하여 글로 이동하는 구조의 하나라고 할 수 있다.

[해설] ① 배경지식을 이용하는 것은 하향식 모형이다. ② 학습자 유형에 따라 정보처리 모형을 달리 할 수 있다. 보통 초급자의 경우는 상향식 모형을, 중고급자의 경우는 하향식이나 상호작용적인 모형을 사용한다. ③ 하향식 모형은 전체적인 글의 이해를 목적으로 한다.

[정답 ④]

〔참고문헌〕 한국방송통신대학교 평생교육원편(2005)

56

국외 대학의 한국어 전공 수업에서 다음과 같은 방법으로 읽기 수업을 진행하였다. 이 읽기 수업에서 활용한 교수법은?

- 읽기 수업을 통해 중요한 문법을 익혀 간다.
- 2학년 수업에서 단군신화를 읽기 자료로 사용한다.
- 교사는 학습자의 모국어로 단어와 문법을 자세히 설명한다.

① 전신반응 교수법
② 문법번역식 교수법
③ 의사소통식 교수법
④ 청각구두식 교수법

길잡이 56

전신반응법은 Asher(1977)가 제안한 것으로 우뇌 신체동작 활동을 언어연습에 이용하는 것이다. 언어 학습을 위한 선천적인 생체 프로그램은 모국어와 제2언어 발달에 최적의 경로라고 생각한다. 교사는 명령을 통해 자극을 주고 학생은 신체적인 반응을 보인다. 전신반응법은 직접적인 발화를 하지 않으므로 학습자들의 긴장감을 완화시켜 준다. 전신반응법은 이해중심 접근법이라 할 수 있는데, 실물을 이용하고 직접 행동을 통한 언어 습득을 유도한다.

문법 번역식 교수법은 문법 규칙은 과학의 공식처럼 다루고 원문을 모국어로 번역하는 것을 목표로 두었다. 문법 번역식 교수법에서는 읽기 텍스트를 통해 외국어를 교수하였으며, 이때 어휘와 문법이 중요한 부분을 차지하였다. 문법에 대해 깊이 있게 다루는 반면 어휘는 개별적, 독립적으로 다루고 있다. 읽기 텍스트 위주로 수업이 진행되며, 독해력과 논리력을 중요시한다.

의사소통식 교수법은 교수법이라기보다는 포괄적인 접근법으로 이해할 수 있다. 언어는 의사소통의 수단으로 보고, 의사소통능력의 네 가지 요소인 문법적 능력, 담화적 능력, 사회언어학적 능력, 전략적 능력을 모두 신장시킨다. 언어의 구조적인 측면과 함께 실제 사용의 측면에도 관심을 두고 수업을 진행해야 하는 것이다. 의사소통식 교수법은 학습자들이 교실 바깥의 실제 생활에서 외국어를 유창하게 사용하도록 하는 것이다.

청각 구두식 교수법은 구조주의와 행동주의 심리학에 기반하고 있다. 모방과 문형 연습을 통해 언어 습관을 형성하여 오류를 최소화하려고 노력한다. 철저한 발음 교육을 실시하며 언어는 습관이며 행동이라고 생각한다.

해설 보기에서는 모국어로 수업이 진행되고 읽기 텍스트를 통해 읽기와 문법을 가르치는 문법번역식 교수법이다.

〔정답 ②〕

〔참고문헌〕 남성우 외(2006), 한국방송통신대학교 평생교육원편(2005)

57

읽기 수업에서 자료를 다음과 같이 수정하여 사용하였다. 자료 수정 방법에 대한 설명으로 알맞은 것은?

> 운동으로 체중 감량에 성공하려면 자신에게 맞는 운동을 찾아서 꾸준히 하는 것이 가장 중요하다. 그리고 유산소 운동과 근력 운동을 병행해야 한다는 것도 잊으면 안 된다.
>
> 운동으로 체중 감량에 성공하려면 자신에게 맞는 운동을 찾아서 꾸준히 하는 것이 가장 중요하다. 그리고 조깅, 수영과 같은 유산소 운동과 아령을 이용해서 근육의 힘을 키우는 등 근력 운동을 함께 병행해야 한다는 것도 잊으면 안 된다.

① 문장을 길게 수정하여 글의 수준을 높였다.
② 원래 자료를 수정함으로써 실제성을 상실하였다.
③ 동의어 활용하기 방법을 사용하여 자료를 수정하였다.
④ 어려운 어휘나 표현에 상세화 방법을 사용하여 자료를 수정하였다.

길잡이 57

외국어를 가르칠 때 학습자의 수준에 따라서 외국어 교재를 어떻게 수정(또는 조정)하게 된다. 성인 학습자의 경우 외국어 문장들의 단순화(simplification)보다는 상세화(elaboration)가 학습자의 이해를 더욱 돕는다. 읽기 텍스트 상세화 방법이 한국어 읽기 텍스트 이해에 도움을 준다. 즉 상세화에 의해 텍스트가 더 길고 복잡해졌더라도, 상세화된 텍스트가 학습자의 이해를 도울 수 있는 장치나 정보를 더 많이 가지고 있다면, 학습자가 더 쉽게 이해할 수 있다.

한국어 읽기 텍스트 상세화 방법은 세부적 이해에 가장 도움을 준다. 따라서 텍스트의 성격상 세부적 이해가 중요한 경우, 예를 들면 작가의 의도나 숨은 뜻을 이해해야 하는 텍스트보다 세부적 정보나 개념의 이해가 중요한 텍스트에서 상세화를 활용하면 더 높은 학습 효과를 기대할 수 있다.

해설 유산소 운동은 '조깅, 수영'으로, 근력 운동은 '아령을 이용해서 근육의 힘을 키우는'으로 어려운 어휘에 대해 상세화하고 있다.

〔정답 ④〕

〔참고문헌〕 이승은(2007), 한국방송통신대학교 평생교육원편(2005)

58

다음은 쓰기 교육의 목표와 쓰기 유형을 연결한 것이다. 가장 거리가 먼 것은?

	쓰기 목표	쓰기 예
①	전문적 역할 수행을 위해 전문화된 글을 작성해 낼 수 있다.	회의록
②	기관이나 조직을 상대로 공식적인 형태의 글을 작성할 수 있다.	방문 보고서
③	개인적인 목적으로 탐구 목적의 글을 작성하는 기술을 습득할 수 있다.	강의 노트
④	사회적인 관계 형성과 유지를 위해 형식적인 틀에 맞추어 글을 쓸 수 있다.	초대장

길잡이 74 Hedge의 쓰기의 유형

개인적 쓰기	공적 쓰기	창조적 쓰기
일기, 쇼핑 목록, 상기용 메모, 요리법, 포장품 목록, 주소 목록	편지(정보 수집용, 요청용, 고객불만 표출용) 서류 양식 작성 신청서 작성	시, 소설, 운율, 희곡 노래, 자서전
사회적 쓰기	학술적 쓰기	제도적 쓰기
편지, 초대장, 노트(조의, 감사, 축하 표현용), 전보, 지시(친구, 가족용)	읽으면서 노트하기, 강의 노트하기, 색인 목록 작성, 보고서(실험, 워크샵, 방문 보고용), 요약하기, 검토하기, 수필, 일대기	회의록, 연설, 포스터, 지시, 보고서, 신청서류, 검토서, 이력서, 계약서, 환자진료 노트 작성, 실무편지, 명세서, 공고사항, 광고

강승혜(2002), 쓰기 유형에 따른 쓰기 교육의 목표

분류	쓰기 유형	쓰기 목표	쓰기 예
개인적인 목적	개인적 내용의 쓰기	개인에 관한 내용을 작성하도록 함으로써 흥미를 유발할 수 있다. 간단한 정보의 전달을 위해 기록적인 성격을 띤다.	일기, 일지, 쇼핑목록, 기억할 사항들, 꾸릴 짐 목록, 주소, 요리법 등
	탐구적 내용의 쓰기	개인적인 목적의 글로서 탐구목적의 글을 작성하는 기술을 습득한다.	독서 노트, 강의노트, 카드 색인, 요약하기, 개요, 서평, 실험보고서, 워크숍보고서, 방문 보고서, 에세이, 참고자료목록 등
*	창의적 내용의 쓰기	필자 자신을 위한 것이지만 다른 사람과 공유하기위한 형태의 글쓰기로 주관인인 창의성을 키울 수 있다.	시, 이야기, 드라마, 노랫말, 자서전 등
사회적인 목적	공적인 내용의 쓰기	기관이나 조직에 대응하는 공식적인 형태의 글을 작성할 수 있다.	문의 편지, 불편 사항 편지, 요청의 편지, 양식서 작성, 지원서 작성 등
	사회적 내용의 쓰기	사회적인 관계형성과 유지를 위해 쓰는 형태이며 형식적인 틀에 맞추어 쓸 수 있다.	서식, 초대장, 위문편지, 감사장, 축전, 해외전보, 전화 메시지, 가족 친구에게 전하는 전달내용

	전문적 내용의 쓰기	전문적인 역할에 관련되는 형태의 쓰기로 전문화된 텍스트를 작성해 낼 수 있다.	안건, 회의록, 기록사항, 보고서, 검토안, 계약서, 업무편지, 공지사항, 광고, 포스터, 지시사항, 연설문, 지원서, 이력서, 세부사항, 전문가들의 알림 등.

(*는 '개인적인목적'과 '사회적인 목적'을 동시에 가지고 있음)

해설 ② 방문 보고서 쓰기는 학술적 쓰기로 개인적인 목적으로 탐구 목적의 글을 작성하는 기술을 습득할 수 있다.

〔정답 ②〕

〔참고문헌〕 강승혜(2002), 한국방송통신대학교 평생교육원편(2005)

59

다음과 같이 글쓰기를 지도하였다. 글쓰기 단계가 <u>다른</u> 하나는?

① 문법에 신경 쓰기 않고 주제와 관련된 자료를 모으게 하였다.
② 일정 시간 동안 주제와 관련된 생각을 막힘없이 써 보게 하였다.
③ 중심 생각과 이를 뒷받침하는 내용의 순서를 생각하며 정리하게 하였다.
④ 문장의 정확성보다는 글의 논리성을 고려하면서 문단을 발전시키도록 하였다.

길잡이 59

초고 쓰기 단계에서는 주제 선정, 생각 끌어내기, 구상 개요 작성하기(목록화하기, 자유롭게 쓰기, 도식화하기, 글의 틀 구성하기)를 한다. 쓰기 단계에서는 초고 작성, 피드백 주고받기, 교정하기, 글 완성하기를 한다. 쓰기 후 단계에서는 쓴 내용을 발표하거나 견해를 글로 쓴 후 토론하기, 자신의 경험이나 생각을 기록한 후에 이를 바탕으로 서로 인터뷰하기 등의 활동을 할 수 있다.

해설 ①은 자료를 모으는 단계이다. ②는 구상개요 작성하기에 해당하며, ③는 '글의 틀 구성하기'에 해당한다. 논지와 뒷받침 내용들을 순서까지 고려하여 정렬하는 것이다. ④는 본격적인 쓰기 단계에 해당한다.

〔정답 ④〕

〔참고문헌〕 한국방송통신대학교 평생교육원편(2005)

60

〈보기〉와 같은 쓰기 활동 지도 방법으로 알맞지 않은 것은?

―〈보기〉―
주제를 중앙에 있는 원 안에 쓰고, 생각나는 것을 하나씩 적어 보자. 그리고 관련 있는 내용을 선으로 연결하자.

① 가능한 모든 생각을 쓰도록 한다.
② 주제를 계속해서 생각하며 쓰게 한다.
③ 맞춤법이나 띄어쓰기에 오류가 없도록 한다.
④ 단어나 문장을 써도 좋고, 그림을 그려도 좋다.

길잡이 60

브레인스토밍은 '생각의 폭풍'이라는 뜻으로, 창의적인 생각을 유도하기 위한 회의 기법이나 학습 기법이다. 개인이나 소집단이 어떤 한 문제에 생각을 집중하여 모든 가능성이나 감추어진 생각을 찾아낸다. (한재영 외, 2006) 중요한 점은 어떤 사람이 제시한 의견에 대해서 다른 참가자가 비판을 해서는 안 된다. 특정 시간동안 제시한 생각들을 모아서, 1차, 2차 검토를 통해서 그 주제에 가장 적합한 생각을 다듬어 나가는 일련의 과정이다.

해설 ③브레인스토밍에 해당하는 방법으로, 초고 작성에 사용할 수 있는 방법이다. 철자나 문법 오류에 대한 것이나 중요한 것과 부수적인 것에 대한 고려를 할 필요가 없다.

〔정답 ③〕

〔참고문헌〕 한국방송통신대학교 평생교육원편(2005), 한재영 외(2005)

61

과정 중심 쓰기 교육을 위한 교사의 역할로 바람직한 것은?

① 정형화된 규칙이나 문법적 지식의 전달에 집중한다.
② 고립적 활동보다는 학습자 간 협력 활동을 유도한다.
③ 학습자의 쓰기 과정에 관여하지 않고 객관적으로 관찰한다.
④ 쓰기 과정은 개인적 활동이기 때문에 피드백을 최소화한다.

길잡이 61

1960년대까지의 쓰기 교육 방법은 학생들의 완성된 글을 평가하는 것이 주된 활동이었다. 언어의 수사적인 형식을 따르고 정확한 문법을 사용하여 '결과'에 초점이 맞추어져 있다. 그러나 완성된 결과를 중시하는 것이 아니라 글을 쓰는 과정에 중점을 둔 교육이 대두되게 되었는데, 이것은 '과정 중심 쓰기 교육'이라 하였다. 과정 중심 쓰기 교육은 첫째, 학습자가 글 쓰는 과정을 이해하고 안전한 글을 만들어 가도록 이끈다. 둘째, 글을 쓰는 과정과 결과를 균형 있게 추구한다. 셋째, 학습자가 글을 통해 나타내고자 하는 것을 스스로 발견하게 한다. 넷째, 글을 다시 쓸 수 있는 시간적 여유를 주며, 구상 개요 작성, 교정, 다시 쓰기를 위한 전략을 형성하도록 돕는다. 다섯째, 교정 과정을 중시하며 교사뿐만 아니라 동료의 피드백도 권장한다. 그리하여 쓰기 수업은 학습자 간, 교사와 학습자의 상호작용으로 구성한다. 여섯째, 학습자의 글에 대한 반응과 오류 수정은 신중하게 해야 된다.

해설 ①은 결과 중심 쓰기 교육이다. ② 과정 중심 쓰기 교육은 학습자 간, 교사와 학습자간 상호작용을 구성한다. ③ 교사는 학습자가 좋은 글을 쓰도록 과정을 도와주고, ④ 적절하게 피드백을 준다.

〔정답 ②〕

〔참고문헌〕 한국방송통신대학교 평생교육원편(2005)

62

다음 글을 쓴 학습자에게 가장 필요한 쓰기 활동은?

어제는 집에 가고 청소를 했습니다. 청소해서 텔레비전을 보았습니다. 텔레비전을 볼 때 친구에게 전화가 오고 만나러 갔습니다. 친구를 만나고 커피를 마셨습니다.

① 모방적 쓰기
② 통제적 쓰기
③ 실제적 쓰기
④ 자신을 위한 쓰기

길잡이 62

통제된 쓰기는 '베껴쓰기, 받아쓰기, 바꿔쓰기, 빈칸 채우기, 문장 연결하기'이다. 문장 단위에서 담화 차원으로 확장되는 '문장 연결하기'도 통제된 쓰기에 해당한다. 접속 부사나 활용형을 사용하여 문장을 연결시키는 것도 통제적 쓰기에 해당한다. 아래와 같이 문장은 '-아/어서'로 연결하는 것도 통제적 쓰기이다.

(1) 머리가 <u>아팠습니다. 그래서</u> 학교에 못 갔습니다.
　　→ _____.

(2) 요즘 <u>바쁩니다. 그래서</u> 여행은 다음달에 갈 겁니다.
　　→ _____.

해설 ②'-아/어서'(계기)를 사용하여 복문을 만드는 연습을 해야 한다.

〔정답 ②〕

〔참고문헌〕 한국방송통신대학교 평생교육원편(2005)

63

다음 중 쓰기의 특징에 대한 설명으로 알맞은 것은?

① 다른 언어 기능을 강화하는 데 효과적이다.
② 문화를 이해하고 습득하는 데 가장 효율적이다.
③ 의사소통에서 차지하는 비중이 말하기 다음으로 높다.
④ 학습자의 오류를 교정하는 것이 말하기나 듣기보다 어렵다.

길잡이 63

쓰기는 문어 형태를 통하여 이루어지는 언어활동 중의 하나이다. 이러한 쓰기에 대한 개념은 포괄적인 개념이라고 할 수 있다. 언어학습에서의 쓰기는 그저 받아 적고, 기록하는 기능으로서가 아니라 고도의 의미창조 기능, 창의적인 과정을 포함하고 있다. 즉 쓰기는 문어를 통해 의사소통하는 하나의 수단으로서, 글자를 익혀 베껴 쓰는 단순한 활동이 아니라 창의적이고 효과적으로 자신의 생각과 의사를 전달하기 위한 문제 해결의 과정을 포함하고 있다.

쓰기 접근의 원리는 첫째, 과정 중심 쓰기, 문제해결 접근 쓰기이다. 즉 글을 쓰는 방법에 대한 구체적인 훈련과 연습을 기초로 해야 하며, 쓰기의 과정은 상호작용적 협동과정을 기초로 해야 한다. 그리고 쓰기 과제는 목표 지향적, 활동 지향적이어야 하며, 쓰기 결과물은 글쓴이 자신을 포함하여 서로 공유할 수 있어야 한다. 그것은 자신이 쓴 글이 읽을 사람들과의 의사소통을 위해 쓰여진 것이기 때문이다.

해설 ① 쓰기는 독립적으로 운영될 수 있는 교육이라기보다는 다른 영역과의 연계를 통해서 이루어지는 특성이 있다. 또 학습의 측면에서 볼 때 쓰기는 문자라는 도구를 통하여 음성 언어를 기록하는 수단이 됨으로써 이미 습득된 다른 언어수행 능력을 확인하는 도구의 기능을 가진다.(한재영 외, 2006) ② 다양한 텍스트를 접할 수 있으므로, 읽기를 통해 문화 교육이 가능하나, 문화 교육으로 가장 효율적인 방법은 아니다. ③ 실생활에서의 의사소통에 대하여 Rankin의 주장은 말하기 45%, 듣기 30%, 읽기 16%, 쓰기 9% 순이다. ④ 말하기나 듣기와 같은 음성언어는 조금만 시간이 지나도 학습자 오류를 교정하는 데 어려움이 있지만 쓰기의 경우는 장기적으로 보존이 가능하여 학생들이 학습 상태를 파악하기 쉽다.

〔정답 ①〕

〔참고문헌〕 한재영 외(2005), 강승혜(2002)

64

다음 중 글쓰기의 연습 방법이 적절하지 **않은** 것은?

① 논증을 연습하기 위해서 주장을 정리하고 논거를 모은다.
② 서사를 연습하기 위해서 찬성과 반대 의견을 각각 정리하였다.
③ 묘사를 연습하기 위해서 관찰 내용을 공간적 순서로 배열하였다.
④ 설명을 연습하기 위해서 중심 내용에 따라 세부 내용을 정리하였다.

길잡이 64

글을 전개해가는 방법 중 서사, 논증, 묘사, 설명이 있다. 서사는 서술자에 의해 시간의 흐름에 따라 진행되는 의미 있는 사건이나 행동의 변화를 기술하는 것이다. 논증은 여러 가지 명제를 근거로 하여 하나의 사실이 참이라는 것을 밝히는 것으로, 객관적인 근거를 바탕으로 내려진 결론일 때 독자로 하여금 동감을 이끌어낼 수 있다. 묘사는 어떤 대상을 감각적인 인상에 의존하여 세부를 나누어 그림을 그리듯이 기술해 내는 방법이다. 설명은 상대방이 잘 모르는 사실이나 현상, 사물, 사건 등을 알기 쉽게 풀어내는 것이다. 단어의 의미, 용어의 정의, 과학적 원리 등에 대한 것이 모두 설명에 속한다.

해설 ② 서사는 시간에 따른 사건을 기술하는 것이므로 찬성과 반대 의견과는 무관하다.

〔정답 ②〕

〔참고문헌〕 한국방송통신대학교 평생교육원편(2005)

65

'현대 사회에서의 정보의 중요성'이라는 주제로 글을 쓸 때 '다시 쓰기 단계'에서 활용할 수 있는 쓰기 전략으로 알맞은 것은?

① 정보의 중요성에 대해 구체적인 예를 들어 기술한다.
② 현대사회를 왜 정보화 사회라고 하는지에 대해 생각해 본다.
③ 자신이 정리한 내용을 동료와 함께 읽으며 의견을 나누어 본다.
④ 동료들과 함께 '정보화'에 어떤 것이 있는지에 대해 이야기해 본다.

길잡이 65

'다시 쓰기 단계'는 초고에 대한 검토가 이루어지고, 그 조정의 결과로 글의 내용과 형식적인 일관성, 통일성을 갖추도록 다시 쓰는 단계이다. 교사와 학생, 학생 상호간의 피드백 활용을 중심으로 하여 조정하는 활동을 해 나가는데, 글 전체가 도입, 전개, 마무리의 구성을 잘 갖추었는지 문단들 간의 관계, 문법적인 정확성을 중심으로 확인, 점검하게 된다. 아울러 철자나 문법, 문장 구조는 물론 글의 재미 정도도 확인하게 된다.

해설 ①은 쓰기 단계, ②는 쓰기 전 단계, ③은 초고에 대한 고쳐쓰기(학습자간 피드백 단계), ④는 쓰기 전 단계(브레인 스토밍)이다.

〔정답 ③〕

〔참고문헌〕 한국방송통신대학교 평생교육원편(2005), 강승혜(2002)

66

학습자의 작문에 대해 오류 수정 방법 중 가장 알맞은 것은?

① 자유 작문의 오류 수정은 글을 완전히 완성한 후 실시한다.
② 일반적으로 교사가 학습자의 오류를 철저하게 수정하는 것이 좋다.
③ 문법적인 수정보다는 글의 내용과 구성에 초점을 맞추어 수정한다.
④ 학습자 간의 오류 수정은 장점보다는 단점이 더 많으므로 지양한다.

길잡이 66

오류 수정은 초안에 대한 수정과 최종 글에 대한 수정이 있을 수 있다.

(1) 초안에 대한 고쳐 쓰기
 전체적인 오류, 도입부분에 대한 언급, 주제와 관계가 먼 부분에 대해 언급해야 한다. 부적절하거나 어색한 단어와 표현을 지적해야 한다.

(2) 교정안에 대한 고쳐쓰기
 지엽적이고 문법적인 오류(철자, 구두점, 문법 구조)를 지적하되 교정하지는 않는다. 어색하지는 않지만 분명하지 않은 어휘선택에 대해 언급, 문장 내의 또는 문장간의 일관성에 대해 언급한다.

(3) 최종적인 글에 대한 고쳐쓰기
 문법적인 오류 수정, 어색한 어휘 수정, 글의 전체 구성과 내용에 대해 교사의 의견을 언급한다.

해설 ① 자유작문의 오류 수정은 초안의 경우, 교정안의 경우, 최종 원고의 경우로 나누어 오류를 수정할 수 있다. ② 오류를 직접 철저히 수정하는 것보다 학습자에게 수정할 기회를 우선 주거나 학습자 간의 오류 수정의 기회를 주는 것이 좋다. ④ 학습자의 오류 수정이 적절히 된다면 학습자의 글쓰기에 많은 도움이 된다. 〔정답 ③〕

〔참고문헌〕 한국방송통신대학교 평생교육원편(2005), 한재영 외(2005)

67

문화 교육의 주제와 내용 범주가 바르게 연결된 것은?

① 의식주, 일상생활, 풍습 - 행동 문화
② 정치, 경제, 역사, 교육 - 성취 문화
③ 문학, 음악, 미술, 건축 - 정보 문화
④ 가치관, 민족성, 세계관, 사상 - 언어 문화

길잡이 67

문화 교육 내용은 정보문화, 행동문화, 성취문화의 세 가지로 나눌 수 있다. 정보문화는 모어 화자들이 알고 있는 정보와 사실을 말한다. 즉 사회, 지리, 역사, 영웅 등에 대한 정보와 사실이다. 행동문화는 일상생활의 총칭으로, 한 사회 속에서 한 민족이 행동 양식에 대한 상호작용을 설명하고, 그것을 전형적인 행동양식을 말한다. 한국어 교육에서는 초급 단계와 중급 단계에서 행동문화를 특히 강조하여 교수한다. 성취문화는 목표 문화의 성취업적을 이해하는 것이다.

68

다음 교수 자료와 관련된 문화 교육 방법은?

※ 다음을 읽고 자신의 생각을 표시하십시오.

나는 한국의 대학에 교환학생으로 온 일본 대학생이다. 한국 문화에 관한 여러 가지 자료들을 많이 모았는데 친구가 필요한 것이 있다고 해서 복사해 주기로 했다. 약 10장 정도의 자료를 복사해서 다음 날 친구에게 전해 주었다. 친구는 매우 고마워하면서 내게 커피를 사 주겠다고 했다. 나는 괜찮다고 했지만 끝까지 나에게 커피를 사 주었다. 그런데 그는 끝까지 복사비를 주지 않았다. 어떻게 할까?

① 복사비를 달라고 한다.
② 복사비에 대해 말하고 싶지만 참는다.
③ 친구는 복사비를 주는 대신 커피를 샀다고 생각한다.
④ 기타 : _____

① 문화 섬
② 문화 캡슐
③ 참여 관찰
④ 문화 감지 도구

한국어 교육을 위한 문화 교육 내용 범주와 주제(곽지영 외, 2007 : 285)

문화 교육 내용 범주	주 제
행동 문화	언어예절, 의사소통 방식, 의식주, 일상생활 문화, 풍습, 의례
성취 문화	종교, 음악, 미술, 영화, 스포츠, 건축, 문화, 제도, 대중매체, 기타 예술
정보 문화	사회, 정치, 경제, 역사, 교육, 지리, 민속, 과학

해설 ②는 정보문화이다. ③은 성취문화이다. ④는 행동문화이다.

〔정답 ①〕

〔참고문헌〕 곽지영 외(2007), 성기철(2001), 조항록(1998), 한재영 외(2005)

길잡이 68

문화 교육의 방법에는 비교 방법, 문화 동화장치(culture assimilator), 문화 캡슐, 문화 섬, 참여 관찰, 초청 강연 등의 방법이 있다.

문화 섬(culture island)은 교사가 교실 주변을 포스터, 그림, 자주 바뀌는 게시문 등을 사용하여 목표 문화의 전형적인 측면들을 보여주는 것이다. 문화 섬은 학습자들의 주의를 끌어 질문과 논평을 유도하기 위한 기획이다.

문화 캡슐(culture capsule)은 자국의 문화와 한국 문화의 관습 중 대조적인 것을 골라 짤막하게 이야기를 만들어 읽기 자료로 제시한다. 학생들로 하여금 전체적으로 자국의 문화와 한국 문화의 차이점을 아는 대로 말하게 한 후 그룹별로 차이점 중 한 가지씩을 골라 관련된 사진, 실물, 그림 등을 가지고 와서 문화적 차이점에 대한 설명을 쓰도록 한 후 발표해 보도록 할 수 있다.

참여 관찰(Participant-observation)은 민족지학 연구의 특징을 가장 잘 반영하는 연구 방법으로, 민족지학적 데이터를 수집하는 가장 대표적이고 보편화된 방법이다. 이는 연구자가 특정 언어공동체에서 그 공동체의 구성원으로의 역할을 하면서 1, 2년간 그 공동체에 몰입하여 그 사회에서 유형화된 문화적 행위를 인지하고 이해할 수 있게 하는 것이다.

문화 동화자(culture assimilator)는 학습자들에 의해서 오해될 가능성이 있는 문화 간 상호작용의 결정적인 사건들을 간결하게 기술하는 것으로, 이는 외국 문화에의 적응을 촉진시키기 위해 사회 심리학자들에 의해서 개발되었다. Albert(1983)는 피훈련자들이 자신들이 문화 유형을 포기하고 다른 문화로 동화되는 것을 피하기 위해 문화 감지도구(culture sensitizer)라는 이름으로 재명명하였다. 한국 문화권의 사람과 자국 사람과의 상호 작용에서 오해나 갈등이 생길 수 있는 상황을 제시하고 학생들로 하여금 이러한 상황에서 적절한 언어적, 비언어적 행동은 무엇인지 고르도록 하는 것이다.

해설 보기는 특정 상황 속에서 적절한 언어나 비언어적 행동을 고르는 것이므로 ④ 문화 감지 도구에 해당한다. 〔정답 ④〕

〔참고문헌〕 손은경(2002), 한상미(1999), 한재영 외(2005)

69

다음과 같은 학습자들을 위해 선정할 수 있는 문화 교육의 주제로 가장 적절한 것은?

- 숙달도 : 중급
- 학습자 모국어 : 중국어
- 학습 동기 : 취업
- 학습 환경 : 중국 내 대학 교육 기관
- 연령대 : 20~30대
- 문화 수업 횟수 : 총 5회 (50분/1회)

① 의생활, 식생활, 주생활, 교통, 공중도덕
② 공적인 인사, 영화, 집들이, 회식 문화, 흡연
③ 대중음악, 전시회, 지리적 특성, 선후배 관계, 호칭
④ 동료 관계, 회식 문화, 공중도덕, 호칭, 공동체 의식

길잡이 69 중급 단계의 문화 주제(곽지영 외, 2007 : 289 - 290)

사적·공적인사, 호칭, 공손성의 표현 방식, 부탁, 요청, 거절, 칭찬, 건강식, 축제나 잔치, 놀이 및 전통놀이, 애완동물, 화장, 흡연, 저축, 취업(1)(취업에 대한 대중들의 의식과 행동 양식의 이해), 업무(1)(직장 생활에서 행해지는 업무의 범위와 수행 양식의 이해), 동료관계(1)(사회적 집단 내에서 인간관계와 관련된 행동 양식), 미풍양속, 의례(2)(돌, 백일과 같이 상대적으로 특별한 행사), 대중음악, 전시회, 영화·연극·드라마(1), 문학(1), 규율, 광고·뉴스·신문·잡지, 지리적 특징, 행정구역 및 주요 도시, 주요 관광지, 민간요법, 청결의식, 공중도덕 등이 있다.

해설 ① 교통, 의식주 생활은 초급의 교육 주제이다. 취업을 목적으로 한다면, 공적인 인사, 동료 관계, 회식 문화, 공중도덕, 사내의 호칭, 공동체 의식 등을 교육 하는 것이 가장 바람직하다.

〔정답 ④〕

〔참고문헌〕 곽지영 외(2007)

70

제2언어 학습 과정에서 발생하는 문화충격과 문화변용의 관계에 대한 설명으로 옳은 것은?

① 문화충격은 제2언어 학습자들이 겪는 보편적인 경험이 아니다.
② 문화충격에서 회복되어 목표 문화에 동화 또는 적응하면 문화변용이 일어난다.
③ 문화충격은 언어 학습자가 다른 새로운 집단의 언어, 문화, 가치체계에 적응하는 것을 말한다.
④ 문화변용은 제2언어 학습자가 목표어 문화권에서 느낄 수 있는 불편함, 공포, 불안정 등을 말한다.

길잡이 70

문화충격(culture shock)이란 제2언어를 배우는 학습자가 제2문화에서 느낄 수 있는 불편함, 공포, 혹은 불안정과 같은 보편적인 경험이다. 문화충격은 약한 정도의 과민함에서 깊은 정도의 심리적 공항 상태나 위기감에 이르는 현상이다. 문화충격은 문화변용(acculturation)의 과정에서 발생하는데, 문화변용이란 언어 학습자가 자신의 모국어 집단과는 다른 새로운 집단의 언어, 문화, 가치 체계에 접하게 될 때 이에 적응하는 과정을 말한다.

문화 변용의 단계

I	II	III	IV
흥미/행복감	문화 충격	문화 갈등에서 점차 회복	거의, 혹은 완전한 극복
개인은 새로운 환경에 대하여 흥미를 느낀다.	개인은 자신의 이미지와 안정감 속으로 들어온 문화 차이에 대해 점점 더 침해라는 느낌을 갖게 된다.	다른 문제들이 얼마간 지속되는 동안 문화 변용시에 나타나는 몇몇 문제점들이 해결된다. 아노미 : 실향감	동화, 혹은 적응, 해당 문화 속에서 개발된 새로운 사람이 지니게 되는 새로운 문화와 자신감에 대해 수용한다.

해설 ① 보편적인 경험이다. ③은 동화 및 적응의 단계이다. ④는 문화충격에 대한 설명이다.

[정답 ②]

[참고문헌] 한상미(1999), 한재영 외(2005)

71

다음과 같이 한국인에 대해 문화 고정 관념을 가진 학습자가 있다. 이러한 학습자를 지도하는 교사의 태도로 가장 바람직한 것은?

- 한국 사람들은 인정이 많고 친절하다.
- 한국 사람들은 성질이 급하고 쉽게 화를 낸다.

① 긍정적 고정 관념을 가질 수 있도록 적극적으로 유도한다.
② 긍정적, 혹은 부정적 문화 고정 관념이 존재하는 것은 당연하다고 받아들인다.
③ 목표 문화에 대한 태도는 목표어 습득에 영향을 주지 않으므로 언급하지 않는다.
④ 문화 고정 관념에 집착하는 것은 습득에 지장을 줄 수 있으므로 극복하도록 유도한다.

길잡이 71

고정관념(culture stereotype)은 타민족에 대해 지니고 있는 틀에 박힌 관념으로 타문화 혹은 타민족을 과장하거나 지나치게 단순화시켜 인식하는 것을 말한다. 고정관념은 각 민족 내부에 존재하는 다양성을 흐려 놓을 위험이 있다. 고정관념은 긍정적인 방향과 부정적인 방향 모두를 가지고 있는데, 사람들은 일반적으로 부정적인 고정관념을 가지고 있는 상대와의 의사소통이나 접촉을 회피하려는 경향을 보이므로 부정적인 문화 고정관념은 의사소통에 있어서 장애 요소가 된다. 따라서 제2언어 교육에서 문화 교육을 수행함에 있어서 중요한 일은 다른 문화에 대한 지나친 고정관념으로 인해 목표어의 문화 학습이 방해를 받지 않도록 하는 일이다.

해설 ① 긍정적 고정 관념이라 할지라도 고정관념에 지나치게 집착하게 되면 목표 언어권의 사람들의 다양성을 해칠 수 있다. ② 어느 정도의 고정관념이 존재하는 것은 사실이지만, ④ 교사는 제2언어 학습자가 언어 문화의 교육을 통해 목표 문화에 대해 이해를 방해하는 고정관념을 극복할 수 있도록 도와야 한다. ③ 고정관념은 목표어 습득에 영향을 준다.

〔정답 ④〕

〔참고문헌〕 한재영 외(2005), 한상미(1999)

72

다음 중 공동체 언어 학습법의 특징과 거리가 먼 것은?

① 교사가 학습자의 모국어를 알지 못해도 수업의 진행에 영향을 주지 않는다.
② 인간 중심의 접근법으로 학습자의 심리 상태를 고려하여 학습자가 학습하도록 배려한다.
③ 학습자의 발화로부터 교육 내용을 추출해 내므로 교육 내용의 일관성이 부족할 수 있다.
④ 학습자와 학습자, 교사와 학습자 간의 신뢰를 바탕으로 공동체 내에서의 상호작용을 중요하게 생각한다.

길잡이 72

공동체 언어 학습(Community Language Learning)은 심리학 교수 Curran(1976)이 상담학습(counseling learning) 이론을 외국어 학습에 적용한 것으로, 교사와 학생의 관계는 언어에 관한 지식과 기능뿐만 아니라 정서와 감정 등에까지 교사는 학생을 도와주어야 하기 때문에 인본주의 접근법(Humanistic Approach)의 하나이다.

학습자가 다른 학습자들과 교사와 함께 사회의 구성원이 되어 이들과 상호 작용을 하면서 목표어를 학습하게 된다. 학습이란 개별적으로 이루어지는 것이 아니라 상호 협동하며 달성될 수 있다고 보는 입장으로, 언어를 사회화 과정으로 보아 학생과 학생, 학생과 교사의 상호 작용 활동을 통하여 다른 사람과 친밀도를 증가시키고, 다른 학생들과 더불어 학습하도록 유도하려 하였다.

장점	단점
(1) 학습자의 인격을 존중하여 편안한 분위기에서 자발적 활동을 통해 수업을 함으로써 학습 효과를 높일 수 있다.	(1) 학습자는 교사의 능력에 과도하게 의존한다.
(2) 학습자의 동기를 높여 주고 대화가 지루하면 언제든지 바꾸어 진행할 수 있다.	(2) 교사는 이중어를 구사할 수 있어야 하며, 심리학적, 사회학적으로 훈련이 되어 있어 학습자의 상담자 역할을 해 낼 수 있어야 한다.
(3) 외국어로 의사소통한다는 욕구를 직접적으로 충족시켜 준다.	(3) 일정한 교재 없이 수업이 진행되므로 산만하고 체계가 없는 수업이 되기 쉽다.
(4) 학습자의 두려움을 낮추고 높은 동기부여를 할 수 있어 정의적 여과기를 낮출 수 있다.	(4) 테스트에서의 문제가 나타나며 능력을 계량화하기가 어렵다.

해설 ① 공동체 언어 학습법의 교사는 학습자 모국어와 목표어 모두를 구사할 수 있어야 한다.

〔정답 ①〕

〔참고문헌〕 이완기(2000), 정동빈(1987)

73

다음은 "최선의 교수법이란 무엇인가?"라는 주제에 대한 한국어 교사들의 견해이다. 이들의 견해 중 가장 바람직한 것은?

① 여러 교수법 중에서 학습자 변인을 고려하여 취사 선택하는 절충주의가 바람직하다.
② 학습자 변인의 고려보다는 최근에 가장 잘 알려진 권위 있는 교수법을 따르는 것이 중요하다.
③ 교사는 기존의 교수법 중 교육 목표와 학습자의 유형에 적합한 최상의 교수법을 찾아야 한다.
④ 최선의 교수법이란 존재하지 않으므로 교사는 교수법의 선택에 있어서 학습자 요구에 귀를 기울여야 한다.

길잡이 73

학습자에 대한 철저한 조사를 바탕으로 학급에 맞는 교수법을 찾아야 한다. 학습자에 맞는 교수법이란 학습자 중심의 교육을 말하는 것으로 학습자 중심의 교수법이란 학습자에 대한 모든 예비조사를 통하여 그 학생들의 수준, 성향, 학습 목적 등을 고려하여 그 학생들에게 필요하고, 적절한 교수학습법을 교사가 창안하는 교수–학습법을 말한다.

해설 ① 여러 교수법을 절충하여 적용할 수 있다. Brown은 단일 교수법이 아니라 절충적인 교수법과 과제의 선택이 필요하다 하였다. ④ 모든 학습자에게 맞는 최상의 교수법은 존재하지 않지만, 다수의 학습자에게 맞는 최선의 교수법은 있을 수 있다.

〔정답 ①〕

〔참고문헌〕 박영순(2002)

74

의사소통적 교수법에 대한 설명으로 알맞은 것은?

① 몰입식 언어교육, 주제기반 언어교육 등이 그 예이다.
② 학습자 요구를 중시하는 학습자 중심의 교수 방법이다.
③ 제2언어 학습 과정은 모국어 습득 과정과 유사하다고 본다.
④ 제2언어 학습은 연역적 교수법에 의해 규칙을 이해하는 것이다.

길잡이 74 의사소통적 교수법

1970년대 중반 이후 영국에서는 그 이전의 외국어 교수법의 문제점을 지적하고, 새로운 외국어 교육의 방향을 모색하였는데, 그 결과 새로운 교육 과정을 확립하게 되었고, 바로 거기에서 의사소통 중심 교수법이 출발하였다. 1976년 영국의 언어학자인 Wilkins는 언어의 본질을 전통적인 문법 구조와 어휘로 보지 않고 의사소통을 위한 의미의 체계로 보아, 언어가 갖는 의미를 두 가지 범주로 나누었다. 하나는 '시간, 순서, 양, 위치, 빈도' 등의 추상적인 개념(notion)의 범주이고, 다른 하나는 '부탁, 사과, 감사, 소개, 불평' 등의 의사소통 기능(function)의 범주이다. Wilkins는 외국어 교육의 교수요목(syllabus)은 문법 구조와 어휘의 난이도에 따라 구성할 것이 아니라, 언어의 두 가지 의미, 즉 개념과 기능에 의하여 구성할 것을 제안 (Notional – Functional Syllabus)하였다. 교수요목의 개혁으로부터 시작된 흐름이 1970년대 말, 1980년대에 이르러 외국어 학습에 있어서의 의사소통 능력의 강조와 맞물리면서 의사소통 접근법(Communicative Approach) 또는 의사소통 중심 교수법(Communicative Language Teaching)이라고 불리게 되었다.

의사소통적 접근법의 특징은 다음과 같이 정리될 수 있다.

첫째, 언어 사용법(usage) 위주의 교육이 아니라 실제적인 발화 상황에 적절하게 언어를 사용할 수 있는 언어 사용(use) 위주의 교육을 한다. 둘째, 기존 언어교육이 상황이나 장면이 없이 언어 구조나 형태의 정확성만을 강조하는 것에서 벗어나 맥락화 된 상황에 맞는 발화의 이해와 생성을 강조한다. 셋째, 의미의 전달이 중요하므로 형태의 정확성도 중요하지만 용인성과 유창성이 보다 중요하다. 넷째, 문법, 구조 등의 언어의 형태적 측면은 언어 교육의 일부일 뿐이다. 이는 의사소통 능력의 개념 자체에 언어에 대한 지식뿐만 아니라 기능, 사회언어학적 요소, 담화 요소들이 포함되므로, 이들 요소 역시 교육해야 한다. 다섯째, 문법은 가능한 한 교육하지 않으며 교육하더라도 자연스러운 상황을 통하여 학습자가 유추하도록 한다. 여섯째, 교육이 학습자 중심으로 이루어지며, 교육과정이 학습자가 필요로 하는 것을 위주로 구성된다. 일곱째, 교사는 의사소통하는 사람의 일원으로서 도와주는 사람, 학습을 촉진하는 사람의 역할로 비중이 줄어들게 된다.

의사소통능력의 향상을 목표로 하고 있는 교수법 가운데, 넓게는 의사소통중심 교수법에 든다고 논의하는 학자도 있으나 비교적 독립적으로 언급되어 온 것이 내용 중심 교수법과 과업 중심 교수법이다. 접근법에 있어서 중점을 어디에 두느냐에 따라 달라진다. 의사소통교수법은 원래 의사소통기능을 중심으로 하는 교수법으로, 학습자들의 의사소통기능 연습을 주활동으로 삼는다. 반면 내용 중심 교수법은 외국어 기능의 습득과 교과내용의 학습을 통합한 교수법으로 의사소통기능의 독립적인 습득보다는 학습자가 관심을 갖고 있는 영역이나 전공 영역에 대한 내용을 목표 외국어를 이용하여 가르침으로써 내용의 습득과 동시에 외국어의 습득을 그 목표로 하고 있다. 한편 과업중심 교수법은 역시 의사소통기능보다는 학습자들에게 의사소통과업을 제시하고 학습자들은 그 과업을 해결하려고 노력하는 과정에서 자연스럽게 의사소통이 이루어진다고 보았다.

내용중심 교수법

내용 중심 지도는 제2 언어 학습과 특정 관련 내용의 학습을 통합한다. 단 제2 언어는 매개체에 불과하며 언어 기능의 완전한 통합을 고려한다. 이 수업의 전반적인 구조는 언어의 형태나 연속관계보다는 학과 내용의 특성에 따라 짜여진다. 내용중심 교수법이 이전 교수법과 다른 것은 이전의 교수법이 언어 그 자체에 초점을 맞췄다면, 내용 중심 교수법에서는 언어 그 자체 보다 의사소통되고 있는 또는 수업 시간 중에 다루어지는 주제에 초점을 맞춘다는 점이다. 내용중심 교수법에서 언어는 학습이나 활동을 위한 하나의 매개체일 뿐이다.

- 초등학생들을 위한 몰입 프로그램
- 보호막 영어 프로그램
- 수업과정을 아우르는 쓰기
- 특정한 목적을 위한 영어

해설 ①은 내용중심 교수법의 설명이다. ③ 전신반응법은 외국어 학습도 모국어 습득과 같은 자연적 절차를 따라야 한다고 보았다. 즉 말하기 이전에 듣기 능력을 길러주고 듣기 능력은 신체적 반응으로 쉽게 습득이 되며 청해 능력만 있으면 말하기 능력은 노력을 하지 않아도 자연적으로 개발된다고 보았다. ④ 문법번역식 교수법의 특징으로 볼 수 있는데, 이 교수법에서는 문법을 연역적으로 가르친다. 즉, 제시된 문법 규칙을 학습한 후에 번역 연습 문제에 이를 적용한다.

〔정답 ②〕

〔참고문헌〕 한국어세계화재단보고서(2003), 황종배(2007)

75

교수법 선택의 기준으로 가장 거리가 먼 것은?

① 그 교수법이 어떠한 학습 환경에서 가장 효율적인가?
② 그 교수법이 신임 교사와 경력 교사 중 어떤 교사들에게 선호되는가?
③ 그 교수법이 초급, 중급, 고급의 학습자 중 어떤 집단에 가장 효율적인가?
④ 그 교수법이 어린이나 성인 중 어떤 종류의 학습자 집단에 더욱 효율적인가?

길잡이 75

학습자의 의사소통 능력을 추구함에 있어 하나의 완벽한 교수법을 찾아 정착시키려고 하지 않는다. 학습자의 언어, 언어 학습 목표, 환경 요인 등을 고려해서 다양한 기술과 자료를 도입하여 교수하는 것이 최선의 교수법이다. Brown은 단일 교수법이 아니라 절충적인 교수법과 과제의 선택이 필요하다고 지적하였다.

해설 ② 동료 교사들에게 혹은 신입교사와 경력 교사 모두에게 선호되고 적합한가보다는 학습자의 집단에 대한 고려가 우선 되어야 한다.

〔정답 ②〕

〔참고문헌〕 김영숙 외(2007)

76

다음은 한국어 학습자의 학습 동기에 대한 조사 결과이다. 표의 내용과 일치하는 교육 과정 설계 방향은?

	초급	중급	고급
취업/학업	67%	68%	78%
한국 문화에 대한 관심	50%	58%	56%
한국어에 대한 관심	42%	32%	22%

① 초급 과정은 한국어에 대한 관심을 높이는 것을 주요 목표로 삼는다.
② 중급 과정부터 한국 문화 교육을 정규 교육과정에 포함하여 편성한다.
③ 고급 과정에서 학습자의 목적에 따라 전문적 영역을 학습할 수 있도록 한다.
④ 숙달도가 높을수록 도구적 동기보다 통합적 동기를 고려해 교육과정을 설계한다.

길잡이 76

동기가 높은 학습자가 일반적으로 더 잘 학습한다. 상황에 따라 동기의 효과도 다르다. 통합적 동기는 전체적인 언어 습득에 도움이 되고, 도구적 동기는 실제적인 필요에 의한 단기간의 언어 습득에 도움이 된다. Robert Gardner와 Wallace Lambert는 동기적 요소가 제2언어 습득 과정에 어떤 영향을 미치는가를 연구하였는데, 동기는 여러 종류의 태도 중 한 요소로서 연구하였다. 그에 따르면 동기는 통합적 동기(integrative motivation)와 도구적 동기(instrumental motivation)로 나누어진다.

도구적 동기은 제 2 언어를 어떤 도구적 목적(직장 내의 승진, 전문 잡지 읽기 위해, 번역)을 얻기 위해서 학습하려는 동기를 말한다. 즉 보상, 예를 들어 돈, 상, 점수 등을 얻기 위하여 제2언어를 습득하는 것이라고 말할 수 있다. 통합적 동기은 학습자가 목표 언어가 사용되는 사회 집단에 통합되기 위하여 제2언어를 학습하려는 동기를 일컫는다. 즉 그 언어 학습자가 제2언어 문화권의 구성원들과 의사소통하고 그들의 특성 또는 본질을 발견하기 위하여 제2언어를 습득하는 것이라고 말할 수 있다.

해설 ① 초급에서는 중급이나 고급에 비해 한국어에 높은 관심도를 보인다. ② 한국 문화 교육은 초급부터 편성해야 한다. ③ 고급에서는 취업이나 학업에 관련된 전문 영역을 학습하도록 교육 과정을 설계해야 한다.(학문 목적 한국어 혹은 직업 목적 한국어) ④ 고급에서는 취업이나 학업(도구적 목적으로 한국어를 배움)을 위한 한국어를 배운다고 대답하였으므로, 통합적 동기보다 도구적 동기를 고려해서 교육과정을 설계해야 한다.

〔정답 ③〕

〔참고문헌〕 한국방송통신대학교 평생교육원편(2005)

77

다음은 초급 교재에 반영된 과제 중심 교수요목의 예이다. 정확성의 측면에서 고려해야 할 사항은?

주제	소개
기능	소개 하기
과제	• 처음 만난 사람과 인사하고 이름, 국적, 직업, 정보 교환하기 • 명함을 읽고 이름, 직업 파악하기
문법	입니다 입니까? -(으)십니다 -(으)십니까?

① 목표 발화의 내용과 형태를 통제할 필요가 있다.
② 의사소통 기능의 목표를 명시화하는 것이 필요하다.
③ 과제 수행에 필요한 언어 입력을 충분히 제공해야 한다.
④ 실생활에서 수행할 가능성이 높은 과제를 설정하는 것이 좋다.

길잡이 77

과제 중심의 교수요목은 문법적 교수요목이나 개념·기능적 교수요목과는 달리 언어를 특정 형태나 개념·기능 등으로 분절시켜 제시하는 것이 아니라, 이들이 총체적으로 결합된 덩어리로 제시한다. 그리고 학습자가 실생활에서 수행할 가능성이 높은 과제를 중심으로 교육 내용이 구성되므로 학습자의 의사소통 욕구를 내적으로 동기화할 수 있다. 한편, 과제 중심 교수요목은 언어 사용의 정확성에 관심을 두지 않는다. 이로 인해 발생하는 문제점을 극복하기 위해 다음과 같은 형태에 초점을 맞춘 활동을 실시한다.

① 주목하기(noticing)
② 고쳐 말하기(recast)
③ 입력자료 강화(enhancing input)
④ 입력홍수(input flooding)
⑤ 의식 상향 과제(consciousness-raising task)
⑥ 순차적 제시(garden path)
⑦ 입력처리(input processing)
⑧ 의사소통과제(commui-cative task)
⑨ 출력산출(output production)

말하기 교육을 할 때, 형태에 대한 이해와 연습에 기반해 과제 수행이 이루어져야 한다. 문법 규칙을 이해하고 이를 학습자의 것으로 내재화시킬 수 있도록 설명과 연습의 단계를 거쳐야 한다. 긍극적으로 볼 때, 이렇게 익힌 문법 규칙은 언어의 실제적 사용으로 전이시킬 수 있다.

해설 ③은 '입력 자료 강화'나 '입력 홍수'로 한국어는 조사나 어미의 문법 형태가 발달한 언어로서 제시 및 연습 단계에서 충분한 입력을 주었을 때, 정확성이 확보될 수 있다.

[정답 ③]

[참고문헌] 한국방송통신대학교 평생교육원편(2005)

78

학문적 목적의 한국어 교육과정 설계 방향으로 알맞지 <u>않은</u> 것은?

① 말하기, 듣기의 비중이 강조되어야 한다.
② 대학 교과목의 주제를 이용할 필요가 있다.
③ 전공 분야 텍스트의 담화 특징을 이해하도록 한다.
④ 학습자의 전략적 능력을 향상시키는 방법을 포함한다.

길잡이 78

학문 목적 한국어는 특수 목적 한국어 교육에 해당하며, 한국어 습득 자체의 목적이 아니라 학문을 연구하는 도구로서의 성격을 갖는다. 즉 학습자가 학문적 과제를 수행하기 위한 다양한 활동을 포함하고 있어야 한다. 특히 학문을 수행하기 위해서는 문어가 구어보다 더 강조되며, 쓰기 능력도 주요한 부분으로 다루어진다.

이러한 학습 목적을 수행하기 위해서는 말하기의 경우, 혼자 이야기하는 발표와 다른 사람과 상호 의사소통이 필요한 토론의 기술을 익혀야 하며, 듣기의 경우 일반적인 대화보다도 대학에서 이루어지는 강의 듣기와 노트 필기가 중요하다. 읽기의 경우에도 전공별로 전혀 다른 텍스트에 익숙해질 필요가 있다. 또한 학습자는 다양한 글을 읽는 방법과 전략을 익혀야 한다. 쓰기의 경우에는 논문이나 보고서 쓰는 형식을 익혀야 하며, 주석이나 참고문헌을 작성하는 방법도 배워야 한다.

해설 ①학문 목적의 한국어 교육과정은 읽기의 비중이 커진다.

[정답 ①]

[참고문헌] 한국방송통신대학교 평생교육원편(2005), 한재영(2005)

79

한국어 학습자를 위한 한국 문화 교육의 절차를 순서대로 배열한 것은?

㉠ 한국 문화 교육의 목적과 목표를 설정한다.
㉡ 한국 문화 교육에 대한 학습자 요구 분석을 실시한다.
㉢ 교육 목표를 달성하기 위한 교수 학습 활동을 수행한다.
㉣ 교육 과정의 효율성을 평가하고 개선할 점이 있는지 찾아본다.
㉤ 교육 목표에 부합하는 한국 문화 교육의 내용을 선정하고 배열한다.

① ㉠-㉡-㉢-㉣-㉤
② ㉠-㉡-㉣-㉢-㉤
③ ㉡-㉠-㉢-㉤-㉣
④ ㉡-㉠-㉤-㉢-㉣

길잡이 79

교육과정에서 핵심사항을 구체화하여 교수요목(syllabus)으로 구체화된다. 교육 과정은 교수요목을 통해 반영되므로 교수요목은 교재 구성의 근간이 된다. 김정숙(2002)에서는 교수요목 설계 절차는 다음과 같다.

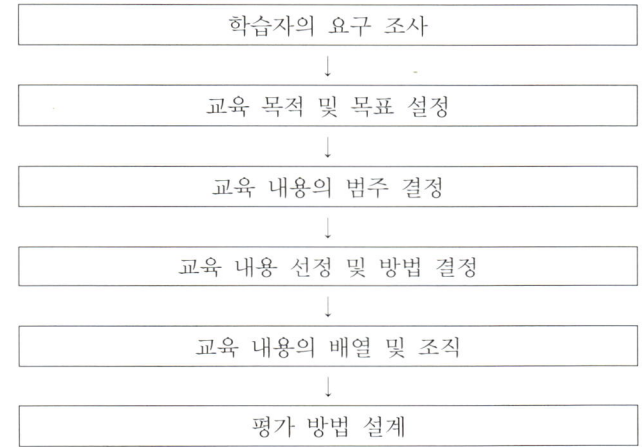

해설 ④ '학습자 요구 분석 - 교육 목적과 목표 설정 - 교육 내용의 범주 결정(그 세부 내용의 선정과 배열) - 교수·학습 활동의 수행 - 교육과정 평가'의 순으로 이루어진다.

[정답 ④]

[참고문헌] 김정숙(2002)

80

1990년대 후반부터 개발된 국내 한국어 교재의 주요 특징이 <u>아닌</u> 것은?

① 과제 중심 교수요목을 반영한 교재들이 개발되었다.
② 청각구두식 교수법을 기초로 하는 교재들이 늘어났다.
③ 한국 문화 학습을 단원에 반영하는 것이 추세가 되었다.
④ 단원 모형을 기능 통합형으로 구성하는 경우가 많아졌다.

길잡이 80

한국 교재의 변천 시기는 태동기, 초창기, 변화기, 발전기로 나누어 볼 수 있다.

태동기(근대 계몽기 ~ 1958년)	초창기 (1959 ~ 1985년)	변화기 (1986 ~ 1997년)	발전기 (1998년 ~)
(1) 외국에서 외국인 및 재외동포가 주도하여 교재를 제작 (2) 소박한 수준의 교재	(1) 본격적 한국어 교육의 시작 (2) 국내 교육기관에서 교재 개발, 국외 대학 및 정부 차원에서 동포 대상 교재 개발	(1) 국내 기관에서 본격적인 기관 교재 개발 (2) 다양한 언어권 교재 개발 (3) 미국과 중국에서 재외동포 교재가 다양해짐	(1) 언어교수법의 이론적 변화 반영 (2) 학습자, 영역별, 기능별 교재를 개발 (3) 과제 중심, 기능 통합형 교재의 개발 (4) 온라인 교재 및 시청각 매체를 적극적 활동

해설 초창기에는 한국어 교육이 본격적으로 시작된 시기이며, 청각구두식 교수법을 반영한 교재들이 많다. 1990년대 후반부터는 의사소통 중심, 과제 중심의 교재가 개발되었다.

〔정답 ②〕

〔참고문헌〕 곽지영 외(2007), 백봉자(2001), 이지영(2004), 조항록(2003)

81

교재의 쓰기 영역 평가에 적합한 기준을 <u>모두</u> 고른 것은?

> ㉠ 실생활 쓰기 과제를 포함하고 있는가?
> ㉡ 과제 중심의 쓰기 활동을 구성하고 있는가?
> ㉢ 구어와 문어 텍스트가 균형 있게 강조되고 있는가?
> ㉣ 말하기, 듣기, 읽기 등 다른 영역과의 통합 활동이 제안되고 있는가?

① ㉠, ㉡
② ㉠, ㉡, ㉢
③ ㉠, ㉡, ㉣
④ ㉠, ㉡, ㉢, ㉣

길잡이 81

교재평가란 교재의 가치를 판단하는 것으로 분석, 점검, 진단을 포함한다. 기존의 출판된 교재 가운데 골라서 사용해야 하는 경우에는 사용 여부를 결정함은 물론 사용 시에 생길 수 있는 장단점을 파악하기 위해서 수시로 평가가 행해진다. 그리고 사용 중이나 사용한 후에도 교재 사용 여부 및 장단점 파악을 위한 평가를 하게 된다.

쓰기 교재의 평가 항목(곽지영 외, 2007 : 409)

① 다양한 종류의 글이 제공되는가?
② 여러 종류의 쓰기 학습 활동이 제공되는가?
③ 정확성에 중점을 둔 문법 연습이 있는가?
④ 과정 중심인가, 결과 중심인가?
⑤ 실생활 과제 활동을 포함하는가?
⑥ 학습자에 따라 활동을 선택할 수 있도록 구성되어 있는가?
⑦ 다른 영역과의 통합 활동이 있는가?

쓰기 교재의 평가 항목(이해영, 2001)

① 문어적인 글쓰기 활동이 제안되는가? 즉 텍스트의 유형에 따른 문어체의 다양한 문체가 강조되는가?
② 쓰기 능력 향상을 위해 어떤 교실 활동을 포함하고 있는가? 가령 유도된 쓰기, 통제된 쓰기, 문단 쓰기 등의 활동이 유도되는가?
③ 여러 종류의 쓰기 규칙이 교수되는가?
④ 단락 구성이 적절히 교수되는가?
⑤ 정확성에 얼마나 중점을 두는가?
⑥ 쓰기 활동은 과정 중심인가? 결과 중심인가?
⑦ 쓰기 활동의 목적과 독자층을 설정하고 활동이 제시되는가?
⑧ 실생활 쓰기 과제를 포함하고 있는가?
⑨ 말하기, 듣기, 쓰기 등 다른 영역과의 통합 활동이 제안되고 있는가?
⑩ 통합 시 제공되는 활동은 필수적 선택으로 제시되는가? 아니면, 수의적 선택으로 제안되는 학습의 개별화를 돕는가?

해설 ③ 글쓰기는 문어적 활동이므로 다양한 문어 텍스트 유형을 익히고, 문어의 다양한 문체를 익히는 비중이 (구어에 비해) 높아야 한다.

〔정답 ③〕

〔참고문헌〕 곽지영 외(2007)

82

여성 결혼 이민자를 위한 한국어 교재가 갖춰야 할 내용 요건으로 알맞지 <u>않은</u> 것은?

① 어휘 : 일상 어휘, 구체적인 표현을 중심으로 다룬다.
② 문화 : 한국의 전통 문화 이해를 주요 목표로 설정한다.
③ 상황 : 자주 부딪히는 의사소통 상황 중심으로 설정한다.
④ 문법 : 쉽고 빈도가 높은 구어 표현을 우선적으로 다룬다.

길잡이 82

여성 결혼 이민자는 한국의 일시적 구성원이 아니라 영구적 구성원이다. 그렇기에 이들은 생존을 위한 기능뿐만 아니라 친교활동, 정보교환, 문제해결 등까지 포함해야 한다. 여성 결혼 이민자의 교재에서는 생활에 필요한 실생활 관련 문화를 주로 다루되, 가능한 정확한 정보가 담긴 내용으로 직접 활용이 가능해야 한다. 실생활 문화의 반영과 함께 지역색을 드러내는 사투리의 교육도 필요하다. 또한 전통 문화를 다룰 때에는 현대의 실상과 관련된 것에 한해 다루어야 하며, 현대 생활 속에서 한국의 전통 풍습이나 예절을 자연스럽게 익히도록 해야 한다.

해설 ② 우선 실생활문화 중심으로 설계되어야 한다.

〔정답 ②〕

〔참고문헌〕 김선정(2006)

83

다음은 한국어 초급 교재에 반영된 교수요목의 예이다. 항목의 연결이 알맞지 않은 것은?

① • 주제 : 소개
　• 기능 : 자기소개
　• 어휘 : 나라 이름
　• 문법 : 은/는입니다
　• 과제 활동 : 학습자들끼리 정보교환
② • 주제 : 음식
　• 기능 : 주문하기
　• 어휘 : 음식 이름
　• 문법 : 하고 -(으)세요
　• 과제 활동 : 메뉴 보고 주문하기
③ • 주제 : 시간
　• 기능 : 하루일과 말하기
　• 어휘 : 고유어 수사
　• 문법 : 으로 -(으)니까
　• 과제 활동 : 주말에 한 일 말하기
④ • 주제 : 날씨
　• 기능 : 날씨 표현하기
　• 어휘 : 날씨, 계절 관련 어휘
　• 문법 : -고 -겠습니다
　• 과제 활동 : 일기예보의 그림 보고 날씨 말하기

길잡이 83

주제가 시간이면, '-에(시간 조사)', 시간을 읽기 위한 '고유어 수사(하나, 둘, 셋…)' 등이 목표가 되어야 한다. 그리고 하루 일과 말하기를 과제 활동으로 할 수 있다.

서울대(2006), Active Korean1, 6과 시간

과	어휘	문법	핵심대화
6과 시간	• 시간 • 요일 • 명령형	• _시_분 • 요일 • N에 • S-이지 S	• 시간 말하기 • 요일 말하기 • 대조 표현하기

해설 ③은 문법과 과제 활동이 바르게 연결되지 않았다.

〔정답 ③〕

〔참고문헌〕 한국어1, Active Korean1

84

언어 능력 평가에 대한 가장 광의의 개념은?

① 특정한 교육과정이나 교육 프로그램을 이수했는가의 여부와 관련이 있는 시험이다.
② 학습자에 대한 정보나 자료를 수집하는 데 사용되는 정량적이고 정성적인 검사이다.
③ 개인적인 행동의 특정한 표본을 효과적으로 유발해낼 수 있도록 고안한 측정 도구이다.
④ 평가 대상에 대한 자료 수집, 결과의 해석, 교육적 처방에 대한 판단 등을 포함한 의사 결정 과정이다.

길잡이 84

평가란 '어떤 의사결정을 하기 위해 특정 사물이나 사람, 즉 대상에 대해 가치판단을 내리는 행위'라고 할 수 있다. 평가는 그것이 주관적인 평가이건 객관적인 평가이건 관계없이 하나의 방법(method)이며, 측정(measuring)하는 목적이 있는 활동으로 인간의 능력이나 지식을 측정한다. 그리고 광범위한 인간의 능력 중 특정분야(special area)를 측정하게 된다. 그리고 그 측정 결과에 따라 학습자에게 처방을 내리는 모든 과정을 평가에 포함된다.

해설 ④ 광의의 평가란 주어진 영역 안에서 개인이 가지고 있는 능력이나 지식, 수행 등을 측정하여, 어떤 대상에 대하여 가치판단을 내리는 것을 말하는데, 학습 결과에 대한 판단, 판단 결과를 수집하여 해석하는 모든 과정이 포함된다.(곽지영 외, 2007 : 314)

〔정답 ④〕

〔참고문헌〕 곽지영 외(2007)

85

평가 설계에 있어서 '타당도'와 '신뢰도'의 관계를 옳게 기술한 것은?

① 내용 타당도는 평가 문항의 다양성과 유형에 관계되므로 신뢰도와 비례한다.
② 신뢰도는 타당도를 전제하지만 타당도는 신뢰도를 반드시 전제하지는 않는다.
③ 쓰기 평가를 선택형으로 만든다면 평가의 타당도는 높지만 신뢰도는 낮아진다.
④ 평가의 목표에 따라서 타당도와 신뢰도가 균형을 이루도록 하는 것이 중요하다.

길잡이 85

타당도란 어떤 평가 도구가 측정하고자 의도하는 것을 얼마나 효과적으로 측정하느냐에 관한 것이다. 즉 그 평가 도구가 재려고 하는 것을 제대로 재고 있느냐를 말한다. 그러므로 타당도를 통하여 시험 문항이나 내용이 측정하려는 목적과 일치하며 측정하고자 하는 내용을 실제로 정확히 측정하고 있느냐의 여부를 알 수 있다.(곽지영 외, 2007 : 320)

신뢰도는 평가의 결과가 얼마나 일정하게 나오느냐에 관한 것이다. 타당도가 무엇을 측정하고 있느냐의 문제라면, 신뢰도는 어떻게 재고 있느냐의 문제라고 볼 수 있다. 그러므로 신뢰도란 측정하려는 것을 안정성 있고 일관성 있게, 오차 없이 측정하고 있는가의 문제이다.

해설 ① 의사소통에 의거한 평가(쓰기를 직접 쓰기로 평가하거나, 말하기를 인터뷰나 역할극 등으로 평가하는 것)는 타당도가 높다고 기대되지만, 그러한 평가 수행에 대한 채점의 양상은 더욱 복잡하여서 채점의 신뢰도를 보장할 수 없다. ② 신뢰도는 타당도를 높이기 위한 필요충분조건이 아니며(신뢰도를 높이려면 문항변별도가 높은 항목으로 구성해야 한다.), 타당도 또한 신뢰도를 반드시 전제하지는 않는다. ③ 쓰기를 선택형으로 만들면 평가의 타당도가 떨어진다.

〔정답 ④〕

〔참고문헌〕 곽지영 외(2007), 정종진(2002)

86

언어 능력 평가의 기준을 정할 때 먼저 '구인(construct)'을 결정해야 하는 이유로 알맞은 것은?

① 적절한 맥락을 제공하여 문항을 해결하는 목적을 분명하게 하기 위해서이다.
② 문항의 수, 문항의 변별도, 난이도, 문제해결의 속도 등을 결정해야 하기 때문이다.
③ 평가의 목적에 따라 의사소통 능력을 이루는 요소들을 항목화해야 하기 때문이다.
④ 언어가 실제 생활에서 자연스럽게 사용되는 모습을 평가에서 재현하기 위해서이다.

길잡이 86

타당도에는 크게 내용 타당도와 준거 관련 타당도, 안면 타당도, 그리고 구인 타당도가 있다. 구인 타당도란 그 평가가 측정하려고 하는 어떤 특정 개념이나 이론과 관련된다. 구인 타당도는 기준과 내용을 평가하기 위해 일반적인 구성 체제로 통합하는 것을 말하는데, 평가하고자 하는 언어 능력을 설명하고 해석하기 위해 만들어낸 모형이다. 말하기 평가를 한다면 평가를 위한 적절한 절차와 평가 결과의 수량화에 대한 고찰이 필요하며, 등급 간 혹은 구성 요소 간의 배점 비율을 고려하는 것이 구인 타당도이다. 구인이란 구성 요인을 말하는 것으로 예를 들어 의사소통능력이 문법적 능력과 담화적 능력, 사회 언어적 능력과 전략적 능력으로 구성되어 있다고 한다면 의사소통능력을 측정하기 위한 평가가 이러한 구인을 제대로 측정하고 있는지를 밝히는 것이 구인 타당도이다.

해설 ③ 의사소통능력을 측정하기 위한 평가가 이러한 구인을 제대로 측정하고 있는지를 밝히는 것이 구인 타당도이다.(의사소통 능력을 구성하는 여러 요소들을 목록화하여 측정하기 위하여)

〔정답 ③〕

〔참고문헌〕 강승혜 외(2005)

87

주관식 평가 유형에 해당되는 것은 <u>모두</u> 고른 것은?

> ㉠ 받아쓰기
> ㉡ 작문
> ㉢ 인터뷰
> ㉣ 요약하기
> ㉤ 과제 수행
> ㉥ 클로즈 테스트
>   (cloze test)

① ㉠, ㉡, ㉢, ㉣
② ㉡, ㉢, ㉣, ㉤
③ ㉡, ㉢, ㉤, ㉥
④ ㉠, ㉡, ㉢, ㉣, ㉤, ㉥

길잡이 87

주관식 평가는 통찰력과 전문 지식에 기초한 주관적 판단에 의거하여 채점하는 형식의 평가를 말한다. 채점 결과가 채점자에 따라서 혹은 동일 채점자라 하더라도 시간과 장소, 환경에 따라서 일정하지 않을 가능성이 매우 크다는 약점이 있다. 그렇기 때문에 채점자의 훈련을 통해 채점의 객관화를 추구해야 한다.

통합평가의 한 유형으로 빈칸 메우기(Cloze Test)가 있는데, 이는 규칙적으로 칸을 비워두고 문맥에 따라 답을 채워 넣게 하는 평가방법이다. 학습자는 문단 안의 빈칸을 메우기 위해 어휘, 문법 등의 기본 지식을 가지고 문장의 의미, 문단의 흐름을 파악하고, 이를 위해 배경 지식까지 활용하는 등의 여러 가지 능력을 사용하게 된다. 따라서 읽기 능력이나 총체적인 언어능력을 평가하여 학습의 효과를 체크하는 데 유용한 방법이다. 클로즈 테스트는 Random Deletion과 Rational Deletion이 있다. Random Deletion은 단어의 품사에 상관없이 규칙적으로 빈칸을 비워 두는 방법이고, Rational Deletion은 특정 단어를 의도적으로 비워 두는 방법이다.

> **클로즈 테스트의 예(7단어마다 빈칸)**
> Round eyes, round ears, and a round body. What is this cute little animal? He looks like a bear, but __ is not a bear. He is __ koala. He has small feet but __ ears. His eyes look like buttons. __ nose shines like new black shoes. __ fat little body is covered with __ gray fur.
> Where do koalas live? __ live in Australia. Because there are __ koalas in Australia, it's easy for __ to see them. The people of __ take good care of them. They __ set up places for them to __ in. No one can kill them __ their beautiful fur. ……

해설 받아쓰기와 클로즈 테스트는 채점자의 주관이 개입될 가능성이 적으므로 주관적 평가라 할 수 없다.

〔정답 ②〕

〔참고문헌〕 강승혜 외(2006)

88

언어 능력 평가의 최근 경향에 대해 옳게 기술한 것은 모두 고르시오.

㉠ 추론 중심적이고 타당도 중심적이다.
㉡ 컴퓨터를 사용하여 평가의 상호작용성을 추구한다.
㉢ 평가의 결과를 중시하는 측정 중심적 접근을 취한다.
㉣ 실제 생활에서 요구하는 과제를 해결하는 수행 중심성을 띤다.

① ㉠, ㉡
② ㉠, ㉡, ㉣
③ ㉡, ㉢, ㉣
④ ㉠, ㉡, ㉢, ㉣

길잡이 88

수행중심 시험(과업 수행), 상호작용적 언어 시험(창조적인 상호활동 교류로 학생 평가), 대체 평가 등이 새로운 평가 경향이다.

전통적인 평가	대체 평가
단발성의 표준화된 시험	지속된 장기간의 평가
제한된 시간 내의 객관식 문항 형식	정해진 시간 없이 자유로운 응답 형식
개별화된 시험항목	맥락이 이어진 의사소통 과업
점수로 피드백 사항 제시	형성적, 상호작용적 피드백
규범 참조 점수제	평가 기준 점수제
"올바른" 답에 중점	"개방적 창조적" 응답
종합적	형성적
결과에 중점	과정에 중점
상호작용식 학습활동이 없음	상호작용적 학습활동
외적 동기 고무	내적 동기 고무

해설 과거에는 평가의 결과를 중시하였지만, 최근 경향은 평가의 과정인 수행 중심성을 띤다. 또한 학생이 학습 활동을 수행하는 과정 전체를 중시하는 평가로 변화하고 있다.(토의 및 토론 평가, 역할극 평가, 프로젝트 평가, 포트폴리오 평가 등)

〔정답 ②〕

〔참고문헌〕 브라운(2003)

89

듣기 문항 작성 시 유의할 점으로 알맞은 것은?

① 평가의 신뢰도를 높이기 위해 주관식 문항을 포함시킨다.
② 녹음 자료는 단위 어구 당 정보 조밀도가 높을수록 좋다.
③ 녹음된 내용을 직접 들으면서 문항을 작성하는 것이 좋다.
④ 수험자의 수준을 넘어서는 듣기 자료를 이용하는 것이 좋다.

길잡이 89

강승혜 외(2006 : 144)에서는 듣기 평가 문항 작성 시 유의해야 할 점은 다음과 같이 지적하였다. 첫째 평가 자료가 실제성, 자연성, 그리고 명확성을 유지하도록 해야 한다. 둘째, 평가 자료가 실제 생활에서의 다양한 듣기 담화 유형을 반영해야 한다. 셋째, 수험자의 숙달도 수준, 평가 목표나 주제에 따라 평가 유형을 선정해야 한다.

한재영 외(2005)에서는 듣기 평가 문항 작성 시 유의사항을 다음과 같이 언급하였다. 첫째, 듣기 평가의 자료는 실제로 쓰이는 자료로써 구두 언어로 구성되어야 타당도가 높다. 둘째, 가능한 한 실제 생활에서 접하는 발화에 가까워야 한다. 셋째, 기계적 암기의 과도한 기억력을 요구하는 과제보다는 전체적 의미 파악을 측정할 수 있는 것이어야 한다. 넷째, 상황 맥락 없이 주어지는 지문은 지양해야 한다. 다섯째, 시간 단서의 배제된 평가임을 고려해서 문항을 작성한다. 여섯째, 듣기 자료의 녹음 시 원어민의 억양, 경험, 교육적 배경, 음조, 성별 등을 고려해야 한다. 대화의 녹음 시 남녀를 선택하는 것이 바람직하다. 일곱째, 듣기 자료의 핵심 낱말은 문항에서 반복되어도 무방하다. 여덟째, 듣기 내용의 간격을 두고 문항을 작성하는 것이 좋다. 아홉째, 필요에 따라 문제와 선지를 학습자의 모국어로 작성할 수 있다. 열 번째, 듣기의 채점은 피험자의 이해에 초점을 두어, 문법, 철자 등의 오류는 무시하는 것이 바람직하겠으나, 등급에 따라 달리 설정될 수 있다.

해설 ① 듣기는 이해능력이므로 쓰기 능력은 배제하는 것이 좋다. ② 조밀도가 높은 듣기 문항이 반드시 좋은 것은 아니다. 평가의 목표는 듣기 내용의 전체적인 이해에 초점이 맞춰져야 한다. ④ 수험자의 숙달도를 고려하여 문항을 작성해야 한다.

〔정답 ③〕

〔참고문헌〕 강승혜 외(2006), 한재영 외(2005)

90

다음 중 웹 기반 교육의 특성이 아닌 것은?

① 비표준화
② 상호작용성
③ 멀티미디어
④ 공간, 시간의 독립성

길잡이 90

웹기반 교육은 구성주의에 기반하고 있으며, 웹기반 교육에서 '지식'이란 단지 개인적 인지 작용에 의해 습득되고 형성되는 것이 아니고, 사회적 참여와 상호작용을 통해 수정, 확대, 변경의 형태로 지속된다.

웹기반 교육의 장점(최정순, 2002 : 250)은 다음과 같다. 첫째, 시공간적 초월성을 꼽는다. 이는 학습자가 원하는 시간에 공간적 제약을 받지 않고 학습 및 정보의 공유, 의사교환이 가능하다는 것이다. 둘째, 학습자에 의한 자기주도적 자율학습과 개별학습이 가능하다. 학습자 스스로가 학습의 주도권을 갖고 학습의 정도를 원하는 대로 자율적으로 조절할 수 있는 특성을 갖는다. 셋째, 사전에 미리 충분히 기획되고 조직적으로 개발된 맞춤식 또는 기성품식 교육 프로그램을 이용하기 때문에 학습자 개별적 특성에 맞고 인지적, 정서적 특성을 고려한 교수-학습이 가능하다. 넷째, 상호작용을 전제로 한다. 웹기반 교육에서 상호작용이란 크게 두 가지로 나뉘는데 하나는 웹기반 교육 프로그램과 학습자간의 상호작용이고 다른 하나는 학습자와 교수자 또는 학습자간의 상호작용을 말한다.

해설 ①은 비구조화(ill-structured)로 수정되어야 한다. ③멀티미디어의 장점을 극대화하여 상호작용성을 최대한 확보하려고 해야 한다. 노드와 링크로 정보를 조직화하고 제공하는 웹 텍스트, 그래픽을 상호작용적으로 활동하며, 비디오와 오디오를 동시에 사용할 수 있다. 이러한 특성은 언어 교육의 효율성을 가져올 것이다.

〔정답 ①〕

〔참고문헌〕 최정순(2002)

91

전통적 방식의 수업을 웹 기반 교육 환경에 적용하려고 한다. 적절하지 <u>않은</u> 것은?

① • 전통 방식의 수업 : 학습자는 특정 읽기 자료를 읽는다.
  • 웹 기반 수업 : 사이트를 통해 관련 정보를 찾아 읽는다.
② • 전통 방식의 수업 : 질문에 대한 답이 매번 교사에 의해 주어진다.
  • 웹 기반 수업 : 기본적인 질문에 대한 답은 사전에 목록화 되어 제시된다.
③ • 전통 방식의 수업 : 수행한 과제를 직접 제출한다.
  • 웹 기반 수업 : 전자우편을 통해 과제를 제출한다.
④ • 전통 방식의 수업 : 필요시 학습자끼리 만나서 논의한다.
  • 웹 기반 수업 : 질문방을 통해 교사의 도움을 받는다.

 91

전통 방식의 수업과 웹기반 수업은 다음과 같은 차이가 있다. 웹 기반 교육은 학습자들이 스스로 자신이 원하는 분야를 찾아서 학습한다는 측면에서 학습자 중심의 수업 방식이다. 기존의 수업방식에서 교사가 주도적 역할을 수행했다면, 웹 기반 교육에서는 교수자의 역할은 단순 정보 제공자나 안내자, 조언자 등의 역할로 축소된다. 학습자들 간의 적극적인 토론과 대화가 충분히 이루어질 수 있는 방법론으로 볼 수 있다. 아울러, 웹 기반 교육에서 웹은 그 자체가 내용 제공자이며, 전달 매체이며, 교과서가 될 수 있다. 또한 오디오와 비디오를 동시에 사용하기도 하면서 일상의 경험들을 구체화하면서 수업이 진행된다.

	전통적인 교육	웹 기반 교육
학습 경험	제한적이며 수동적인 경험	다양하고 자율적이며 주도적인 경험
학습 자료의 수정과 보완	실물적인 것이므로 어려움	디지털화된 자료이므로 쉬움
학습 내용	주요 출처는 교과서와 교사 규격화된 교육	다양한 정보 자원 학습자를 고려한 맞춤식 교육
상호 작용	같은 공간에서 또래 집단끼리의 상호작용 학습자간 오프라인 상호작용	사회적 상호작용의 범위 확장 학습간 및 교수자와의 온라인 만남 1:1 및 1:多 의 상호작용성

해설 ④ 웹상에서의 토론을 활성화(토론방이나 대화방 이용)하여 교사 및 학습자 간 상호작용을 증대할 수 있어, 학습에 도움이 된다. 또한 언제든지 교수자 및 개발자와 이메일 등으로 통신할 수 있으며 굳이 전문가의 피드백이 아니더라도 연습문제에 대한 즉각적인 정답 확인뿐만 아니라 완성된 문장을 제시하면서 강화의 기회를 줄 수 있다.

〔정답 ④〕

〔참고문헌〕 최정순(2002), 한국어 교육능력검정시험 1회

92

웹 기반 교육 자료의 장점이 <u>아닌</u> 것은?

① 간단한 파일 편집을 통해 기존 자료를 쉽게 수정할 수 있다.
② 학습자 변인을 고려하지 않으므로 사용할 수 있는 범위가 넓다.
③ 수행 평가의 도구로 활용할 수 있어 교사의 업무 부담을 덜어 준다.
④ 입력 결과에 대한 피드백을 온라인 학습 화면에 즉시 제공할 수 있다.

길잡이 92

웹 기반 교육 자료를 선정할 때 다음과 같은 것을 고려해야 한다.
첫째, 학습의 개별화를 추구할 수 있는가?
둘째, 선정한 교수 매체가 사용법에 익숙한가?
셋째, 능동적인 학습자의 수업 참여를 유도할 수 있는가?
넷째, 선정한 매체로 교수 내용의 구현과 제시가 용이한가?

해설 학습자 변인을 고려해야만 한다. 즉 학습자의 연령과 관심사에 맞도록 인지적 – 정서적 특징을 고려해서 설계해야 한다.

〔정답 ②〕

〔참고문헌〕 최정순(2002)

93

원격 교육을 시행할 때 매체 선정의 지침이 될 수 <u>없는</u> 것은?

① 교육 목적
② 학습 내용
③ 학습 시간
④ 학습자 환경

길잡이 93

웹 기반 교육과 관련된 특징은 다음과 같다.
㉠ 웹의 교과서화
㉡ 교사 주도적 역할
㉢ 학습의 개별화 효과
㉣ 학습자간 상호작용의 증대
㉤ 학습자의 응답에 즉각적인 반응

웹 기반 한국어 교육 프로그램의 주요 특징(안은희, 2006)

프로그램	학습대상(제공 언어)	내용 구성의 특징
KOSNET (국제교육진흥원)	재외동포 및 외국인 초급 학습자(영어/일본어/중국어/스페인어)	듣기 – 연습 – 연습문제 애니메이션 구성 녹음 기능, 자료 출력 기능 Q&A 게시판
Novice Korean (서강대학교)	재외동포 및 외국인 초급, 중급 학습자(영어)	학습목표 – 핵심 표현 – 듣기 – 읽기 – 문법 – 어휘 – 연습문제(회화, 분석, 번역, 연습), 게임 등 Ask to 이메일 질문

Teen Korean (재외동포재단)	재외동포 10대 청소년 학습자 (영어)	회화 - 듣기 - 단어 - 표현 - 게임 - 과제(쓰기, 작문), 퀴즈 등 애니메이션, 노래 녹음 기능, 자료 출력 기능
Click Korean (서울대학교)	영어권 초급 학습자 (영어)	도입 - 어휘 - 회화 - 문법 - 표현 - 읽기 - 문화, 삽화, 사진 등 자료 출력 기능

해설 웹을 이용한 원격 교육은 공간, 시간의 독립성이 특징이다. 교수자나 학습자의 상호작용이 시간이나 공간상으로 동시적으로 일어나지 않아도 되므로 학생 스스로 여유 있게 생각하고 공부할 수 있다.

〔정답 ③〕

〔참고문헌〕 최정순(2002), 안은희(2006)

주관식 1

주제가 '여행'인 단원에서 '-(으)ㄴ 적이 있다/없다'를 지도하려고 한다. 다음 내용을 참조하여 교수안을 작성하시오. (10점)

- 숙달도 : 초급 후반
- 단원 주제 : 여행
- 수업 내용(목표 문법) : -(으)ㄴ 적이 있다/없다
- 수업 목표 : '-(으)ㄴ 적이 있다/없다'를 익혀 사용할 수 있다.
- 수업 일시 : 2007년 12월 16일
- 수업 시간 : 50분

(주관식 답안지 1장 이내로 작성할 것)

참고 문헌

강승혜 외(2006), 한국어 평가론, 태학사.
강승혜(2002), 한국어 쓰기 교육의 이론과 실제, 박영순 편 21세기 한국어교육학의 현황과 과제, 한국문화사.
강인애(1997), 왜 구성주의인가?, 문음사.
구지민(2004), 강의 담화표지의 학습이 강의 청해에 미치는 영향, 이화여자대학교 석사학위 논문.
구지민(2005) "학문 목적 한국어를 위한 강의 담화표지 학습 연구", 한국어 교육16, 국제한국어교육학회.
김선정(2006), 이주여성을 위한 한국어교재 구성 방안, 대구경북연구원 지역인적자원개발지원센터 연구 보고서.
김유정(2002), 외국어로서의 한국어 능력 평가론, 박영순 편 21세기 한국어교육학의 현황과 과제, 한국문화사.
김정숙(2002), 한국어 교수요목 설계와 교재의 구성, 박영순 편 21세기 한국어교육학의 현황과 과제, 한국문화사.
김종문 외13(1998), 구성주의 교육학. 교육과학사
김중섭(2004), 한국어 교육의 이해, 한국문화사.
김지형(2003ㄱ), 한국어 교육에서의 한자 교수법, 국제어문 27집
김지형(2003ㄴ), 외국인 학습자를 위한 교육용 기본한자의 선정, 어문연구 118호, 한국어문교육연구회.
김하수 외(2000), 한국어 초급(말하기 듣기) 교재 개발 사업 보고서 Ⅰ, Ⅱ, 한국어세계화재단추진을 위한 기반 구축사업.
남성우 외(2006), 언어교수이론과 한국어교육, 한국문화사.
문금현(2003), 한국어 어휘 교육을 위한 한자어 학습 방안, 이중언어학23호, 이중언어학회.
민현식(2005), 한국어교육론Ⅰ, 한국문화사.
박경자 외(2003), The Kernel of English Education, 우용출판사.
박영순(2002), 외국어로서의 한국어 교육론, 도서출판 월인.
배주채(1996), 국어음운론 개설, 신구문화사.
배주채(2003), 한국어의 발음, 삼경문화사.
성기철(2001), 한국어 교육과 문화 교육, 한국어 교육 12-2, 국제한국어교육학회.
손은경(2003), 문화 감지도구 개발 연구, 연세대학교 석사학위 논문.
이완기(2000), 초등영어교육론, 문진미디어.
임지룡(1985), 국어 의미론, 탑출판사.
전혜영(2001), 한국어 관용 표현의 교육 방안, 한국어교육 12-1, 국제한국어교육학회.
정동빈(1987). 외국어 습득과 학습모형. 영어교육.
조항록(1998), 한국어 교육과 연계된 한국 문화 소개 방안, 한국말 교육 제7집, 국제한국어교육학회.
조항록(2002), 한국 정부의 재외동포 정책 연구-한국어 교육 정책을 중심으로-동국대학교 대학원 박사학위 논문.
지영 외(2007), 한국어 교수법의 실제, 연세대학교 출판부.
최정순(2002), 영어권 청소년 교포를 위한 웹 교재 개발, 박영순 편 21세기 한국어교육학의 현황과 과제, 한국문화사.
한국방송통신대학교 평생교육원편(2005)
한상미(1999), "한국어 교육에서 언어와 문화의 통합적인 교육 방안-의사소통 민족지학 연구 방법론의 적용-", 한국어 교육 10-2, 국제한국어교육학회
한재영 외(2005), 한국어 교수법, 태학사.
허용·김선정(2006), 외국어로서의 한국어발음교육론, 도서출판 박이정.

허재영(2007), 보고사
황종배(2007), 영어교수법, 한국방송통신대학교출판부.
H. Douglas Brown, 권오량 외 공역(2003), 외국어 학습·교수의 원리
Scott Thornbury, 이관규 외 공역(2006), 문법은 어떻게 가르칠 것인가?, 한국문화사.
STERNBERG & WILIAMS 공저, 전윤식 외 편역(2006), 교육심리학, 시그마프레스

기타 자료
Active Korean1
한국어1, 서울대 어학연구소
한국어교육능력인증시험 문제(제1회~4회)
한국교육능력검정시험 문제 제1회

홈페이지
한국교육과정평가원 홈페이지

한국 문화

94

다음은 특정 지역과 그 지역에 형성된 외국인의 공간이다. 그 연결이 옳은 것은?

① 경기도 남양주 - 몽골마을
② 서울 삼청동 - 이슬람 사원
③ 서울 미아리 - 필리핀 시장
④ 인천 남동구 - 국경 없는 마을

길잡이 94

남양주시에 몽골의 문화와 예술, 역사를 배울 수 있는 '몽골문화촌'이 있다. 이 문화촌은 지난 2000년 4월 남양주시가 몽골 울란바토르시와 자매 결연을 맺으면서 조성되었다. 몽골문화촌은 야외전시장과 실내공연장으로 이루어져 있다. 전시장은 몽골인들의 생활상을 들여다볼 수 있는 곳이다. 입구를 지나 전시장으로 들어서면 장승처럼 생긴 거대한 목조각상 여러 개가 서 있다.

해설 ① 몽골 마을은 경기도 남양주시에 위치해 있고, ② 이슬람 사원은 서울 용산구 한남동과 부산 금정구 남산동에 있다. ③ 필리핀 시장은 대학로 혜화동 성당 앞에서 주말에 열린다. ④ '국경 없는 마을'은 안산시 고잔동에 있다.

〔정답 ①〕

〔참고문헌〕 박혜란(2004)

95

2007년 11월 기준 한국의 휴대폰 가입자 수의 규모로 맞는 것은?

① 약 1,000만
② 약 2,000만
③ 약 3,000만
④ 약 4,000만

길잡이 95

국내 휴대전화 가입자가 2006년 11월에 4000만 명을 넘었다. 지난 2002년 3월 3000만 명 돌파 이후 4년 6개월 만이다. 단순한 의사소통 기구에 지나지 않았던 휴대폰에 MP3, 사진, 동영상 기능 등이 추가되면서 휴대폰은 이제 절대상품으로 자리 잡았다. 이제 우리나라 인구 4800만 명 가운데 83%가 휴대폰을 쓰고 있다. 의사소통을 할 수 없는 신생아 등 일부를 제외하고는 전 국민이 휴대폰을 쓰고 있는 것이다.

휴대폰 사용자 4000만 명은 이제 완전 포화상태를 의미한다. 따라서 앞으로 이통통신 업체들은 새로운 전략이 절실해졌다. 과거 2000만, 3000만 시대와는 달라져야 한다. 이제 가장 중요한 것은 다양한 융합전략과 상품개발이다. 머지않아 휴대인터넷 와이브로와 HSDPA 등 신서비스가 본격화할 것이다. 음성통신 매출의 한계는 이미 드러났다. 통신은 물론 멀티미디어, 방송, 미디어로써의 복합적인 비즈니스 모델을 개발해야 한다.

해설 2006년 11월 기준으로 볼 때, 가입자 수는 4천만이 넘었다.

〔정답 ④〕

〔참고문헌〕 머니투데이(2006)

96

다음 중 현대 한국인의 특징으로 볼 수 있는 것은?

① 의사소통 시 맥락의존도가 낮다.
② 타인의 사생활을 존중하는 편이다.
③ 옛것을 숭상하여 변화의 속도가 느리다.
④ 공공장소에서 몸이 부딪히는 것에 관대하다.

길잡이 96

이부영 교수는 한국인의 특징을 다음과 같이 열거하였다.

(1) 의뢰심이 강하다
(2) 해야 할 것을 하지 않고 타인에게 배신당하면, 원망하거나 비난한다.
(3) 상대도 자신으로 같은 생각으로 알다가「다르다」라고 알면, 배신당했다고 생각한다.
(4) 성급해 기다리는 것을 못한다.
(5) 곧 눈에 보이는 성과를 올리려고 해 효과가 나오지 않으면 참지 않고 다른 일을 하려고 한다.
(6) 계획성이 없다
(7) 자신의 주장만 생각하고 타인의 사정을 생각하지 않는다.
(8) 허세 의욕으로 허영심이 강하다.
(9) 큰 것, 화려한 것을 좋아한다.
(10) 사물을 과장한다.
(11) 약속을 지키지 않는다.
(12) 자신의 말에 책임을 지지 않는다.

⒀ 뭐든지 할 수 있다고 하는 자신을 과시하지만 할 수 없어도 뭐라고 생각하지 않는다.
⒁ 문서보다 말을 믿는다.
⒂ 면밀함이 없고 정확성이 부족하다.
⒃ 「세계 최고」와 「브랜드」에 약하다.
⒄ 원리 · 원칙보다 인정을 존중하고 모두를 정에 호소하려고 한다.

해설 ① 한국인은 의사소통 시 맥락의존도가 높다. ② 외국 사람들은 한국 사람들은 타인의 사생활을 존중하지 않는다고들 한다. 우리의 정(情)은 외국 사람들에게 타인의 감정이나 사생활을 배려하지 않고 지나치게 남의 일에 간섭하는 사람으로 생각한다. 또한 외국인들은 한국인은 함께 몰려다니면서 길거리나 식당에서 시끄럽게 떠들고, 길을 가다가 몸을 부딪쳐도 미안하다고 하지 않는다고 불평한다. 또 예고도 없이 남의 집에 불쑥 찾아오고, 방을 들어올 때 노크하지 않아 황당했다는 이야기를 자주 듣는다. ③ 한국 사회의 변화 속도가 빠르다.

〔정답 ④〕

〔참고문헌〕 이규태(2006ㄱ), 이규태(2006ㄴ), 조긍호(2003)

97

다음은 외국인이 한국 사회에서 겪는 문화 차이다. 연결이 맞지 <u>않는</u> 것은?

① "남편이 집안일을 거의 하지 않으려 한다."
  - 국제 결혼한 중국 여성
② "선후배 사이에 위계 서열이 너무 엄격하다."
  - 베트남 유학생
③ "노래방, 빨래방 등 방 문화가 발달되어 있다"
  - 일본 유학생
④ "상대방의 외모에 대한 언급을 스스럼없이 한다."
  - 미국인 비즈니스맨

길잡이 97

일본에도 노래방(가라오케, からオケ)이나 빨래방(코인란도리, コインランドリ)과 같은 시설이 있기 때문에 문화 차이가 크지 않다.

해설 ①, ② 중국이나 베트남 학습자들은 한국의 엄격한 서열이나 위계질서를 보면 문화의 차이를 느낀다. 특히 중국 출신의 결혼 이주 여성들은 중국 남자에 비해 한국 남자는 가사노동을 전혀 하지 않으려 하는 것에 놀란다. ④ 한국 사람들은 친구 사이나 회사 동료 사이에서 상대방의 외모에 대한 언급을 자주하며, 직접적으로 상대에게 언급하기도 한다. 서양에서 외모에 대한 언급은 공적인 자리일수록 피하는 편이다.

〔정답 ③〕

〔참고문헌〕 김미란(1999)

98

다음 중 한국에서 만들어진 콩글리시 또는 일본에서 만들어진 말이 <u>아닌</u> 것은?

① 컨닝
② 핸드폰
③ 시디 플레이어
④ 애프터 서비스

길잡이 98

콩글리쉬(Konglish = Korean+English)란 '한국어식 영어'라고도 하며, 한국어 안의 영어 어휘 중에서 한국어의 기준을 적용하였거나 영어 문장을 표현할 때 한국어의 문법적인 것들이 사용되어 원어민이 알아들을 수 없는 것을 말한다.

원래 의미와 다르게 영어 표현을 가져다 쓰거나(예 (자동차) 핸들, 파이팅), 임의대로 표현 중 일부를 생략하고 일부만 가져다 쓰는 것(예 멘트, 디카), 비영어권에서 만들어진 조어(예 핸드폰)와 같이 원어민에게 익숙하지 않은 영어가 콩글리시이다.

콩글리쉬	바른 영어 표현
커닝(cunning)	cheat on an exam
원룸(One room)	a bachelor-style studio apartment
골덴(golden)	corduroy fabric material
아이쇼핑(eye-shopping)	browsing around in a mall or shop
헬스클럽(health club)	a gymnasium
핸드폰(handphone)	cellphone/mobile phone

일본에서 만들어진 영어	바른 영어 표현
와이샤쓰	white shirt
빠꾸	back
아파트	apartment
미싱	sewing machine
테레비	television
빤스	underwear

해설 컨닝은 'cheating'이며, 핸드폰은 'mobile phone, cellphone'이며 ④애프터 서비스는 'after-sales service, repair service'이다.

〔정답 ③〕

〔참고문헌〕 프라임영한사전(2008)

99

월마트, 까르푸 등이 한국에 진출했지만 결국 실패한 이유로 적절한 것은?

① 세일 상품 위주의 무리한 마케팅
② 한국 소비자의 취향에 대한 고려 부족
③ 고가 정책에 따른 가격 경쟁력의 약화
④ 외국 기업에 대한 한국 소비자들의 거부감

길잡이 99

월마트는 한국시장과 한국 소비자의 특성을 도외시하고 미국 본토식 경영을 고집하여 현지화 토착화에 실패하였다. 그 요인을 살피면 첫째, 월마트 입지가 좋지 않았다. 월마트가 인수한 마크로의 4개 매장이 모두 시 외곽에 있었다. 그리고 이후 점포 확장에 주력했지만 수익이 좋지 않아 2002년 15개 점포가 있었는데, 2006년에는 16개이니 4년간 1개의 매장만 늘어나는 수준이었다. 그러나 경쟁사인 토종 할인점은 작게는 2~3배에서 많게는 7~8배 많은 점포수를 갖고 있었으니, 경쟁 자체가 되지 않았다. 둘째, 월마트는 한국인의 소비 특성을 간과하였다. 한국인은 단지 가격만 싸다고 해서 구매하는 게 아니라, 복합화된 서비스를 요구한다. 월마트는 미국식 저가 창고형 할인점을 고수하여 매장은 넓고, 가격은 아주 저렴하지만 서비스도우미는 없고, 소비자들이 박스 단위로 알아서 구매하도록 하였다. 셋째, 상품 포장의 실패이다. 우리 소비자들은 다품종 소량 생산시스템을 원한다. 그러나 월마트는 소품종 대형 포장에 집중하였다.

해설 한국 소비자의 취향을 무시하고 미국식 창고형 저가 할인마트를 고수했기 때문에 한국 진출에 실패하였다. 〔정답 ②〕

〔참고문헌〕 니혼게이자이 신문사(2005), 마이클 버그달 저, 김원호 옮김(2005)

100

학(鶴)춤은 의상을 따로 갖추지 않고 일상의 옷인 도포에 갓을 쓰고 바지저고리, 버선과 미투리를 신고 즉흥적으로 추는 춤이다. 다음 중 학춤으로 유명한 고장은?

① 경남 통영
② 안동 하회
③ 부산 동래
④ 황해도 해주

길잡이 100

동래학춤은 자연미와 예술미의 조화가 우아하고 격조 높은 춤사위로 표현된 예술적 가치가 높은 춤이다. 동래학춤은 부산 동래 지방에서 전승되어오는 학춤으로, 주로 정월대보름날 동래야류나 줄다리기를 할 때 추던 춤이다.

춤꾼이 도포에 갓을 쓰고 춤을 추는 모습이 "학이 춤추는 것과 같다"라고 한데서 학춤이라 이름 붙여졌다 한다. 동래학춤은 의상을 따로 갖추지 않고 일상의 옷인 도포에 갓을 쓰고 바지저고리, 버선과 미투리를 신고 즉흥적으로 춘다. 춤사위에는 양손을 너울거리는 날아가는 사위, 한 발 들고 서 있는 발 드는 사위, 학이 날개를 폈다가 오므리는 모습의 펴는 사위와 오므리는 사위, 좌우상하를 바라보는 보는 사위 등 일정한 순서로 짜여져 있지 않고, 자유분방한 즉흥성과 개인적 멋이 강조되고 있다.

해설 ① 경남 통영은 검무로 유명하고 ② 안동 하회마을을 하회 탈춤으로 유명하다. ③ 학(鶴)춤은 부산 동래 지방의 춤이다. ④ 황해도 해주는 탈춤으로 유명하다. 〔정답 ③〕

〔참고문헌〕 문화재청 홈페이지

101

한국의 전통 건축물에 들어갈 수막새(와당(瓦當)이라고도 한다.)에는 연꽃, 보살, 도깨비, 천인이나 문자가 들어 있는 것이 보편적이다. 유일하게 미소 짓는 사람의 얼굴을 담은 '얼굴무늬 수막새'가 만들어진 나라는?

① 고려
② 백제
③ 조선
④ 통일 신라

길잡이 101

수막새는 연꽃무늬(연화문수막새, 蓮花文圓瓦當)가 일반적이지만, 얼굴무늬수막새(人面文圓瓦當, 신라 7세기)처럼 사람 얼굴을 표현한 예는 대단히 희귀하다. 수줍은 듯 살짝 미소를 짓고 있는 신라 여인의 모습이 자연스럽게 느껴지는 우수한 작품이다. 콧대는 오똑

하며 그 좌우에는 행실형(杏實形)의 눈을 만들었는데 삼국말 석조불상의 눈과 흡사하다. 입은 얼굴 왼쪽 턱이 결실되어 확실한 모양을 파악하기는 어려우나 오른쪽 볼이 왼쪽 볼보다 튀어나온 점과 그 아래쪽 입 모양으로 보아 수줍음이 흠뻑 담긴 해사한 미소를 머금고 있음을 알 수 있다. 얼굴의 표면을 깨끗하게 고르지 않았으면서도 천진스러움이 그대로 드러나 있다.

해설 얼굴무늬 수막새는 ④ 신라 때에 만들어졌다. 〔정답 ④〕

〔참고문헌〕 김원용 외(2003), 문화재청 홈페이지

102

한국의 전통 음악은 크게 정악(正樂)과 속악(俗樂)으로 나뉜다. 다음 중 속악인 것은?

① 산조
② 시조
③ 여민락
④ 영산회상

길잡이 102

정악과 속악으로 나뉘는데, 정악은 궁중이나 일부 양반 사회에서 연주되던 음악을 말한다. 풍류와 정가로 나눌 수 있다. 속악은 고려시대 향악을 말하는 것으로 서민층에서 생겨난 음악이다.

1. 정악
   ① 풍류
      ㉠ 줄풍류(현악기가 중심)
      ㉡ 대풍류(관악기가 중심)
   ② 정가(가곡, 가사, 시조)

2. 속악
   ① 무악(무당들이 굿하는 음악)
   ② 법악(불교 의식 음악)
   ③ 농악(농사 지으며 부르는 음악, 향토 음악)
   ④ 산조(악기의 독주곡, 가야금 산조, 거문고 산조, 대금 산조 등)
   ⑤ 판소리
   ⑥ 시나위(여러 악기로 즉흥적으로 연주하는 합주곡)
   ⑦ 병창(가야금을 연주하면서 판소리나 민요를 부름)
   ⑧ 속요(민요나 잡가)

해설 ① 산조는 속악에 속한다. ② 시조는 정가로서 정악에 속한다. ③ 여민락은 세종조에 만들어진 음악이다. ④ 풍류는 '영산회상'을 말하기도 한다.

〔정답 ①〕

〔참고문헌〕 국사편찬위원회(2008), 문화재청 홈페이지, 손태룡(2007)

103

조선시대 궁궐의 임금이 앉는 자리 뒤편에 있는 그림으로서, 최근 발행된 만원권 지폐에 세종대왕의 배경으로 삽입된 것은?

① 초충도(草蟲圖)
② 인왕제색도(仁王霽色圖)
③ 일월오봉도(日月五峰圖)
④ 계상정거도(溪上靜居圖)

길잡이 103

조선 시대 왕이 있는 곳이면 어김없이 따라다녔던 그림이 바로 일월오봉도이다. 이 그림을 그려놓은 병풍을 일월오봉병(日月五峯屛)이라 부르는데 왕이 행차할 때도, 왕이 죽은 뒤 왕의 혼백을 모시는 곳에도 심지어 왕의 초상화에서도 왕 뒤에는 늘 일월오봉병이 있었다.

푸른 하늘에 걸려 있는 붉은 해와 하얀 달, 다섯 개의 봉우리, 골짜기에서 흘러내리는 폭포, 그리고 출렁이는 파도와 신비의 상징인 붉은 소나무를 소재로 장엄하게 그려낸 이 그림은 얼핏 보면 한 편의 완벽한 풍경화이다. 하지만 왕이 이 그림 앞에 있지 않으면 그림은 아직 미완성이다.

일월오봉도를 보면 위에서부터 3등분으로 나뉘어 그려져 있는데 각 부분이 우주를 이루는 세 바탕으로 하늘, 땅, 사람을 가리킨다. 이 중에서 사람은 가장 신령하고 도덕적인 존재로 인식되었다. 그리고 그 많은 사람 가운데 으뜸이 바로 왕이다. 그래서 왕은 예로부터 삼재를 꿰뚫는 안목을 갖춘 사람(丨)이라 여겼다. 그러므로 일월오봉도 앞에 왕(三+丨)이 앉음으로써 곧 그가 우주의 조화를 완성하는 진정한 왕(王)으로서의 모습을 갖추게 된다는 의미다.

해설 ① 초충도는 풀과 벌레를 그린 그림으로, 신사임당의 초충도가 유명하다. ② 인왕제색도는 조선후기에 겸재 정선이 인왕산을 그린 수묵화이다. ④ 계상정거도는 겸재 정선이 퇴계 생존시의 건물인 서당을 중심으로 주변 산수를 담은 풍경화이다

〔정답 ③〕

〔참고문헌〕 국사편찬위원회(2008), 김원용 외(2003)

104

한국의 비보이가 세계 최고의 수준에 오를 수 있었던 이유에 대한 설명으로 적절한 것은?

① 언론이 일찍이 주목했기 때문이다.
② 기업으로부터 후원을 받았기 때문이다.
③ 서양인에 비해 짧은 하체를 지녔기 때문이다.
④ 부모의 지지 하에 집중적인 훈련을 받았기 때문이다.

길잡이 104

'춤은 곧 내 삶'이라는 프로 정신 아래 피나는 연습을 통해 새 기술을 개발한다. 인터넷 등의 동영상 기술 연마에 도움이 되었다. 한국인의 신체적 특징도 일조했다. 바로 외국인에 비해 짧은 다리다. 비보잉 크루 '갬블러'의 신규상 씨는 "다리가 짧으면 빠르고 격렬하게 몸을 움직이는 데 유리하다"고 말한다. 외국 비보이들은 긴 다리를 이용해 화려한 동작을 할 수 있지만 스피드가 떨어진다는 것이다. 요즘 환영받지 못하는 '숏다리'가 비보잉에선 최고의 자산이 되는 셈이다.

해설 ① 언론은 비보이가 세계 대회에서 우승한 후 관심을 보이기 시작했고, ② 기업 후원이 활발하지 않아, 비보이들은 부상을 입어도 보험 등의 혜택을 받지 못하고 있다. ④ 부모의 지원이나 지지를 받지도 못하고 있는 실정이다. 〔정답 ③〕

〔참고문헌〕 스포츠조선(2007)

105

다음 중 외국에서 장기적으로 공연된 작품이 <u>아닌</u> 것은?

① 난타
② 점프
③ 명성황후
④ 뮤지컬 대장금

길잡이 105

① '난타'는 한국의 사물놀이를 서양식 공연 양식에 접목한 작품으로서 한국 최초의 대사 없는 연극이다. '난타'는 1997년 10월에 첫 공연 이래 국내 공연과 해외 공연을 거듭하면서 전 세계 20여 국가에서 공연되었다. 이 중 미국, 영국, 네덜란드, 일본, 독일 등에서는 두 차례 이상 앙코르 공연을 가졌으며 국내 공연물 사상 최고액을 받고 수출 길에 오르기도 하였다. ② '점프'는 미국 브로드웨이 공연에서도 7개월 만에 200회 공연을 돌파했다. 지난 2006년, 세계 공연계의 양대 산맥인 런던 웨스트엔드 무대에서 큰 호응을 얻었다. 2008년에는 올림픽이 열리는 베이징 등 중국 내 20개 도시를 비롯해 세계 순회 공연에 나섰다. ③ '명성황후'는 1995년 12월 30일 서울 예술의 전당에서 초연한 이후, 2005년 현재까지 총 613회 공연에 823,500명의 관객이 공연장을 찾았고 동양 최초로 브로드웨이에 진출한 뮤지컬이다. 전세계에서 브로드웨이와 웨스트엔드에 이어 세 번째 뮤지컬 시

장이라는 토론토에서 '명성황후'는 32차례 공연에 평균 객석점유율 75%를 기록하며 40만 캐나다달러(약 36억원) 수익을 올렸다. 1998년 여름, 〈명성황후〉는 1997년 해외공연의 첫 성과에 힘입어 뉴욕, L.A 투어공연을 가졌다. 2002년에는 런던 웨스트엔드 지역의 아폴로해머스미스 극장에 진출하였으며, 2003년 L.A 코닥극장에서 공연, 2004년 토론토의 허밍버드 센터공연에서 공연하였다.

해설 ④ 뮤지컬 대장금은 해외에서 장기 공연된 작품이 아니다.

〔정답 ④〕

106

한국 근대 시인들의 특성과 작품에 대한 설명으로 옳은 것은?

① 한용운 : 조국이나 부처와 같은 형이상학적 존재에 대한 염원을 산문적인 자유시 리듬으로 표현했으며, '님의 침묵'이 대표적인 작품이다.
② 김소월 : 7.5조 3음보의 리듬 의식을 바탕으로 한(恨)으로 대표되는 민족 정서를 표현했으며, '빼앗긴 들에도 봄은 오는가'와 같은 작품이 있다.
③ 정지용 : 근대 사회의 문명에 대한 비판 정신과 근대 지식인의 정신적 방황을 정형적인 리듬으로 형상화했으며, 대표적인 작품으로는 '향수'가 있다.
④ 이용악 : 일제 강점기 유민처럼 떠돌 수밖에 없었던 우리 민족의 삶을 장편 서사시의 형태로 창작했으며, 대표적인 작품으로는 '국경의 밤'이 있다.

길잡이 106

한용운은 승려이자 독립운동가이자 시인이었다. 그의 작품은 풍부한 시적 이미지가 나타나며, 아름답게 형상화해 수준 높은 민족 문학의 경지를 보여 주었다. 특히 시집 〈님의 침묵〉에서 중심을 이루고 있는 '님'은 연인, 조국, 부처 등 다의적인 의미를 지니며 그에 따라 '님의 침묵'이라는 표현은 당시의 민족적 상황을 가장 압축적으로 상징하고 있다.

해설 ② '빼앗긴 들에도 봄은 오는가'는 이상화의 작품이다. ③ 정지용은 향토색이 강하면서도 섬세한 이미지의 표출에 주력했으며, ④ '국경의 밤'은 이용악의 작품이 아니라, 김동환의 작품이다. 이용악은 '오랑캐꽃' 등의 작품이 있다.

〔정답 ①〕

〔참고문헌〕 지학사(2008)

107

다음의 밑줄 친 부분에 대한 설명의 예로 적절한 것은?

한국의 근대 문학은 중세에서 ㉠근대로의 이행기까지 큰 세력을 가졌던 교술 문학을 현저하게 몰락시켜, ㉡교술시는 버리고 오로지 ㉢서정시라고 하고, 교술 산문은 문학의 범위 밖으로 밀려나거나 세력이 크게 약화되었고, ㉣소설이 산문을 지배하게 된 시대의 문학이다.

① ㉠ : 17~18세기 조선 영정조 시대
② ㉡ : 고려 가요 '가시리'나 황진이의 시조
③ ㉢ : 김억이나 주요한의 근대시
④ ㉣ : 이곡의 '차마설'이나 '용비어천가'

길잡이 107

근대로의 이행기는 17세기 중엽부터 19세기 말까지이다. 중세에서 근대로의 이행기는 단순한 과도기가 아니고 그 나름대로의 뚜렷한 특징을 가진 한 시대였다. 이 시기는 중세적 질서가 붕괴되고 근대적인 맹아가 싹트는 근대로의 이행기로, 임진왜란과 병자호란을 겪으면서 지배질서가 흔들리고 평민들의 의식이 성장하게 되어, 중세적 가치와 근대 지향 의식이 서로 갈등하고 있었다.

예전의 신분제를 그대로 유지하려고 하다가 시민이 양반의 신분을 얻고 능력 있는 농민도 그 뒤를 따라 양반의 수가 전인구의 과반수가 넘게 늘어나 신분제가 무력하게 되었다. 집권층이 무력해지면 하층에서 비판적이고 창조적인 세력이 대두하는 것이 당연한 결과였다. 전란 당시 의병에게서 단서를 보인 하층의 성장과 항거가 확대 되었다. 엄청난 시련이 닥치자 지금까지 존중하던 격식을 버리고 보고 느끼고 통탄한 바를 생생하게 나타내는 새로운 표현을 다양한 방식으로 찾아야 했다.

이 시기의 문학 특성은 첫째, 양란 이후 사대부의 권위가 실추되자, 현실에 대한 비판과 평민의식을 구가하는 새로운 내용이 작품 속에 투영되고, 둘째, 비현실적, 소극적인 유교 문학에서 현실적이고 구체적인 삶의 의미를 추구하는 실학문학으로 발전되었다. 셋째, 작품의 제재 및 주제의 변화와 함께 작가 및 독자의 범위가 확대되었다. 넷째, 산문정신에 의해 운문 중심에서 산문 중심의 문학으로 이행, 발전하였다. 다섯째, 내간체 수필, 내방가사 등 여류문학이 새롭게 부상하게 되었다.

이 시기에는 소설, 시조, 가사, 수필, 한문학, 판소리 등이 번성하였다.

㉠ 소설 : 국문소설의 효시인 〈홍길동전〉을 시작으로 본격적인 소설의 시대로 내용도 다양하여 '영웅소설', '가정소설' '대하소설' '애정소설' '풍자소설' '판소리계 소설' 등 풍부한 작품을 선보인다.

ⓒ 시조 : 평민의식과 산문정신의 영향으로 사설시조라는 새로운 형식의 시조가 등장하였다. 평민, 기생들의 참여와 전문적인 가단의 형성 및 시조집 편찬 등으로 시조의 전성기를 구가하고 윤선도의 시조, 김천택과 김수장의 활동하였다.

ⓒ 가사 : 관념적이고 서정적인 조선전기 가사에서 구체적이고 일상적이며 서사적인 가사로 변모하였다. 산문화의 영향으로 장편 기행 가사, 유배가사, 내방 가사 등이 발달하게 되었다.
박인로의 가사, 〈일동장유가〉〈북천가〉〈연행가〉〈만언사〉〈한양가〉 등

ⓔ 수필 : 사회변동에 따른 개인의 체험이나 그 역사적 사실을 기록한 글이다. 한글 수필로는 〈계축일기〉〈한중록〉〈인현왕후전〉〈의유당일기〉〈산성일기〉 등
한문 수필로는 〈서포만필〉〈열하일기〉〈순오지〉〈시화총림〉 등.

ⓜ 한문학 : 실학자, 중인들에 의한 위항문학

ⓗ 판소리 : 전문예술가인 광대와 고수에 의해 공연되는 풍자적인 민중예술로, 조선후기 평민문학의 정수로서 국민문학으로 자리매김을 한다. 12마당이었던 판소리가 신재효에 의해 6마당이 정리되었고, 현재는 다섯 마당만 전해진다.

ⓢ 민속극 : 가면극(탈춤)이 대표적이며, 춤, 노래, 대사, 몸짓을 섞어가며 관중과 더불어 행해지는 종합예술로, 역시 평민의식이 극명하게 표현된다. 지역에 따라 산대놀이, 해서탈춤, 오광대놀이, 야유 등이 있다.

해설 ① 근대로의 이행기는 '17~19세기' ② 조동일이 제기한 4분법적 갈래론에 따른 개념으로, 작품 외적 자아의 개입으로 이루어지는 '자아의 세계화'로 정의된다. 여기서 자아는 문학작품에서 인식과 행동의 주체를 가리키고, 세계는 그 대상을 가리킨다. 교술은 한문학의 문(文)·악장·창가·수필·서간·일기·기행·르포 등과 경기체가·가사·몽유록·야담 등을 포괄한다. 학자에 따라서는 경기체가·가사·몽유록·야담 등을 서정과 교술, 서사와 교술 사이의 중간 또는 혼합

갈래로 이해하기도 한다. ③ 주요한과 김억은 낭만적 서정시들을 문예지에 실험적으로 발표하였다. ④ 이곡의 차마설은 '설'문학(고전수필)이고, 용비어천가는 교술 장르에 든다.

〔정답 ③〕

〔참고문헌〕 조동일(2005ㄱ), 조동일(2005ㄴ), 지학사(2008)

108

시조에 대한 설명으로 옳은 것은?

① 고려 중기에 발생하여 고려 후기에 융성하였다.
② 한시를 한글로 번역하는 과정에서 시작된 장르였다.
③ 조선 전기에는 엇시조, 사설시조의 형태로 발전하였다.
④ 현대에는 현대인의 정서를 양장시조 등의 형식으로 표현하고 있다.

길잡이 108

시조는 '시절가'나 '시절단가'라는 명칭으로 보아 '시절가'에서 유래된 것으로 보이는데, 시조는 가곡창을 시대적인 취향에 맞도록 개편한 유행가조였으리라 추정된다. 이러한 연유로 시조는 '시절가조'(時節歌調)의 준말로서 이해되고 있다. 18세기 이전부터 전통적으로 쓰여오던 명칭으로는 '단가'(短歌)가 가장 일반적이었고, '신조'(新調), '신곡'(新曲) 등이 쓰였다.

시조의 기원은 한시기원설, 별곡기원설, 민요기원설, 향가기원설 등 여러 가지 학설이 있다. 발생 시기도 고려말 13세기 발생설, 조선 초 15세기 발생설, 조선 중기 16세기 발생설 등이 맞서고 있어 결론이 나지 않은 상태이지만, 이러한 논의들의 대표적인 추세는 고려말 13세기경에 고려가요의 악곡과 시형을 모태로 하여 발생했으리라고 보고 있다. 그러나 시조와 같이 잘 다듬어진 정형시형이 완성되기까지는 고려가요 외에도 여러 가지 시가형태가 영향을 미쳤을 개연성이 있다. 시조는 사대부계층이 만들어내고 주도해나간 계층적 귀속성이 강한 문학이었으나, 조선 후기에 들어 급격하게 확산되고 대중화되면서 시조를 쓰는 계층이 다양해졌다.

양장시조는 보통 시조가 초장·중장·종장으로 이루어진 것에 비해, 중장을 뺀 초장·종장으로 된 시조를 일컫는 말로서, 1926년에 일어난 시조부흥운동 가운데 하나로 제기되었고, 1931년 주요한이 처음 선보인 데 이어 이은상이 〈노산시조집 鷺山時調集〉(1932)의 '양장시조시작편'에 〈소경되어 지이다〉 등 6수를 발표했다. 국문학자 조동일은 〈한국문학통사 5〉에서 이 작품에서 다섯 글자로 된 '보이신다면'이

특별한 구실을 하지 않는다면, 2줄로 된 형식은 민요에도 흔히 나오는데 구태여 새롭게 이름 지을 필요가 없다고 했다. 당시 시조 형식의 개혁을 시도한 점에서는 의의가 있다.

해설 ① 시조는 조선 시대에 융성한 장르이다. ② 시조를 '번역하는 과정에서 발생한 장르'로 보는 학자의 견해도 있으나, 시조 기원에 대한 대표적인 추세는 고려말 13세기경에 고려가요의 악곡과 시형을 모태로 하여 발생했으리라고 보고 있다. ③ 조선후기에 평민의식과 산문정신의 영향으로 사설시조라는 새로운 형식의 시조가 등장하였다. ④ 현대에도 양장시조 등의 형식으로 작품이 창작되고 있다.

〔정답 ④〕

〔참고문헌〕 조동일(2005ㄱ), 조동일(2005ㄴ), 지학사(2008)

109

해방 이후 한국 현대소설 작가들과 대표적인 작품에 대한 설명으로 옳은 것은?

① 최서해는 만주에서의 우리 민족의 생활을 그린 서사시 '북간도'의 작가이다.
② 최인훈은 인간의 소외의식을 보편적인 조건으로 확대한 '광장'을 발표하였다.
③ 손창섭은 전쟁의 상처를 극복하려는 의지와 화해를 보여준 '수난이대'를 창작하였다.
④ 황순원은 낭만주의적 현실 인식을 도시적 이미지로 표현한 '소나기'의 작가이다.

길잡이 109

〈북간도〉는 안수길의 장편소설로, 전체 5부로 되어 있으며, ≪사상계≫ 1959년 4월호에 1부, 1961년 1월호에 2부, 1963년 1월호에 3부가 발표되었고, 4~5부는 1967년 전작으로 발표되었다. 북간도를 배경으로 1870년부터 1945년 8·15해방에 이르기까지 이창윤 일가 4대의 수난과 항일독립투쟁사를 그렸다. 대담한 생략과 행갈이를 통해 주관적 개입을 배제하고 사건에 박진감을 주었으며 사실을 그대로 보여주는 지문을 많이 사용했다. 〈광장〉은 최인훈의 대표 소설의 하나로 1960년 ≪새벽≫에 연재되었다. 〈수난이대〉는 1957년 한국일보에 실린 하근찬의 단편소설이다. 1950년대 한국의 작은 마을을 배경으로 하고 있으며 가족이 2대째 겪는 수난, 아버지는 일제에 의해서 아들은 한국전쟁에 의한 고통을 상징적으로 보여주고 있다.

해설 ① '북간도'는 안수길의 소설이다. ② '광장'은 최인훈의 소설이며, ③ '수난이대'는 하근찬의 소설이며, ④ 황순원의 작품 '소나기'는 시골을 배경으로 한 소년과 소녀의 순수한 사랑이야기이다.

〔정답 ②〕

〔참고문헌〕 국사편찬위원회(2008), 한국브리태니커

110

발해에 대한 설명으로 옳지 않은 것은?

① 발해는 고구려의 문화를 계승, 발전시켰다.
② 발해는 거란이 세운 요나라에 의해 멸망하였다.
③ 발해와 신라는 적대국으로 상호 교류하지 않았다.
④ 발해는 일본에 사신을 파견하여 외교 관계를 맺었다.

길잡이 110 발해

고구려가 멸망한 이후, 고구려 유민들은 요동 지방을 중심으로 당나라에 대한 저항을 계속하였다. 7세기 말에 이르러 당나라의 지방 통제력이 약화되자, 고구려 장군 출신인 대조영을 중심으로 한 고구려 유민과 말갈족 집단은 만주 동부 지역으로 이동하여 길림성의 돈화시 동모산 기슭에 나라를 건국하였다. 발해의 문화는 고구려, 당나라, 말갈의 문화가 섞인 것이었으며, 당나라와 요나라의 역사서에 발해가 '해동성국(海東盛國)'이라는 별칭으로 불렸다는 점을 들어 발해가 고급 문화를 향유했음을 시사한다.

10세기 초에 이르자 발해는 다시 귀족들 간의 권력 투쟁이 격화되기 시작하였으며, 외부에서는 부족을 통일한 거란족이 동쪽으로 점차 세력을 확대해 오고 있어 발해의 국력은 크게 쇠퇴해졌다. 결국 230년 가까이 지속되어 오던 발해는 거란족의 침략을 받아 926년에 멸망하였다. 이후 발해 유민들의 부흥 운동마저 실패함으로써 그동안 한민족의 주된 활동 무대의 일부였던 만주 지방에 대한 지배력이 급격히 약화되었다.

외국과의 외교가 피할 수 없는 과제라 여긴 발해는 결국 713년에 당나라와 외교관계를 받아들었다. 이 때부터 당나라와 무역과 외교 관계가 왕성해지기 시작했다. 발해에서는 문방구를 비롯한 여러 가지 당나라의 물품들을 수입하고, 당에서는 모피와 가죽, 그리고 여러 가지 산림자원을 수입했다. 발해와 일본과의 관계는 초기에는 신라를 견제하기 위한 군사적인 성격이 강했으나, 후일에는 문화적 교류와 상업적 목적이 더 강했다. 발해와 신라의 관계는 어떤 때는 서로가 서로를 돕는 관계였으나, 어떤 때는 서로가 적대적이었다. 물론 이것은 이전의 삼국 시대에서도 비슷하게 나타나는 양상이다.

요나라(遼, 916년-1125년)

요나라는 거란족이 세운 나라로 지금의 네이멍구 자치구를 중심으로 중국 북쪽을 지배한 왕조였다. 초대 황제는 야율아보기이다. 938년에 요(遼)는 지금의 북경에 두 번째 수도를 건립했고 그것을 남쪽의 수도라는 뜻인 남경(南京)으로 불렸다. 송나라가 중국을 통일하면서 쇠퇴하다가 1115년에 금나라를 건국한 여진족들은 1125년에 요나라를 멸망시켰다. 요나라가 멸망하고 일부 거란족들은 야율대석을 따라 지금의 중앙아시아에서 서요를 건국했다.

해설 ① 고구려 문화를 계승하였다 자처하였다. ② 거란족의 침략을 받아 926년에 멸망하였다.(발해가 멸망했을 당시는 거란이 '요'라는 국호를 가지고 있지 않았다.) ③ 발해와 신라는 서로 돕기도 하고, 적대적 관계를 유지하기도 하였다. ④ 초기에는 신라를 견제하기 위해 일본과 외교 관계를 맺었고 이후에는 문화 및 상업적 목적이 강하게 드러났다.

〔정답〕 ②, ③

〔참고문헌〕 국사편찬위원회(2008), 한국브리태니커

111

남북 간의 평화공존을 위한 노력이 이루어진 순서로 맞는 것은?

㉠ 개성공단 착공
㉡ 금강산 관광 실시
㉢ 6·15 남북공동선언

① ㉠→㉡→㉢
② ㉡→㉠→㉢
③ ㉡→㉢→㉠
④ ㉢→㉡→㉠

길잡이 111

2000년 6월 15일 김대중 대통령과 김정일 국방위원장 사이에 역사적인 첫 남북 정상 회담을 가졌다. 거기에서 채택된 공동성명을 615선언이라고 한다. 남북 정상들은 분단 역사상 처음으로 열린 이번 상봉과 회담이 서로 이해를 증진시키고 남북관계를 발전시키며 평화통일을 실현하는 데 중대한 의의를 가진다고 평가하고 다음과 같이 선언한다.

개성공단는 세계적 규모의 산업단지 조성을 위한 것으로 남측과 북측의 기업 및 외국기업을 유치하여 동북아지역의 중추적 자유경제지대 건설하고 국제교류가 활발한 무역, 공업, 관광, 금융 및 주거기능을 갖춘 복합적 국제자유도시 건설하는데 설립 목적이 있다. 또한 북측의 대규모 고용창출과 입주기업의 국제경쟁력 확보와 남과 북의 외국간의 경제협력 증진과 공동번영에 기여하고자 설립되었다. 개성공단은 1998년 6월에 공단건설사업 추진 합의하였고, 1999년 10월에 공단건설 합의서 체결하였다.

해설 금강산관광(1998.11.18), 6.15 선언(2000.6.15), 개성공단 착공 (2002.12.) 순이다.

〔정답 ③〕

〔참고문헌〕 한국브래태니커

112

다음 자료에 대한 설명으로 옳지 <u>않은</u> 것은?

> 우리나라는 중세 이래로 간사한 인물들이 국정을 맡아 (㉮)이/가 잇달았다. 앞서는 무오와 갑자의 살육이 있었고 뒤에는 기묘와 을사의 참혹함이 있었다. 한때의 충현들이 모두 세파에 휘말려 죽었지만 아직 (㉯)(이)라는 명칭은 없었다. 선조 이래로 하나가 나뉘어 둘이 되고 둘이 나뉘어 넷이 되고 넷이 또한 나뉘어 여덟이 되었다.

① ㉮와 ㉯의 명칭은 각각 사화와 붕당이다.
② ㉮는 사림 세력의 중앙 정치 참여로 훈척 세력과 빚은 갈등의 산물이다.
③ ㉯의 갖은 교체로 환국이 발생하여 정치 세력 간의 갈등이 심화되었다.
④ ㉯의 대립을 완화하고 왕권 강화를 위해 영조는 규장각을 설치하였다.

길잡이 112

㉮는 사화이고, ㉯는 붕당이다. 사화는 사림파와 훈구파의 대립으로, 사림파의 중앙 정치 무대 등장으로 일어난 정치적 투쟁이다. 붕당은 사림파간의 정치 투쟁으로 학벌, 지연 등과 연관되어 있었다. 붕당정치(朋黨政治)는 학문적 유대를 바탕으로 형성된 각 붕당들 사이의 공존을 특징으로 하는 조선의 정치 운영 형태이다. 공론에 입각한 상호 비판과 견제를 원리로 하는 붕당정치는 현대의 정당정치와도 유사점을 찾을 수 있지만 정치적인 이해관계는 물론 구성원 사이에 학문적 유대 또한 공유했다는 점이 조선 시대 붕당의 특수한 성격이다.

해설 ④ 규장각은 왕실도서관으로 정조가 왕권의 강화를 위해 설치하였고, 영정조 시기에는 탕평책을 통해 붕당정치를 바로 잡으려 하였다.

〔정답 ④〕

〔참고문헌〕 국사편찬위원회(2008), 한국브래태니커

113

일제의 식민지 지배 정책의 설명으로 옳지 <u>않은</u> 것은?

① 1940년에는 조선 여성들을 종군위안부로 동원하였다.
② 문화정치 시기에는 친일파를 양성하여 민족해방운동을 분열시켰다.
③ 1910년대에는 헌병과 경찰을 동원하여 강력한 무단통치를 실시하였다.
④ 3.1운동이 일어나자 문화정치의 일환으로 문관이 총독으로 부임하였다.

길잡이 113

일제는 우리나라의 혼과 정신을 없애기 위해 펼친 여러 가지 정책들을 썼고 전쟁을 위해서 다양한 방법으로 인적, 물적 수탈을 하였다.

시기	1910년~1919년 (3.1운동까지)	1920~1930 중반	1930 중반~해방
유형	제1차 통치 헌병경찰통치 (무단통치)	제2차 통치 민족분열통치 (문화 통치)	제3차 통치 (민족말살통치)
내용	① 전국을 무력으로 진압 ② 한글신문 폐간 (황성신문, 제국신문 등) ③ 황국식민교육 실시	① 친일파 육성 (민족 분열 정책) ② 한글로 된 신문의 간행(조선일보, 동아일보) ③ 한국인에게 고등 교육의 기회 허용, 민족 분열을 위한 정책들을 실시	① 대륙 침략 중일전쟁, 태평양 전쟁(중일전쟁의 패배로 일본의 패망의 원인이 됨) ② 민족 수탈의 극심 공출제, 징병제, 정신대(전쟁를 위한 물적 인적 수탈)

해설 ④ 1919년의 3·1 운동을 계기로 일본은 문화 정책을 꾀했는데, 그 하나로 무관 임용제였던 총독에 대한 조항을 삭제하였다. 그러나 실제로는 광복 때까지 무관 총독이 임명되었다.

〔정답 ④〕

〔참고문헌〕 국사편찬위원회(2008), 한국브리태니커

국사편찬위원회(2008), 고등학교 국사 국정교과서, 두산/교육인적자원부
김미란(1999), 일본문화, 형설출판사.
김원용 외(2003), 한국 미술의 역사, 시공사.
니혼게이자이 신문사, 송수영 옮김(2005), 마음을 유혹하는 경제의 심리학, 밀리언 하우스 출판
마이클 버그달 저, 김원호 옮김(2005), 월마트 방식, 고려닷컴
머니투데이(2006), "이동전화 가입자 4천만 시대 열렸다."(11월 26일자 기사)
박혜란(2004), 국경 없는 마을, 서해문집.
손태룡(2007), 한국 음악의 이해, 영남대학교 출판부.
스포츠조선(2007), "한국 비보이 왜 강한가… 숏다리가 경쟁 무기?"(1월 29일자 기사)
이규태(2006ㄱ), 한국인의 의식구조 1, 신원문화사.
이규태(2006ㄴ), 한국인의 의식구조 2, 신원문화사.
조긍호(2003), 한국인 이해의 개념틀, 나남
조동일(2005ㄱ), 한국문학통사 3, 지식산업사.
조동일(2005ㄴ), 한국문학통사 4, 지식산업사.
지학사(2008), 자율학습 18종 문학 자습서, 지학사.

사전류
프라임영한사전

홈페이지
문화재청 홈페이지   http://www.britannica.co.kr/
한국브리태니커   http://www.cha.go.kr/

부록

1. 시험준비를 위한 참고도서
2. 면접 준비와 면접 기출문제

시험 준비를 위한 참고 도서

고영근 · 남기심(2000), 고교문법자습서, 탑출판사.
곽지영 외(2007), 한국어교수법의 실제, 연세대학교 출판부.
국립국어원(2006), 외국인을 위한 한국어 문법1, 커뮤니케이션 북스.
국립국어원(2006), 외국인을 위한 한국어 문법2, 커뮤니케이션 북스.
김방한(1992), 언어학의 이해, 민음사.
남기심 · 고영근(2002), 표준국어문법론, 탑출판사.
남성우 외(2006), 언어교수이론과 한국어 교육, 한국문화사.
박영순(2002), 외국어로서의 한국어교육론, 월인.
배주채(2003), 한국어의 발음, 삼경문화사.
서울대학교 국어 교육 연구소, 고등학교 문법, 교육인적 자원부.
어문규정집(2003), 대한교과서출판사.
이익섭(1994), 사회언어학, 민음사.
이익섭(2000), 국어학개설, 학연사.
이익섭 · 이상억 · 채완(1997), 한국의 언어, 신구문화사.
이익섭 · 채완(1999), 국어문법론강의, 학연사.
이호영(1996), 국어음성학, 태학사.
임지룡(2003), 국어의미론, 탑출판사.
한국방송통신대학교 평생교육원편(2005), 외국어로서의 한국어교육학, 한국방송통신대학교.
한국방송통신대학교 평생교육원편(2005), 외국어로서의 한국어학, 한국방송통신대학교.
한재영 외(2003), 한국어 발음 교육, Hollym.
한재영 외(2005), 한국어 교수법, 태학사.
허용 외(2005), 외국어로서의 한국어교육학 개론, 박이정.
허용 · 김선정(2006), 외국어로서의 한국어 발음 교육론, 박이정

면접 준비와 면접 기출문제

1. 면접 요령

면접으로 최종 당락이 결정됩니다. 필기 점수가 아무리 좋다고 하더라도 면접에서 떨어지면 3급을 취득할 수 없습니다. 면접에서 떨어졌다고 해서 다음 필기시험이 면제되거나 하지 않습니다. 사투리가 심하거나 발음이 심하게 부정확한 사람은 우선 감점의 대상이 되었다거나 면접에서 떨어졌다는 소문도 있습니다. 사투리가 심하신 분은 억양은 어쩔수 없겠으나, 어휘 등은 표준 어휘를 선택하여 구사하도록 노력하십시오.

① 면접 전

면접이 시작되기 전에 강당 같은 곳에서 대기하게 됩니다. 그곳에서 다른 피면접자와 잡담을 하거나 떠들지 말고 조용히 자신의 차례를 준비하는 것이 좋습니다. 준비해 온 예상 질문과 답안을 다시 한 번 읽어 보거나 신문을 보는 것이 좋습니다. 소란스럽게 잡담을 하다가 자신의 차례가 되어 정신없이 면접에 임하면 면접실에 들어가서 횡설수설하거나 당황해서 대답을 못할 수도 있기 때문입니다.

② 면접

실제 면접이 이루어지는 면접실은 6곳 혹은 7곳으로 동시에 실시됩니다. 한 방에 면접관은 총 5명으로 피면접인(수험자)은 한 명씩 입실합니다. 면접실에 들어가면 우선 인사를 하고, 앉으라는 지시가 있을 때까지 잠시 기다립니다. 기다려도 지시가 없으면 조용히 의자에 앉습니다.

피면접인 한 사람당 주어지는 시간은 5분 정도입니다. 5분이 지나면 면접을 마치는 벨소리(혹은 알람)가 들립니다. 일반적으로 한국어교사로서의 자질과 관련된 질문을 받게 됩니다. 질문은 면접관으로부터 하나씩 받게 되지만, 한 면접관이 자신이 한 질문과 관련된 질문을 한두개쯤 더 하는 경우도 있습니다. 면접관은 한국어 교육계의 저명한 교수이거나 실제 가르치고 계시는 한국어교사입니다. 그렇기에 실제적이고 구체적인 사항에 대해 물어볼 수 있습니다. 주어진 시간이 끝날 때까지 질문은 계속됩니다. 만약

한 면접관으로부터 많은 질문을 받는다면, 시간이 없어 다른 면접관으로부터 질문을 받지 못하는 경우도 있습니다. 혹은 한 질문에 너무 정성 들여 길게 대답하면 시간이 없어 다른 면접관으로부터 질문을 받지 못할 수도 있으니 유의하십시오. 보다 많은 질문에 대답하는 것이 이전 질문에 자신이 한 실수를 만회할 수 있습니다. 그렇다고 급하게 질문에 대답하거나 너무 단답형으로 대답하지 않아야 합니다. 실제로 2명의 면접관의 질문만을 받고도 합격한 분들이 있으니, 대답을 잘 했다면 질문을 많이 못 받은 것에 대해 크게 걱정을 하지 않아도 됩니다.

③ 면접 후

면접이 끝나고 나가도 좋다고 하는 신호가 있으면 천천히 일어나 인사를 하고 조용히 걸어 나옵니다. 퇴실할 때 문을 쾅 하고 세게 닫지 않도록 특히 조심해야 합니다. 면접이 끝나면 진행요원의 도움을 받아 건물 밖으로 나오게 됩니다. 면접을 보려고 대기하는 다른 수험자와 만날 수 없습니다. 일행이 있다면 건물 밖으로 나가 근처에서 기다리는 것이 좋습니다.

④ 유의사항 및 태도

면접관의 질문에 정확한 발음으로, 또박또박 대답해야 하며, 높임법 사용에 유의해야 합니다. 너무 긴장하게 되면 목소리가 떨리거나 말실수를 하게 되니 조심하십시오. 그리고 모든 질문에 열의 있고 성의 있게 대답해야 합니다. 다리를 떨거나 짙은 화장을 하거나 복장을 너무 캐주얼하게 입어서는 안 됩니다. 실제 면접은 순식간에 지나갈 수 있습니다. 그렇기 때문에 사전에 면접 질문을 예상하고 예상 답안을 작성해서 외워두는 것이 좋습니다.

2. 기출문제

* 본 문제는 제1회와 제2회 한국어교육능력검정시험 기출 면접 문제입니다. 면접 응시자들에 대한 출구 조사와 전화 조사를 통해 복원한 것이므로 실제 문제와 약간 차이가 있을 수 있습니다.

〈제1회 면접 기출문제〉

1. 자기소개를 해 보십시오.
2. 한국어 강사를 하게 된 이유, 혹은 하고 싶은 이유는 무엇입니까?
3. 자신이 한국어 강사로서 장점은 무엇이라고 생각합니까?
4. 수업 시간에 수업을 듣지 않고 자는 학습자나 반항적인 학습자에 대해서 어떻게 대처하겠습니까?
5. 학습자가 중간언어를 쓰고 있을 경우 수업을 어떻게 진행할 것입니까?

〈제2회 면접 기출문제〉

1. 자기소개를 30초 동안 해 보십시오.
2. 한국어 교사로서의 어떤 자질을 가져야 합니까?
   (한국어 교사로서의 갖추어야 할 요건을 3가지 말해 보십시오.)
3. 자신이 가지고 있는 한국어교사로서의 장점과 단점은 무엇입니까?
4. 왜 자신이 한국어 교사로서 적합하다고 생각합니까?
5. 한국어교육능력검정시험을 본 이유는 무엇입니까?
6. 시험에 합격한 이후 무슨 일을 하고 싶습니까?
7. 이전에 한국어 교육 경험이 있습니까?
8. 이주 여성에게 가장 큰 문화적인 문제는 무엇입니까?
9. 한국어 봉사활동을 해 본 적이 있습니까?
   (자신의 봉사점수는 100점 만점에 몇 점입니까?)
10. 오지에서 한국어 교사로 부름을 받는다면 갈 의향이 있습니까?
11. 한국어 교육 기관에서 일하고 싶습니까? 어느 기관에서 일하고 싶으며 그 이유는 무엇입니까?
12. 중국 학생과 대만 학생이 수업시간에 정치적으로 첨예하게 대립하게 되면 어떻게 대처하겠습니까?
13. 수업 중 일본 학생이 독도를 자신의 땅이라고 주장한다면 어떻게 대처하겠습니까?
14. 수업 중 교사의 설명을 이해하지 못하고 수업에 뒤처지는 학생이 있으면 어떻게 대처하겠습니까?
15. 이 시험을 준비하는 동안에 가장 힘든 점은 무엇이었습니까?